# ENDGAME

The End of the Debt Supercycle and How It Changes Everything

# 終結大債時代

是走向末日還是扭轉乾坤！
從家庭、企業、政府，再到國家，
不用怪罪命運、不用迷信，
破產與違約總有轉彎的地方，
而那足以看見未來……

約翰・墨爾丁╳強納森・坦伯 著　　唐傑克 譯
John Mauldin╳Jonathan Tepper

謹以此書獻給彼得・伯恩斯坦

彼得・伯恩斯坦（Peter Bernstein, 1919-2009）

優秀的作家，深情的丈夫，慈愛的父親

歷代投資專業人士的良師

其智慧為人推崇，永世傳誦

其眼光透視終局，洞察先機

我的朋友，當眾人歌頌你的真知灼見，

你將永為人所懷念

為了精進棋藝，你得先從終局（endgame）開始，從終局當中學習甚至無師自通，任何棋局的終結都與開始和過程息息相關。

帕布蘭卡（Jose Raul Capablanca）
古巴籍西洋棋王，
1921-1927年世界西洋棋大賽冠軍，
亦為西洋棋史上最偉大的棋手之一

# 艱難痛苦的選擇——短痛還是長痛

「這是一個最好的時代，這是一個最壞的時代，我們走上天堂，我們走入地獄」，這幾句出現在大文豪狄更斯名著《雙城記》（*A Tale of Two Cities*）中的名句，多年來一再被各界引用，因為我們一直面臨十字路口艱難的抉擇。之所以艱難，只因無論選哪一條路都是「痛苦的」、都要付出代價，「大」的短痛之後有一勞永逸效果，不肯短痛就會繼續沉淪讓痛苦延續，甚至走入滅絕之境。

自2008年全球金融海嘯以來，經濟不景氣就與世人長相左右，儘管其間曾有所謂的曙光乍現，仍是乍暖還寒。大家不免納悶：各國政府不是都在「拚經濟」嗎？甚至各種國際組織也都在竭盡腦汁、相互拉拔經濟，為何都沒有起色呢？

## 狂印鈔票成癮的後果

眾所周知，全球通用的藥方就是「印鈔票」：一來刺激需求、二來減輕或化解債務。然而，談虎色變的「通貨緊縮」沒能消除、「通貨膨脹」和「泡沫經濟」卻如影隨形、「停滯膨脹」的局面呼之欲出。問題到底出在哪裡？簡單的說，「印鈔救市」、「以債養債」都非治本之策，連治標都不是，而是「酗酒」、「毒癮」的飲鴆止渴方式。

其實，有識者早已示警，我們正重蹈1930年代經濟大恐慌，亦即，經濟衰退、蕭條會持續一段很長時間，端視世人能否因應得宜，能否瞭解必須支付相當代價才能起死回生；也就是說，要瞭解「要短痛，還是長痛，不可能不痛」。由政府祭出「救經濟」政策、美國聯準會帶頭使出

「印鈔救市」的老招來看，苦日子恐怕是沒完沒了。2013年，日本新首相安倍晉三上任，提出的「安倍經濟學」更是猛烈的貨幣寬鬆政策，藥劑之強遠甚於美國，而毒性之烈恐怕禍害更大。

安倍的這套救市政策是典型的凱因斯，也就是——「政府創造有效需求」，自30年代沿用至今，讓30年代的場景一再重演，而且每下愈況，如今已近病入膏肓。這些用盡各種方法印製鈔票來刺激需求，讓物價、房價等維持高檔，使勤儉持家、節約儲蓄者被指為戕害經濟的罪人，馬總統曾說的「人人都省錢，經濟就完了」就是鮮活地反映這種觀念。我們不得不說，這是一種似是而非、甚至是本末倒置的說法，這種還是時下流行的觀念和政策，若是不改，人類將無法免於金融風暴、經濟蕭條的一再重演，而且力道和程度將愈來愈重。

## 轉個念面對不景氣

說實在的，經濟不景氣，金融風暴的發生看似壞事，其實是一種警告，是一個重錘，要敲醒迷茫的世人檢討到底做了什麼錯事。以金融海嘯來說，正預告了人們貪婪、不誠信、濫用金融、製造並炒作有毒金融商品；以大蕭條來說，是投機泡沫讓「生產或供給大量過剩」；而一般物價普遍性且大幅度地長期下跌的「通貨緊縮」，就是反映出的現象，此時正是平常有儲蓄者「搶便宜貨」的好時機，但因泡沫實在太大，必須有一段調整時間才能清理掉。不可否認的，這段期間有人會破產，會有大量失業，沒有儲蓄者甚至面臨斷炊危機，是有必要發揮人飢己飢，人溺己溺的互助救難精神來救人，但被救助者應懷感恩並儘快改正錯誤，重新奮起。這種市場調節方式，最能讓經濟不景氣快速觸底，才能在付出「相當代價」後否極泰來，讓經濟健康發展。

政府的「刺激消費，創造需求」政策，到頭來反而是阻礙經濟健康復甦的因素。有必要再次強調，政府「印鈔救市」和振興經濟政策，不但是「毒癮」，而且「愈用愈無效」，經濟體質也愈見虛弱，應趕緊改弦更張為要！

我也知道，以上的說詞很難讓人理解，必須有完整的大篇幅論述才能講清楚、說明白。這本《Endgame終結大債時代》正是扮演此種功能的一本書。這本書將全球經濟危機實況清楚闡述，並以理論來明白剖析，將來龍去脈以十五章加上引言、結論，完整的解讀，作者們引用凱因斯所得恆等式，但並非肯定政府支出的功效，而是質疑政府排擠民間投資的資金，從而導出政府財政赤字，終而積累龐大公債，歐債當然最知名，實情是各國都負債累累。

## 撙節才是刨根治本之道

大債時代危機如何解決？作者們認為，「唯有時間和撙節才是根本解決之道」，長期貨幣政策是無法解決的；作者們也指出，「經濟衰退在定義上具有通貨緊縮特性」，而且經濟體是非常脆弱的，具有高波動性與信用危機後衰退的頻率大增，「削減支出比增稅更能改善信用危機後的經濟體質」。這是我在上文所強調的「短痛」、「市場調節」之觀念，也是米塞斯（L. Mises）和海耶克（F. A. Hayek）領導的「奧地利學派」（Austrian School）之理論。（作者們在書中有以一小段介紹這個學派的模式）

簡言之，「政府支出要砍到見骨，稅收也是如此」，優點是「一次痛到底，才能從最壞和最深的衰退中復甦」，缺點是「必須承受高達30%的失業率，並且可能會有另一次的衰退，而且需要極長時間才能恢復」。這是「置於死地而後生」的藥方，也是刨根治本之道，但作者們也明白表示：「這個學派的主張幾乎不可能被應用。」因為各國政府急於迎合「短視且怕痛」的人民，於是「酗酒」、「毒癮」式的凱因斯「印鈔救市」屢屢被採用，而且以「這一次不一樣」來迷惑自己繼續服用。那麼，是不是已到無可救藥的地步了呢？

本書的緒論以〈盛宴的落幕〉暗示前景淒涼，作者們強顏歡笑，以文字明示樂觀，且認為「我們一定會撐過的」，並對其子女說：「經過1970年代的艱困時期，當2020年到來時，新的醫藥和科技讓生活變得更進步，那時沒有人會想要回到2010年的好時光。你們會活得更久（我也希望自己多活幾年享受一下含飴弄孫的生活）。在1975年，我們不知道新的工作機會在哪兒，那時景氣真是冷到不行。不過，新的工作就這麼出現了，而未來也將會如此。」「那有沒有更好的消息呢？你們還年輕，還是個孩子（真的！）。我直到35歲左右才有比較好的收入，也有些意外之財（抽中一支手機）。就算在那之後也不是事事順遂，但畢竟壞年冬過去了。我們也有了家庭，國家和世界也更加心手相連。」

作者最後還叮嚀其子女：「做你喜歡的事。努力工作、存錢、控制花費，還有想想如果有一天經濟衰退了，手邊的工作是不是值得做下去。注意公司的獲利情況，把自己變成公司最重要的員工。並且相信一切會更好。2020年代想必是史上最寒冷的時期，直到我們卸下債務超級循環的重擔，重新啟動成長引擎。最重要的是，老爸以你們為榮，並且愛你們。」

這是實在又真確的建議，讀者不妨汲取書中精確、獨到的見解，細細咀嚼之餘，相信會有所收獲。

最後，值得一提的是，中譯本譯筆流暢、易讀，且譯者是專業人士，將書中所提及的重要事件及專有名詞以隨頁註的方式予以解析，既有畫龍點睛之妙，更強化本書的可讀性。

吳惠林

中華經濟研究院研究員

2013年4月16日

# 探詢、瞭解、架構、涵養，豐富投資人的分析視野

## 「為什麼會這樣？」

身處於瞬息萬變的全球金融市場，擔任財務金融投資的銷售配置諮詢角色，在過去的二十年中，不管是在投資銀行資本市場面對法人機構客戶，或是在私人銀行財富管理接觸高資產個人客群，當市場產生波動，投資組合受到影響，客戶以及自己的第一個問題就是：「為什麼會這樣？」而我們首要的工作便是為當下的市場波動找原因，為投資組合作影響分析。



## 「現在該怎麼辦？」

常常為求效率，我們被迫找出短期影響因素，為造成的短期市場波動加以分析，但當下該做出投資決策時，我們其實應該負責任的自問，這是一個應急的短期戰略？或是一個長期策略的轉折到來？

## 「未來會怎麼樣？」

我們面臨的難題是我們只能嘗試尋找方向，卻無人能有十足的把握扮演先知的角色。我們該做的其實應該是探詢歷史事件所造成的連動演變，加上自我在過去每一次的市場波動中所觀察得到與應變的經驗，戒慎恐懼的在市場洪流中，瞭解趨勢，掌握趨勢，發展出適當的投資行為與哲學，以期在波動中，站穩在浪頭上，往正確的方向前進。

"*ENDGAME: The End of the Debt Supercycle and How It Changes Everything*"的作者，在這本書中結合一些經濟的基本觀念及近期發生的大事，嘗試帶我們瞭解整個債務循環的輪廓；同時針對世界主要已發展國家及新興國家現今的問題加以探討，鑑古知今。 這本書讓我們在嘗試對金融市場波動探詢長期因素、瞭解長期趨勢、架構長期策略、涵養長期哲學時，提供了一個深入多元的看法，也豐富了我們的分析視野。

張今寶

UBS瑞士銀行／投資產品暨服務執行副總裁

# 我們生活在一個大債時代！

莎士比亞的名劇《哈姆雷特》（*Hamlet*）中，哈姆雷特的叔父克勞迪亞斯（Claudius）有一句著名的台詞：「當悲傷來臨時，不是只有一個，而是接踵而來。」（When sorrow comes, they come not single spies, but in battalions.）個人的經歷如此，眾人的經歷亦然。黎明前的黑暗總好似永無止盡，成功前也必然會有無數次的失敗，當投資人期待下一個多頭來臨前，也不會只有一個經濟泡沫破滅，而多頭市場本身就是一個無可避免的泡沫。

美國次級房貸風暴被公認是這一波長達數年景氣衰退的元兇。次貸的形成是不是一個泡沫，我想沒有一個人會否認。次級房貸原本是美國抵押貸款中相當小的一塊，1994年僅占所有房屋抵押貸款市場的5%，老實說實在不足以撼動整個金融市場。但泡沫為什麼會生成？為什麼會長大？又為什麼會破滅？

有人將原因歸咎到葛林斯潘主政下的聯準會，2001年因應網路泡沫破滅，將基準利率從6.25%一路降到1%，給了房屋投資者極大的誘因去炒房；有人說柯林頓總統倡行「住者有其屋」（affordable housing）政策，小布希加碼推動「特殊住房放款」（special affordable loan）讓原本拿不到房貸的人有了鑽漏洞的機會；甚至有人將原因追溯到1980年代以來，國會基於新自由主義理念將一連串的法規加以開放，像1982年國會通過「加恩—聖傑曼儲蓄機構法案」（Garn-St. Germain Depository Institutions Act），讓儲蓄機構與銀行擁有類似的業務，但卻不受美聯儲的管制。（至少保羅・克魯曼認為此法的通過是次貸泡沫的始作俑者）；其他如

1987年通過「公平競爭銀行法案」、1989年通過「金融機構改革、復興和實施方案」、而1999年通過「金融服務現代化法案」（Financial Services Modernization Act of 1999）廢除了1933年「銀行法案」（Banking Act of 1933），將銀行業與證券、保險等投資行業之間的壁壘消除，為日後所謂金融創新、金融投機等大開方便之門。

無論真實原因是什麼，現在談起來都變成事後諸葛。真實的結果是：次級房貸市場規模自1994至2003年間，每年以25%的成長率激增，到了2006年已接近整體抵押房貸市場的二成（18%），規模將近1.3兆美元。超乎常理的成長當然是泡沫！只是和過去一樣，人人都知道有泡沫，但都不相信它會破，或是認為自己可以全身而退。

只不過這一次不止一個泡沫。或者這麼說，次貸只是一個顯著的目標罷了。二房（房利美及房地美）在此之前所擔保的幾乎都是合格的高品質房貸，但為了因應「住者有其屋」的需要，開始擔保次級房貸。到了2006年風暴來臨前夕，整體次級抵押貸款的70%都有二房的擔保！高利潤的次貸帶動美國抵押貸款市場的快速成長自然也是泡沫。因此當傾全國之力都在為房貸戶擔保時，出了事自然是全民買單！

## 再瞎的人也知道這是泡沫！

低利率和次貸的快速成長，加上金融法規的開放，吸引了大批華爾街逐利者的目光。在金融創新、新金融商品的大旗下，許多人現在都已瞭解（並認為是一堆害人的有毒資產）但當時似懂非懂的名詞，像是CDO（擔保債務憑證）、CMO（擔保抵押債券憑證）、CDS（信用違約交換）快速膨脹。反正有利可圖，一筆交易成交，券商賺到手續費、業務員賺到佣金、投資人賺到報酬率，皆大歡喜。以CDS為例，2000年的市場規模不過6,300億美元，到了2007年底居然突破62兆美元，暴增將近百倍！再瞎的人也知道這是泡沫。

買房是如此簡單成交，財富是如此容易到手。美國的消費者手頭也寬裕了，不僅把薪水花個精光，銀行存款提光，不夠的還拿房子抵押。光

2005年美國人從房產中就擠出了7,200億美元，比2008年國會通過的問題資產救援方案（TARP）的7,000億美元還多。2000至2007年，美國家庭平均儲蓄率（儲蓄占可支配所得比重）僅3.1%，對照1990至1999年的平均5.8%，2008至2012年的4.4%，美國人的確過了一段相當美好的消費泡沫時光。

只是這一切幾乎都是債務堆砌起來的。1990年美國家庭平均債務占可支配所得的比重為77%，意思是全家約九個月的所得就可以把當年的債務付清。但2008年幾乎加倍到134%（同一時期美國實質所得僅增加了39%），要還清當年度債務得不吃不喝一年五個月才行，這似乎不太可能。當時平均每家有14張信用卡，40%的家庭有信用卡欠債或使用循環利息，而這個數字在1990年時僅6%。

於是，總會有人撐不下去倒帳了。本書告訴我們，一般投資人所計較的，是追究哪一根稻草壓死了駱駝，而自己想辦法在那一根稻草堆上去之前先下車，但這其實是沒有必要且不可能做得到的。因為整個體系本就處於高度不穩定的狀態中，發生任何一件事的後果都變得高度不可預測。

著名經濟學家明斯基（Hyman Minsky）認為，金融體系的穩定本身就是一種不穩定，現狀維持愈久，趨勢愈明朗，一旦反轉造成的災難也愈大。用白話一點來說，當「自我感覺良好」、「趨勢已經形成」、「房價只漲不跌」、「長線多頭排列」、「這次不一樣」……種種文字不斷在各媒體強力放送，形成一種「社會觀感」時，恐怕離反轉就不遠了。

第一階段泡沫破滅了，各國政府無不趕緊亡羊補牢。方法是動用公權力挹注資源，目的只有一個：早日恢復以往的金融和經濟秩序，甚至是過去的榮景。因此，手段上只好為經濟體灌食強力特效藥：出錢將問題銀行和金融機構國有化、拿國家的信用或是資產作為存款和債務擔保，以及大印鈔票刺激消費和投資。這三帖藥劑無一不用到錢，但金融體系已經沒錢了，政府預算早已是赤字。於是，一個全民默許、政客歡迎、又能解決眼前問題的方法自然浮現：向未來借錢。

舉債看起來是個不得不為的作法，因為經濟要復甦，但大家都沒錢了

（或者不願意再拿錢出來填無底洞），未來的子孫現在沒有否決權，所以就順理成章成了拯救危機的藥方。於是美國QE了四次，大買抵押債和國庫券，聯準會資產四年內暴增3倍；歐元區國家大肆舉債融資，援助因房市泡沫、揮霍消費、積欠高額外債導致破產的銀行，填補其資本；英國2010年以來仿效美國QE，上限從2,000億英鎊向上提增到2013年2月的4,000億，本書提供了一個數據：前面提到美國家庭債務占可支配所得的134%，在英國這個數字是160%，英國全國的總債務（包括公部門和私部門）是GDP的4.7倍，世界第一！債務問題比美國還嚴重；至於日本，在無數次公債購買計劃均無法擺脫通縮後，「安倍經濟學」似乎帶來一絲曙光，方式呢？20兆日圓的振興經濟方案、本年度13兆追加預算、史上新高93兆日圓的下年度預算，以及在2%的目標通膨率下，無限制的QE下去，繼續買公債！

## 第一階段泡沫還餘波盪漾，決策者又創造出另一個巨大的泡沫

自2009年底的杜拜危機開始，主權債務危機便如魅影般縈繞在全球金融市場上頭。希臘的問題更持續到今天還在影響著每天開盤的股市；西班牙、義大利、愛爾蘭、葡萄牙，或國會改選、或改朝換代、或示威抗議，表面的事件影響著投資人的心情，但這並不算是泡沫。看看實質數字吧：美國公共債務占GDP比重已達106%、英國88.7%、日本223%、德國80.5%，整個國家得不吃不喝很長一段時間才能還清欠債，這還不包括占GDP數倍的退休金及各項社會福利的隱藏性債務（unfunded liability）。這些才是泡沫！

按照萊茵哈特和羅格夫（Carmen M. Reinhart and Kenneth Rogoff）的標準，超過90%的負債比就開始對經濟成長出現負面影響，這些國家在沒有還債之前，恐怕經濟都很難出現起色。有關經濟成長，本書提出了一個極為直覺的方式解釋：

$$\Delta \text{國內生產毛額} = \Delta \text{人口} + \Delta \text{生產力}$$

意思是經濟成長率等於人口增加和生產力增加的總和。如果人口持續增加，或是生產力不斷提升，經濟成長會比較長遠。只是，攤開這些舉債國的數字卻令人不寒而慄。勞動生產力：美國-1.9%、英國-0.2%、日本+0.1%、德國+0.2%；人口增加率：美國0.78%、英國0.6%、日本-0.2%、德國0%（以上均為2012年）。這樣的數字如何讓我們相信未來這些國家的經濟會完全復甦？

國家主權債務已進入泡沫，理論上投資人應該避之惟恐不及，但吊詭的是，因為資金無處可去，在一種「船沉了有大家陪著」的微妙心態下，投資人還是繼續、甚至加碼擁抱債券。2011年8月初美國主權信評首次被標普調降，引起市場一陣「美國會違約」的恐慌，但神奇的是，過了不久，美國十年期國庫券殖利率居然開始從將近3%的水準直直落，到了2012年7月甚至腰斬至1.5%以下，債券價格繼續大漲！美國都降評了，其他還有什麼地方能買嗎？還是回頭買美國吧！投資人再次回頭繼續吹大主權債泡沫。

這股債券的泡沫並不是只有在主權債看得到，當利率水準降至零，把錢放在主權債只是保本而已。勇敢的投資人開始往過去高風險的債券靠攏，只要有利可圖，風險暫時可以放一邊。高收益債券（high yield bond）的規模在1990年不過2,140億美元，占整體債券市場的比重並不大，經過2000和2008年兩波大幅降息，規模增加到9,620億美元。不過全世界極低利的環境助長了高收益債的投資風潮，至2013年2月已暴增至1.5兆美元。近年來台灣的基金市場中，高收益債基金往往一募集就熱銷，參照過去「募集即高點」的不成文定律，這個大泡沫又不知何時會出現裂縫。

不止美國，還有日本天文數字般的債務、英國潛在的惡性通膨、歐元極不穩定的未來、澳洲已經出現的房地產泡沫裂痕，以及2013年初時，東歐小國賽普勒斯也撐不下去了。

## 再賭一把吧！沒錢如何欠債還錢?!

「欠債還錢」似乎是天經地義，但用在經濟政策上卻往往不是那麼一回事。就算知道高債務戕害長期經濟成長，但如果短期內能反轉向上復甦便可平息民怨、並保有政權，政客們都願意去「賭一把」。加上全世界的中央銀行都害怕通貨緊縮，認為比通貨膨脹還可怕，只要經濟出現降溫，就自動打開貨幣閘門洩洪。只不過貨幣洪流一旦出閘，奔流到何方完全無法控制。在可見的未來我們還能看到其他泡沫一個個生成，並且繼續長大，直到破滅。

中國歷史上第一個治世是西漢的「文景之治」，有趣的是，「文景之治」非但不是靠著開疆闢土、文治武功，反而是輕徭薄賦、與民休息。除了減收田租、不啟戰端之外，朝廷也節儉開支（所謂衣不曳地，帷不文繡），徹底一掃漢初開國時因四處征戰造成的兵疲馬困現象。用現在的話來說，西漢初年因戰爭造成的經濟疲弱不振，政府的政策是「減稅」加「撙節」，用休養生息的方式將過去超支的額度慢慢補回來，也奠定了日後漢武帝雄才大略的基礎。這樣的場景，在當今各國政府均講求「政績」、努力迎合民意的時代相比，似乎相當的遙遠。

本書作者忠實地提出數點建言，當然因為是美國人，建議是說給美國人聽的。包括移民政策、能源政策、就業政策及稅務政策。有些看起來有點匪夷所思，好比臨時綠卡的設計，以及每年增加每加侖2至3美分的汽油稅，還有……大量興建核電廠！不過自2010年以來歐巴馬總統的數次談話中，我們居然發現了一些端倪，和書中的建議不謀而合。例如歐巴馬總統倡導一項被稱作EB-5的特別移民計畫，針對投資美國企業超過50萬美元，又提供10個以上美國人就業機會者，就有資格拿到綠卡。僅2012會計年度就有超過18億美元的投資，發出了7,641張綠卡。又如2013年2月13日的國情咨文當中，歐巴馬提議吸引美國製造業回流、企業稅改革、醫療改革、增加教育支出及移民法改革。更不用說近兩年熱到發燙的頁岩氣（Shale Gas）對美國能源成本下降的貢獻，我們的確看到美國有再度展現活力的一面。從這一點來看，對美國及全球經濟似乎不應該太絕望。

只是這些聲音大多被媒體喜愛的爭議性話題所覆蓋，鮮少為人所知。2013年以來，美國充斥著財政懸崖、自動減赤、舉債上限等議題。筆者於2012年底曾赴美出差，發現各大新聞頻道從早到晚不間斷直播國會討論財政懸崖的進度，SNG車隨時訪問從國會山莊走出來的各黨議員，畫面下方甚至有電子時鐘倒數計時，十足的新聞綜藝化，和台灣長期為人垢病的媒體生態一點也不遜色。2013年2月義大利國會難產、3月賽普勒斯被歐盟要求課徵存款稅，9月再度上演的美國兩黨預算及債務上限角力，同樣引發媒體熱烈討論。有時我想，投資人對未來不確定的原因，到底是來自於自我的認知，還是思考上已被輿論綁架？

眼下現實的世界是：全世界仍是債台高築，而且沒有太多跡象在改善。決策者希望短期內能有復甦的機會，讓經濟重現活力，讓債務的壓力能夠小一些。或許在政客的心中，所謂「減輕債務壓力」不是減少債務數字，而是降低債務占GDP的比重而已。果真如此，我們的子孫輩仍將背負沉重的絕對數字債務。如同眼下熱門的退休金改革聲浪，大家要求的是更高的所得替代率，殊不知真正的重點應該在於努力提升平均所得。在比例上吹毛求疵對真實情況的改善其實十分有限，月薪5萬、所得替代率80%，和月薪10萬、所得替代率60%，孰優孰劣一目了然！

我們熱切期望世界往更好的方向前進，但在邁開步伐之前，人類應該真誠的低下頭來，謙虛面對自己的過去。

唐傑克(Jack)

2013年12月誌於台北

# CONTENTS 目錄

艱難痛苦的選擇——短痛還是長痛 5

探詢、瞭解、架構、涵養，豐富投資人的分析視野 9

我們生活在一個大債時代！ 11

盛宴的落幕 21

*Part One* **債務超級循環的終結** 31

*Chapter 1* The Beginning of the End——走向末日 35

*Chapter 2* 為何希臘那麼重要 51

*Chapter 3* 讓我們看看規則吧！ 67

*Chapter 4* 低成長和高衰退頻率的重擔 93

*Chapter 5* 這次不一樣 109

*Chapter 6* 公共債務的未來——一條難以為繼的路 125

*Chapter 7* 通貨緊縮的元素 147

*Chapter 8* 通膨與惡性通膨 171

# CONTENTS 目錄

*Part Two* 世界之旅：誰的Endgame先終結？ 189

*Chapter 9* 美國：我們自己就是一團亂 195

*Chapter 10* 歐洲周邊國家：現代版的金本位制 229

*Chapter 11* 東歐國家的問題 247

*Chapter 12* 日本：自尋死路 259

*Chapter 13* 英國：如何用通膨消除債務 271

*Chapter 14* 澳洲：步入冰島的後塵？ 281

*Chapter 15* 意外的發展：寬鬆的貨幣政策及新興市場前景 291

結論：Endgame的投資獲利指南 301

尾聲：最後一些看法 305

# 盛宴的落幕

人們只能接受必要時的改變，而這種必要往往只有在危機當中才會出現。

——楊・莫內（Jean Monnet，歐洲整合之父）

每個人在學校都讀過有關「大蕭條」（Great Depression）的歷史。然而，包括經濟學家、歷史學者、政經評論員都不會同意現今的經濟動盪是所謂的大蕭條。有些人認為這只能算是「蕭條」（Depression），有些人認為頂多是「大衰退」（Great Recession），還有人把它稱作「金融大風暴」（Great Financial Crisis）。目前看來，金融大風暴的字眼比較貼切，而且這股風暴讓大家寸步難行。沒人能否認在這股經濟漩渦下，全世界的政府和人民都被迫做出了極為困難的抉擇。

我（即約翰・墨爾丁）有點像是這種困難抉擇的專家——不只因為我自己，還有我擁有七個十來歲小毛頭的心得。當他們還小的時候，我給他們的選擇就少得可憐，直到十來歲以後才好一點。即便如此，他們也不一定每次都做得出好的選擇，有時候身為父親的我問一句：「你認為呢？」得到的往往是無聲的回應，或是嘟嘟噥噥一句：「不知道」。

各位有誰能教他們，萬一做出錯誤選擇的後果是什麼？你可以長篇大論說教，也可以進行以身作則，但最終你總得讓他們自己做出選擇。儘管如此，他們還是常常做了個不怎麼樣的決定。如今我有六個孩子已長大成人，只有一個還未成年，我才體認到，如果孩子們都能順利長大，沒做出什麼危及性命、或是必須改變人生的事兒，就算大吉大利了。到目前為止，老天保佑，沒事！

我見過在良好家庭教育下成長的好孩子做出難以置信的壞選擇，也見過沒什麼優渥條件的孩子做出了不起的決定。我觀察到一點：這些十幾歲的小毛頭在做出決定前，大多需要外在的鼓勵和建議，讓他們及早知道後續的結果為何。他們往往會做那些有趣的，或是短期內挫折最低的選擇，但不久後會發現又得為原先選擇的結果做出另一個選擇。時間過得真快，他們也就這樣長大了。

但是大多數人並不是十多歲的小毛頭，拿我來說，即使已經有了七次扶養小孩長大的人生經驗，我還是一天到晚犯錯。甚至是我自認已經達到專家水準的領域，也能犯下連自己都難以相信的錯誤。或許在這些方面我太過自滿，總以為自己有二下子。經驗告訴我，就算是有台超級電腦的專家也能把事情搞砸。

當然，我還是有做對事的時候。有時候是從痛苦經驗中學習，有時候只是好狗運。（雖然我德高望重的老爸老是說：「幸運之神總是眷顧努力之人。」）

每一個早晨都代表新的一天，但每一天都被過去日子所做的決定所影響。我的女兒蒂芬妮（Tiffani）和我花了幾年的時間，深入採訪一百多位有錢人，把他們的傳奇和奇聞軼事讀通透。我驚訝的是，他們這些人或整個家族的命運，歸根結柢只在少數幾個關鍵性的決定：事後看來有些當然是正確的，但也有些是運氣；不過它們幾乎都是相當困難的抉擇，而且沒有一個決定是容易的。

## 我們當時到底在想什麼？

在文明社會中，大多數的開發國家，各個世代都會彼此思考和反省。以事後諸葛論，身為後輩的我們往往忍不住要問一句：「我們當時到底在想什麼？」

有時候我們就像十來歲的毛頭小子，不思考後果就冒然下決定，沒有從祖字輩經歷過的蕭條中得到教訓。我們很快地忘記1970年代的種種不適，而1980至1990年代的大多頭更讓我們沉醉在財富與美好未來的幻覺中。即使出現「黑色星期一」[1]，也不過被視為是邁向坦途過程中的小顛簸，很快就被拋諸腦後。在低利率時代，鈔票淹腳目，錢可以解決大多數的問題。在歐洲，歐元的誕生，給予南歐國家適用德國聯邦銀行的利率水準；而德國也從這些國家當中獲得源源不絕的資金挹注。

然而，事情絕不會如此簡單。很快地全世界的房子和其他資產價格都上漲了，同時間金融工程的創新，讓我們學到從不斷高漲的資產價格中套出未來的現金來支應今日的消費。每個人都在捨本逐利，但是此時的「利」早已失去原貌，而我們的執法機關也沒有盡到應盡的責任。

我們一時之間都變成了「大力水手」卡通當中的溫痞（Wimpie）：「我很高興星期二付你今天的漢堡錢。」[2]

這跟我們父母輩的消費觀念大相徑庭。他們有一套儲蓄計劃（lay-away programs），總是日積月累直到存夠了錢才把東西買回家。

銀行體系方面，我們也做出了抉擇。在美國，我們創造了各式各樣廉價且便利的信用，並把它們包裝成AAA評等的商品，賣給全世界超好騙的投資人。我們創造了假的貸款、免頭期的貸款，甚至連文件都不需要的貸款，僅僅期待貸款者能夠像付抵押房貸那樣按時還款。那些信評機構在想什麼？那些監督者在哪兒？（等等，這些人跟現在要求更多權力和資源的人不就是同一批人嗎？）

這些行徑並不是躲在陰暗處見不得人的勾當，而是在電視上、在書裡、在廣告中隨處可見。我記得第一次看到這樣的廣告，它要我打附在下面的電話號碼就可以貸到我房子價值1.25倍的現金。當時我想，這是哪門

[1] 「黑色星期一」指的是1987年10月19日美國股市發生的大跌，當日道瓊斯指數下跌了508點，跌幅23%。

[2] 溫痞（J. Wellington Wimpy）是大力水手（Popeye）卡通中的人物，是大力水手的朋友，聰明、膽小、小氣又好吃。最愛的食物是漢堡，但老是喜歡光吃不付錢。“I will gladly repay you Tuesday for a hamburger today.”是他的經典台詞，直到今天常被拿來形容空頭支票，或是不負責任的財務支出。

子的好點子！

但這對於業務人員來說，卻是再好不過的機會了。如果能將這些貸款打包賣給外國人，能抽的佣金相當可觀。這種賺大錢的模式幾乎沒有什麼風險，哪個小伙子拒絕得了？

在美國，葛林斯潘（Alen Greenspan）把利率壓到極低，助長了極度貸放的氣燄，小布希政府開啟兩場戰爭、推動大量的醫療給付、加上共和黨毫無節制的花費，加速財政赤字的擴大。

金融監理機構允許信用違約交換（credit default swap）交易，但缺乏適當的交易和監管機制。投資人信以為真地認為買進這些海市蜃樓是在投資，實際上只不過是不斷在增加負債。是的，我們就如同青少年般參加一個接一個派對。而如同好友保羅・麥卡利（Paul McCulley）[3]所說：「信評機構就像是發了假的身分證給未成年孩子去參加飲酒派對。」

更不用說投資銀行老是告訴我們股票市場每年可賺進8%的實質報酬，就算股票市場走空十年，我們也相信（至少希望）近期的漲勢會是下一個多頭市場的起點。

這當中並不是沒有人提出警告，許多人提醒這種連環船式的金融投資充滿危險，現在我們知道了，而且想盡辦法清除。但在當時，這種警告往往被棄如敝屣。

嘲弄、鄙視、訕笑、放棄充斥在這些名嘴評論的口中，好光景已經走了這麼長一段時間，趨勢不大可能會反轉吧！人的天性都是相信當下的趨勢，尤其是對自己有利的，都會認為可長可久。

就像十來歲小毛頭不思考後果的行為，我們也同樣沒花多少力氣去瞭解事實真相。我們沒有從前輩當中學到教訓，而他們可以從蕭條中獲益良多。「這次不一樣」，我們不是應該比較聰明，不會去犯那些簡單到離譜的錯誤嗎？我們不是有伯南克（Ben Bernanke）、有歐洲央行（ECB）、有國際清算銀行（BIS），還有其他各式各樣的機構，會告訴我們哪些該

[3] 保羅・麥卡利為美國經濟學者，曾擔任太平洋資產管理公司（PIMCO）的執行董事。2010年自PIMCO退休，目前擔任智庫學者。本書多次引用其發言。

碰，哪些不該碰？

在這場盛宴當中，參加的人來自四面八方。不分自由派還是保守派、不分貧窮或富有、男性或女性，我們（或大多數的我們）都成了大發借錢財的一員。不只是我們個人，整個城市、整個州、甚至整個國家都是如此。

在美國，許多地區和州立的退休金早已面臨不足，總額達到3至4兆美元之譜。我們還有數十兆美元的社會安全和醫療保險要支付，未來五到七年將會引爆財政危機。而我們目前的處理方式，竟然是通過更多的支出方案！這無異是把自己推向更深的深淵。

歐洲同樣面臨著社會體系和銀行體系的資金嚴重不足問題，這些高度槓桿操作的巨額債貸可說是傾全國之力都無法償還。日本借了兩個世代的儲蓄，創造了人類有史以來最高的債務占GDP的比重，當這個國家的人們不再儲蓄，反而開始賣掉手中的債券，以求未來退休生活溫飽時，很難想像會是一場多大的災難。

現在，我們面臨的是一連串的危機，以及連續泡沫破滅後的殘破景象。我們所擁有的是巨額的政府預算赤字、居高不下的公共債務、歷史高點的失業率，以及急於修補資產負債表的消費者。

如今我們已經沒有什麼好選了。對一些國家而言，惟有更多的稅制和社會福利改革才有出路。但這條路想必充滿荊棘，因為太多的既得利益和政治算計在其中。有些國家（像是希臘和其他類似處境的國家）必須面臨相當不利的選項，不論它選擇什麼，都必須承受極大的經濟陣痛。但如果今天不做，明天一個個希臘就會不斷冒出來。

我們已經創造出一個無限痛苦的局面，這已經不是會不會痛的問題，而是什麼時候痛，我們怎麼去承受的問題。解決之道絕不輕鬆，儘管有些選項的衝擊可能稍微小一點。

在本緒文的開頭，我們引用了楊・莫內的名言，在這裡我願意再重複一次：「人們只能接受必要時的改變，而這種必要往往只有在危機當中才會出現。」

每個國家或多或少都面臨了這種必要的時刻，無論是危機所迫，或是自我選擇，時間已經不多了。

想像一下每個國家承受的痛苦就像是酒瓶裡的酒，不同大小酒瓶的酒量也不同。有些國家的酒瓶可能大一些，痛苦也就多一點。例如有些國家是大瓶裝（magnum，約1.5公升瓶裝，是一般酒瓶的2倍），有些則是特大瓶（jeroboam，約3公升裝，一般酒瓶的4倍），而希臘的痛苦恐怕得用麥基洗德（聖經中撒冷的國王和祭司，意喻至高無上，在此指一般酒瓶的40倍大）超大瓶才裝得下。

想想看我們要怎麼把這些酒（痛苦）消化掉？當然你可以一飲而盡，但滋味恐怕不太好受；或是偷偷把瓶子放倒，讓酒慢慢流出來。但無論怎麼做，酒是不會變少的，痛苦也不會因此減輕。事實上，愈晚下決心解決，這個國家（或是州、市）的酒瓶子可能會愈大，痛苦也會愈來愈深。

然而我們所見到的是，一飲而盡是最不切實際的方案。這條路一旦走下去，很快就會出現通貨緊縮、經濟衰退、高失業率、低稅收、甚至更糟的情況。但是，全世界的政府都在極力避免這樣的情況發生，一旦真是如此，金融市場就不會再為你的赤字買單。我們在第6章會提到，你永遠不會知道市場什麼時候會對你的債券失去信心，它總是突如其來，讓政府措手不及。

## 克服人性

史丹福大學心理學榮譽教授菲利普・辛巴多博士（Philip G. Zimbardo）曾經從事人類如何看待時間的研究[1]。結論是：人類通常把時間分為六個時區（time zone）：兩個屬於「過去」、兩個屬於「現在」、兩個屬於「未來」。他將「過去」分為兩類：一為積極的（例如思鄉情懷、保留家族紀錄等）；一為消極的（例如只緬懷過去的遺憾）。

同樣地，「現在」也可以分兩類：一為及時行樂的（hedonistic），或稱作活在當下（live for the present）的，像是嬰兒，還有那些只想享受現在，無需擔心未來的人；二為宿命論（fatalistic）者，他們因為貧窮、宗教（一生由上帝決定）、或社會習俗而對自己的生命僅有些許、甚至沒有掌控力。

對「未來」的想法也可以分為兩類：就像「螞蟻與蚱蜢」的故事中[4]，犧牲今天的享樂去工作的螞蟻，和認為生活就是享受，不會考慮到明天餓肚子的蚱蜢。

研究發現，愈靠近赤道附近的人愈有「現在」的傾向，那裡的氣候變化不大，容易使人有「不變」（sameness）的心態。舉一個有趣的例子：在西西里島當地原住民語言中，有形容過去（was）和現在（is），但是沒有形容未來（will be）的用法，就是「現在」的最佳例證。

辛巴多博士表示，這項研究的目的，是希望將這些具有「現在」傾向的下一代，導向擁有責任感的「未來」傾向。在美國，每九秒鐘就有一個學生輟學，很多人都因此擔憂下一代嚴重缺乏對未來的意識。

但是，別以為大人們就好些，大人們的投票行為往往也呈現缺乏未來意識。我們已經習慣傾向提高負債以增加利潤，即使在承平時期，我們也不曾想過償還一些債務，反而是舉更多的債。

我的一個在法國興業銀行（Societe Generale）的朋友狄倫．葛林斯（Dylan Grice）[5]曾經寫道：

> 選民們在面對短期苦痛時，通常不會想到長期利益。他們會認真看待一個人皺著眉頭，語重心長地說：「請放下手中的垃圾食物，去健身房鍛鍊一下鬆弛的肥肉吧！要不然你的麻煩可大了。」但這種擔心只有一天。他們最終還是會選那些告訴他們：「沒差啦！繼續在電視前面啃起司漢堡和薯條吧！」的人[2]。

[4]「螞蟻與蚱蜢」為《伊索寓言》中的故事，作者用未雨綢繆的螞蟻，對照不考慮未來的蚱蜢。

[5] 狄倫．葛林斯為法國興業銀行全球策略分析師。

辛巴多博士認為，這種「半途而廢傳染病」擴散的原因之一，是大量電子遊戲裝置所致。平均每個青少年花一萬小時在電腦或電視遊樂器上，它是個短時間內就能回報、瞬間就能滿足的環境。當他們進到學校時，就會發現那是個落伍（而且無聊）的環境。沒有打怪物、殺敵軍等激發腎上腺素分泌的刺激，也沒有驚悚的獵殺場面。

回到選民心態，全世界的選民也不見得比青少年好到哪裡。電腦開機慢個一分鐘就會開始不耐煩（這得感謝比爾蓋茲），下載時間太久也不行。我們希望經濟和政治的修正也要同步：要快、要簡單，但往往經濟和政治的循環並不相同，在選民面前，很難要求政客們去討論長期的問題在哪兒。

我們認知到，無論稱為「大衰退」還是「金融大風暴」，目前一定不是在一個正常的景氣循環當中。這是資產負債表式的衰退，這是六十年前展開的債務超級循環的結束。復原的時間不是幾個月，而是幾年；經濟也會更加震盪，衰退的頻率也會增加。有些國家會面臨嚴重的通貨緊縮，有些國家反而會面臨高度通貨膨脹的風險。

然而，只要選民沒有認知到，未來的世界沒有捷徑、沒有廉價選項，政治循環[6]將更加短暫，並且波動性更大。政客們手中沒有魔法棒，能夠把過去一筆勾銷，帶領大家重回盛宴。

同樣的，如果我們繼續要求政客們短視近利，而不做些長遠規劃，我們將會陷入自我挖掘的萬丈深淵而不可自拔。

這就是本書所謂的**終局**（Endgame）。在本書的前半部，我們將會討論到一些經濟的基本觀念及對照發生的大事，以瞭解整個債務循環的輪廓。別擔心其中一些經濟術語，本書會讓所有政客都可以輕鬆瞭解這次發生在你我四周危機的來龍去脈。

本書的後半部，我們將會按國家一一介紹它們所面臨的問題。當然，其中有些國家問題大得很，而且很多是屬於已開發國家。然而，本身

[6] 指政治人物的起落與政權更迭。

沒問題的新興國家也會感受到壓力，甚至受害，因為它們和已開發國家間有很大的貿易往來。信用危機尚未結束，我們只是把房地產危機轉換為銀行危機，而最終由政府買單。我們已經進入倒數階段，沒有人能夠置身事外！

在介紹每個國家的問題同時，本書會建議一些可能的解決方案——只是建議。每個國家狀況多少有差異，必須自我檢視孰重孰輕。在美國，很明顯在目前的稅制下，政府根本負擔不起龐大的支出，但是增稅的後遺症可不小。我們到底要削減醫療保險開支、國防支出、改革社會安全保險、還是增稅？亦或是刪減其他預算？沒有一個決定是容易的，就像小毛頭們推三阻四不願做出選擇。因為對他們而言真的有點難。

面對每個國家的選擇，當然會對投資產生重大的影響。本書最後將會提到，適用於一個國家的投資決定，並不一定適用所有的國家。

本書並不是在做審判，事情的發展其實是環環相扣。因為我們做出的抉擇會造成相對應的結果，而這個結果又會引發連鎖效應。對於一些身在危機國家的讀者，本書希望提供一些個人投資方向的建議，特別是當這些國家做出了不怎麼樣的決定時。本書會提供一些指標，幫助他們解讀自己國家的選擇和對投資行為的影響。

最後，包括我在內，其實都是樂觀主義者。即使國家沒有做出好的選擇，我們也能夠盡力維持本身和周遭人們的生活。我們的父母輩及祖父母輩在上個世紀的二次大戰、經濟大蕭條、還有許多更困難的關卡中存活下來，我相信事情終會結束，然後會像電腦重開機（reset）鍵一樣再度運轉。接下來也許是另一個新時代：經濟興旺、醫學革命，還有改變人類的新科技。機會永遠存在，端視我們現在如何做出好選擇。

PART ONE

# 債務超級循環的終結

西方國家和日本納稅人無可避免地要為銀行體系的破產買單；不幸的是，這將是西方世界全面性（systemic）的政府債務危機。它可能從歐洲開始，在美國引爆，而未來五年，美元將崩解。

——克里斯·伍德（Chris Wood），里昂證券（CLSA）策略分析師、前《經濟學人》記者、專長研究日本「失落的十年」

當我們提到「終局」（endgame），你立刻會想知道正在結束的是個什麼樣的「局面」。我們認為此刻正在結束的，是一群已開發（developed）國家的「債務超級循環」（debt supercycle）。這個名詞的概念來自Bank Credit Analyst（BCA）的發行人漢彌爾頓·波爾頓（Hamilton Bolton），他用「超級循環」（supercycle）一詞來形容貨幣流通速度、銀行流動性及利率。托尼·伯克（Tony Boeckh）將這個觀念簡化，用來形容1970年代以來，私人債務快速膨脹的債務超級循環。而最近，BCA的主編馬丁·巴恩斯（Martin Barnes）把這個觀念再擴大應用[1]。

債務超級循環最初起源於非常微不足道，並且能控制的債務水平，但經過了數十年的累積成長，逐漸失控，導致債券市場垮台、債務被重整或減計。所有的撙節方案（program of austerity）都要將債務水平拉回到可接受的水平。BCA最初所關心的其實是美國的債務超級循環，而其他已開發國家則分別站在各自債務超級循環的不同位置上。

2007年BCA的報告中曾提到：

美國的歷史就像一部長期債務成長史，摻雜一些金融危機和再通膨政策（reflation），次債泡沫是這個債務超級循環過程中最新的進展。每一次危機到來時，都有人擔心傳統的再通膨政策會不管用，言下之意經濟和市場將面臨一場債務違約的大災

[1] 艾文·費雪（Irving Fisher）在其1933年的著名文章中就已用到長期債務循環（long debt cycle）這個字眼。

難。這種擔憂在事後看來都是杞人憂天，目前這個泡沫也不例外。

聯準會（Fed）降息、財政寬鬆（指對次貸危機紓困）和美元貶值最終將引發另一波債務超級循環，和新的槓桿操作與金融膨脹。套利的標的是全球性的，特別是新興市場及與資源相關的資產。這場債務超級循環惟有在外國投資人開始出清美國資產，引發資金逃離美元，使得美國政府沒有上下其手的空間時才會結束。不過基本上這根本不可能發生[1]。

我（墨爾丁）幾個月前和馬丁又聊到這個話題，這次他把題目改成「債務超級循環的顛峰」（the culmination of the debt supercycle）。馬丁說現在根本看不到結束的樣子，只是私人投資人抽腿，換成政府進來買債，事實上是換湯不換藥。他說得沒錯，現在存在於美國、英國、日本，以及其他已開發國家（對了，還有希臘）的債務超級循環只是用政府資產負債表的膨脹作為代價，整體債務只增不減。

當債務從個人手中轉到政府的過程中，經濟成長及金融環境也勢必和過去多年來我們所習慣的有所差異。伊爾—艾朗（Mohamed El-Erian，太平洋資產管理公司PIMCO現任執行長）形容現在的世界是「新常態」，等著瞧吧，這條通往新常態的路也是跌跌撞撞。

## 綠野仙蹤

債務超級循環當然還沒結束，不過我們應該可以看到一些比較清楚的端倪。就像自稱先知的人身披著夾板警告大家：「世界末日即將來臨！」希臘已是殘破不堪，西班牙和葡萄牙看起來也會是同樣的結局，債務成本持續上升。那愛爾蘭呢？波羅的海那些小國呢？

很難算出這些國家還有多少舉債空間，參考萊茵哈特和羅格夫在《這次不一樣》（*This Time is Different*, 2009）一書中所言，沒有一個債務占GDP的比重的絕對數字會告訴你，債券市場會崩盤，這通常由市場信心來決定。而市場上大部分時候都是風平浪靜的，直到有一天突然來個晴天霹靂，而希臘就是這樣。它整個就是毫無抵抗能力，結果就是——希臘公債下市。基本上違約是免不了的（我們至今仍然這麼認為）。

各國的狀況不大一樣，1990年末期的俄羅斯，債務占GDP比重僅12%；而日本現今已經230%！為什麼會有這麼大的差別？日本國債大多都是本國人民自掏腰包買的，而俄羅斯不是。

債務超級循環的結束並不代表每個國家都會發生災難，而是要看他們離災難還有多遠。如果你選擇的是希臘，那麼你的選擇恐怕不是很糟，就是超級糟；至於日本，他的狀況就像一隻尋找擋風玻璃的飛蟲。也就是說，每個國家都有它自己的問題。

回到美國，情況稍微好一點。我們有時間做出修正，但可別心存幻想。我們不可能永遠保持預算赤字超過GDP的10%的水準，要不由聯準會出面，將債務貨幣化（即美元貶值），或是債券市場會要求高一點的利率。為什麼我們不能像日本一樣？原因是我們沒有像日本般有著傳統的高儲蓄率。但是儲蓄率有一天也會下滑，到時候如果日本還要維持每年GDP的10%以上的赤字，那麼不是向國外高成本的市場伸手要錢，就是日本的中央銀行得開始印鈔。而這兩者都不是什麼好主意。（編按：結果是2013年日本選擇印鈔票）

CHAPTER 1

# *The Beginning of the End*
# ——走向末日



回顧以往，金融系統的斷裂像是一場噩夢。倖存者無不想極力忘卻，讓一切恢復常軌。這也是他們在國會制訂金融改革法案期間拼命遊說，確保自身利益的明證。然而，金融體系的崩壞是事實，批評的聲音卻少得可憐。

我們必須展開二代金改法案的制訂，尤其是在金融市場對主權債信的信心盡失的此刻。

——喬治・索羅斯（George Soros）

2010年6月10日於維也納國際金融機構的演說

2008年秋天，雷曼兄弟倒閉，是這齣長達六十年的債務超級循環大戲結束了的第一幕。你能夠嗅得出黃金時代——增加債務就能增加消費和「財富」——的結束。全球股票市場崩盤，失業率飆高，是這個時代結束時我們最能切身感受到的。

讓我們弄清楚一點：債務創造成長不只發生在美國，整個已開發市場都是如此。**圖1.1**顯示美國債務占GDP的百分比，我們後面還會談到這個圖，相信你能夠約略看出美國公共和私人債務呈現爆炸式成長，而很多國家的圖形都差不多。

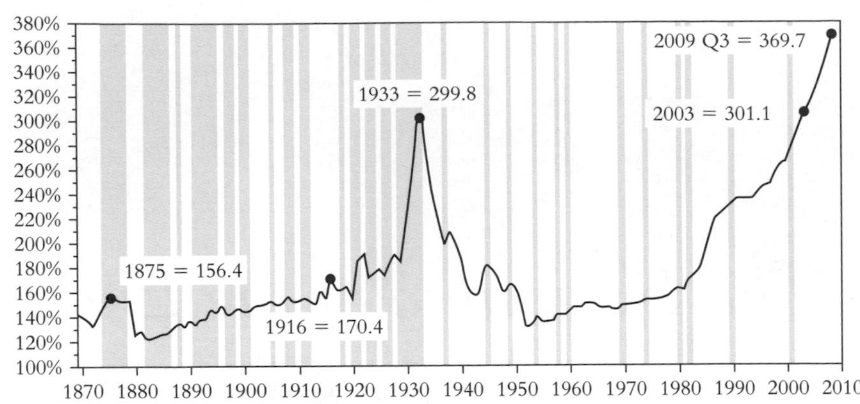


**圖1.1　美國總債務占GDP的百分比（至2009年第3季）**

資料來源：Hoisington Investment Management, Bureau of Economic Analysis, Federal Reserve, Census Bureau: Historical Statistics of the United States Colonical Times to 1970.

葛瑞・薛林（Gary Shilling）❶曾提到：「根據聯準會的資料，2005年，美國人從他們的房產中貸出7,190億美元現金，2004年是6,330億，2003年是4,390億，而1990年代中期每年還不滿2,000億。這種經由房屋再融資及住宅權益貸款（home equity loans）能夠輕鬆達到房貸業者的經營目標，屋主也能把房屋當作金雞母，不斷用它套出現金，因此他們不需要存錢，反而是大刷信用卡或用其他的融資方式，去填補微薄收入和債務快速成長之間的缺口。」[1]

每年7,190億美元還比2009年的紓困金還多。這相當於GDP 5%的資金流進了各式各樣的消費支出當中，而且自2001年經濟衰退以來，資產抵押貸款（Mortgage Equity Withdrawal, MEW）❷占有大部分的經濟成長。沒有這種「刺激方案」，美國經濟不可能會成長到目前的水準。

事後回顧，一切變得真實而清晰。巨變最初通常不易被察覺，而老是

❶ 葛瑞・薛林為美國經濟分析及評論家，也是Gary Shilling & Co.的創辦人。

❷ 資產抵押貸款是指將房屋抵押給銀行取得的貸款，此類貸款並不用於購買房子，多數被使用來支付家庭消費。

在事後被追認。例如，我們現在回頭看看1980年代初期，可以確認停滯性通膨（stagflation）[3]的結束和一個新多頭市場的開始，但當時恐怕沒多少人能看得出來。事實上，當時雖有為數不少的人認為，伊利諾大陸銀行[4]（Continental Illinois Bank）在1984年倒閉將會引發第三波的經濟衰退，或認為中國在2001年加入世界貿易組織（WTO）後會對全球貿易產生巨大變化，這些並沒有獲得多大關注。有多少人記得自己在2001年12月11日中國加入WTO的當天做了什麼？我想沒有人會記得，但這一天改變了所有人。

這次債務超級循環的終結卻不大一樣。我們都體認到一個時代的結束，也都在旁觀席上看它繼續發展。我們看它的第一幕——債務超級循環——落幕了，但同時第二幕——終局——上場了。

有一句中國俗諺說：「寧做太平犬，莫做亂世人」（May you live in an interesting age.）[5]，盛宴結束後仍然混沌不明，我們仍不確定未來是否進入太平盛世。

我們身處於一個六十年來從未有過的經濟變局。本書貫穿對全球經濟重整的主旨，各國狀況大不相同，有些是朝向好的方向，有些仍將令我們不太舒服。不過對於多數個人和國家而言，是再也無力大幅舉債刺激成長，未來的成長勢必來自於其他源頭。

## 債務超級循環是怎麼形成的？

安定本身即會帶來不安定，成功本身會招致失敗，趨勢永遠是有利於你時才叫趨勢。目前，政府將借貸利率壓到接近零，是史上最低；歐洲央

---

[3] 停滯性通膨是指1980年代石油危機所造成的通膨上升，與過去通貨膨脹伴隨著經濟成長的現象不同，經濟成長反而呈現衰退的現象。

[4] 伊利諾大陸銀行曾是美國第七大銀行，也是最大的商業貸款銀行。在1984年間因為擠兌，一夜之間損失一半資金，最後被美國聯邦存款保險公司FDIC收購。

[5] 翻自中國明朝馮夢龍《醒世恆言》第三卷「寧為太平犬，莫作亂世人」。但此翻譯略有爭議。

行（ECB）維持利率在1%[6]，聯準會則是0.25%，日本央行則是0.1%，英格蘭銀行則是0.5%。如此看來，主要的央行都擔心通貨緊縮，這改變也太劇烈了。回到1980年，幾乎所有的央行都在把利率調到20%以上，因為通貨膨脹是最大的擔憂。從20%到0%，這是我們這個世代最諷刺的事！低利率意味著信心不足，雖然人們可能用更低的利息借更多的債，但債務的膨脹卻讓人們更有可能還不出來。

在1980年代，已開發國家飽受通貨膨脹之苦，這是更早長達十五年政府大規模放鬆貨幣和財政政策的結果。更糟的是，勞工們身陷工資上升循環當中。簡單來說，當物價上揚，工資就自動上升；但工資上升，雇主又得漲價以彌補高漲的勞工成本。高物價引導高工資，高工資回頭又引發更高的物價，然後無止境地循環下去。

數十年的揮霍與借貸，尚伴隨著超寬鬆的貨幣供給，中央銀行和政府學乖了。在美國、英國，以及多數歐洲國家，他們壓制工會、打破工資上升循環，中央銀行前美聯主席保羅・沃克爾（Paul Volcker）決心升息以打擊通膨。結果是通膨回落，利率隨之下滑。如**圖1.2**所顯示，1980至2010年，十年公債殖利率由16%下滑至3%。

利率回落，舉債成本降低了，每月還款的負擔變輕了。在其他狀況不變的情形下，3%的抵押貸款利率可說是比8%要好吧！這等同於人們可以借更多的錢，買更大的房子。

利率和殖利率的下跌就形同借款大幅增加。如**圖1.3**所顯示的，債務的成長是遠遠高於GDP經濟成長。美國總債務餘額和GDP的比重，從140%大幅增加到目前的370%。

**圖1.4**為債務別對GDP的比重：政府債務、房利美、房地美、銀行債務、資產抵押證券（Asset-Backed Securities, ABS）、家戶債務、公司債務。你可以看得出來，家庭和抵押債務的成長性是最大的。

比較有爭議的是，**圖1.4**誇大了證券化商品計入債務，會讓債務重複

---

[6] 2012年7月5日歐洲央行宣布調降利率至0.75%，2013年5月調降利率至0.5%，11月降至0.25%。

**圖1.2　美國十年公債殖利率**

資料來源：Bloomberg, Variant Perception.

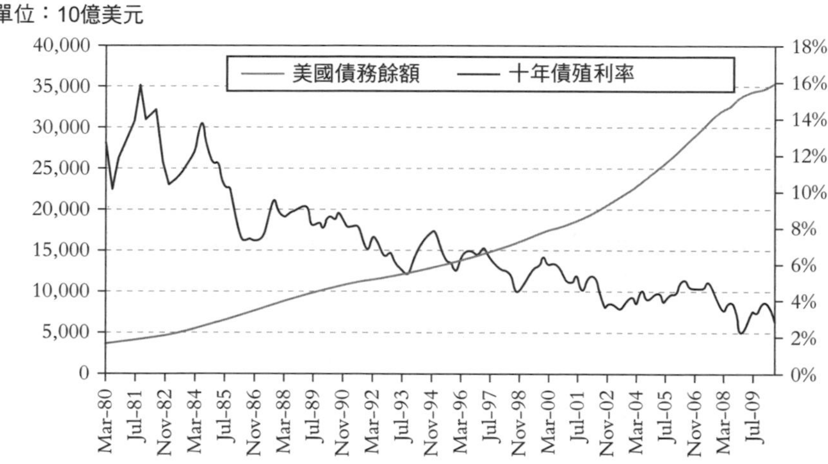


**圖1.3　美國非金融業發債量與十年公債殖利率**

資料來源：Bloomberg, Variant Perception.

計算。一些經濟學家質疑，資產抵押證券、金融債、政府特許機構不應計入債務。因為這些債務在借貸或發行時已被計算進非金融債當中。

**圖1.5**減去了重複計算債務後的數字。我們回溯至1929年左右，那時的債務比大增主要是因為GDP的快速下滑，而非債務膨脹。

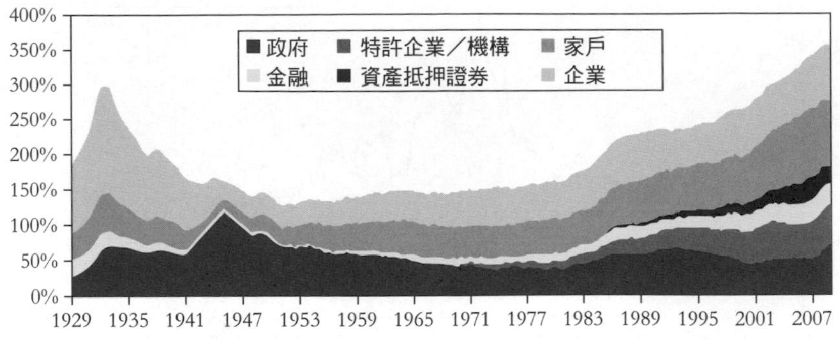


**圖1.4　美國債務與 GDP之比重 (自1929年)**

資料來源：Deutsche Bank, Bloomberg, EBA, Federal Reserve.

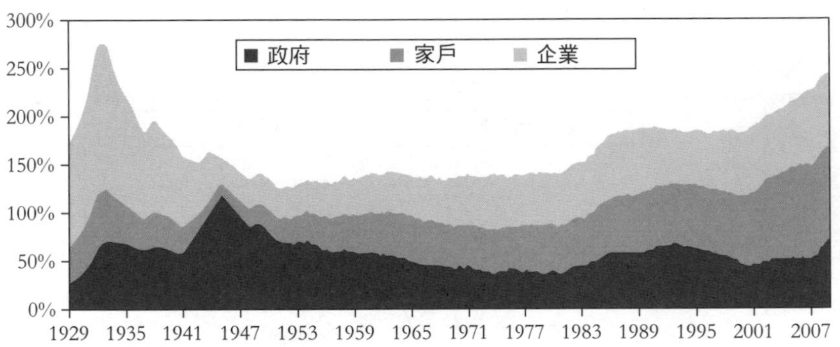


**圖1.5　自1929年起美國債務（排除金融債、政府立法機構、資產抵押債）與GDP之比重**

資料來源：Deutsche Bank, Bloomberg, EBA, Federal Reserve.

哪個圖才是對的？不管你相信哪個圖是對的，這一點也不重要，因為以2011年貨幣價值來估計，都不會改變總債務大幅增加的事實，結論是非常有可能還不起。

這不是只有在美國，讀者請看看**圖1.6**，圖中以G7為首的已開發國家同樣都面臨到相同的問題。**圖1.6**是個相當難看且難以持續的圖。1950年代，G7國家從大量戰爭債務中復甦，軍事支出早已大減；也就是說，現在我們已經沒有藉口解釋為什麼目前的債務水準這麼高，因為它根本不是

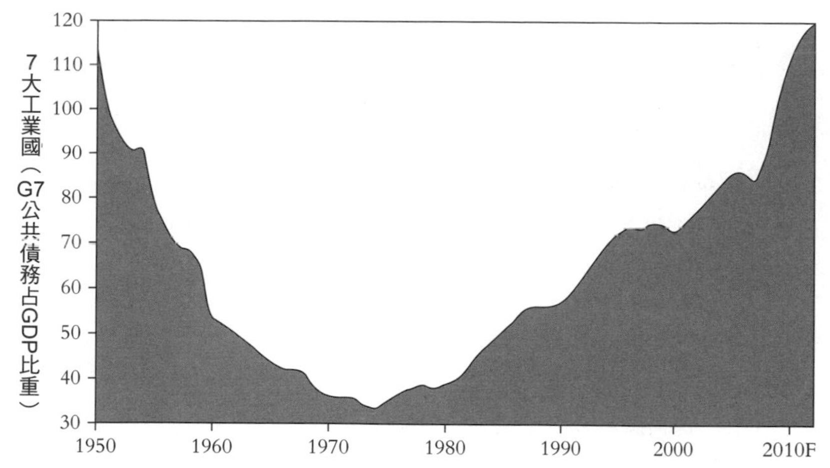


**圖1.6　債務大挪移（G7債務在金融危機後大幅提高）**

資料來源：IMF, Independent Strategy.

問題。

一般的認知是，你的債務成長速度不大可能永遠比收入成長來得快，因為這些債務是支撐不下去的。父母總是教導子女別讓債務成長超過收入成長，惟有聯準會和國會這些笨蛋認為沒什麼大礙。

債務的膨脹不僅僅是因為利率的降低，貨幣政策寬鬆、法令鬆綁、金融創新等都有責任。1980年代末期開始，貨幣政策就太過寬鬆，聯準會和其他央行被「寬鬆貨幣政策下還能保持低度通貨膨脹」的現象沖昏了頭，因為這是他們最希望看到的。另外一個原因是法令鬆綁，1989年柏林圍牆倒塌，中國和印度敞開世界貿易大門，突然之間全世界的勞動力獲得釋放。中國生產出愈來愈便宜的消費品，但也買進愈來愈多的原物料，像是石油、銅和鉛。

這造就了很長一段時間消費品價格下跌、原物料價格上揚的現況，也給了中央銀行偏誤的訊號。因為聯準會通常只關心核心物價，而非整體物價。消費品是被歸類到核心物價的範圍內，而原物料價格則是反應在整體物價水準中，當核心物價下跌時，他們就會以為貨幣政策並沒太過頭。穩定的核心物價是所謂「金髮女孩經濟」(Goldilocks economy)[7]當中重要的一環。

然而，穩定的通膨環境只會讓貨幣和信用快速擴張，進而推高資產價格，形成泡沫(一開始是股市，後來是房市)，但這些都不會反應在消費者物價指數(CPI)上面，沒有人會抱怨自己房子價格上漲的。聯準會某種程度忽視、甚至有時否認房市泡沫，也就是它在監管的立場上並沒有盡到責任。

聯準會不僅在通膨環境下極度寬鬆，而且在面對危機時變本加厲，提供更多的流動性。這一切緣自葛林斯潘於1987年8月11日繼保羅・沃克爾，擔任美國聯邦儲備委員會主席後。葛林斯潘僅僅上臺二個月後，便遇上了1987年的股市崩盤[8]，大跌發生後不久，葛林斯潘在聯準會會議中便表示：「已準備好提供市場所需的流動性，以提振經濟和金融體系。」從那時起，「注入流動性」便成為聯準會的神主牌。

我們不是在批評葛林斯潘1987年的行動，事實上那是個不錯的決定。提供流動性本來就是聯準會的武器之一，但問題是危機千百種，有時候是出在流動性不足，有時候流動性只是次要的原因。不能只用一招一式打天下。

在科技泡沫破滅，那斯達克(NASDAQ)指數重挫，葛林斯潘和後來的柏南克把利率降到1%，並且維持了非常長的時間。金融市場的眾多參與者從中獲得的訊息是：「多借錢，多冒險，聯準會挺你。」這就是著名的葛林斯潘賣權(Greenspan put)，當金融市場顛簸不前時，聯準會就會提供更多流動性。

---

[7] 「金髮女孩經濟」一語來自格林童話當中一篇「金髮女孩與三隻熊」(Goldilocks and the Three Bears)的故事，金髮女孩在三隻熊家裡看到桌上三碗粥，她熱的不吃、冷的不吃，而只挑不冷不熱的吃。1992年被當時所羅門兄弟(Salomon Brothers)的分析師David Shulman借喻，形容經濟狀況「不太冷，不太熱，剛剛好」，後常為人所引用。

[8] 這裡是指1987年10月19日的「黑色星期一」，當日道瓊斯指數下跌了508點，跌幅23%。

當聯準會把利率維持在1%時，恰好是債務急速增加的時候。當那斯達克指數崩盤，聯準會擔心出現類似1990年代日本泡沫破滅的現象，最後以通貨緊縮為代價。於是聯準會提出：「我們從日本的經驗當中得到教訓，當物價和利率低到接近零的時候，通貨緊縮壓力隨之擴大，這時包括貨幣和財政的刺激方案應該要以超乎常規的方式出現，以打破舊有對物價經濟成長的預期。」[2]在這樣的思維下，聯準會把利率維持在1%的低水準將近三年，而且承諾在沒有明顯的成長下，將維持這種低利率環境。這種說法在一般人的解讀下，就是「還會持續很長一段時間」。

最後一個造成泡沫的原因是證券化商品和影子銀行體系。幾乎所有的泡沫都需要一些新的金融技術和財務工程作幫襯。在1920年代，分期付款、券商融資、保證金交易造就了當時的債務泡沫；2008年，證券化商品和影子銀行間接導致了金融體系崩潰。

「影子銀行」一詞源自我在PIMCO的好友保羅‧麥卡利（Paul McCulley），指的是非銀行機構間大規模的金融拼裝工程，做的像是銀行的事，但名義上不是銀行。他們也吸收存款、借短支長。把流動性高的資產投資到流動性較差的地方，像是抵押債。最棒的是，這些影子銀行在吸收存款時，不需要依規定提撥資本，這種好康上哪找。

影子銀行體系（the shadow banking system）不僅能擺脫資本要求的規範，還有信評機構的相助。麥卡利形容，這些原本應是信用警察的角色，卻變相核發這些機構良民證，助長影子銀行體系泛濫。這種做法等於是宣告此類短期債務和銀行存款一樣保險，問題是中央銀行並沒有管理這些影子銀行，因為它們是完全不同的遊戲規則，當然出事的時候也不會紓困，幫它們很快地把私人債務轉為公共債務。

## 私部門去槓桿化，公部門加速槓桿化

金融危機和影子銀行體系的崩潰始自2007年8月9日，法國巴黎銀行（Bank Paribas）宣布旗下三檔資產負債表外（off-balance sheet）的抵押資產已無法評估其價值，因而暫停其債權人的贖回申請。在此之前，債權人一直以為任何時間都能提出贖回申請拿回資金。[3]這件事引發後續一連串的影子銀行的骨牌效應，最後在雷曼兄弟身上達到巔峰。

那些躲在證券化商品和貨幣市場基金報表上的資產，終究要回到銀行的資產負債表上[9]，而且不止是商業本票市場。外國中央銀行開始狂倒二房（房利美、房地美）的抵押債券，迫使聯準會不得不出手買進，以免美國整個抵押債市場全面崩潰。

政府藉由大量的財政赤字與狂印鈔票，來試圖冷卻私部門贖回債務、去槓桿化的壓力，但此舉使中央銀行和政府的資產負債表暴增。主權債瞬間加足馬力填補私部門去槓桿化的空缺。當家戶和企業開始捨債套現時，政府卻大量舉債把這些債務吃進來。

**圖1.7**是本書中你所看到的最重要的圖表之一。私部門的債務大幅降低，而由公部門接手，就像第一幕和第二幕間轉接的橋段。債務超級循環也因此繼續走向末日。

這樣的動作在政府財政上出現了明顯的反應，**圖1.8**描繪出美國政府自1900年以來的財政狀況。近期的赤字擴張可說是誇張到了極點。

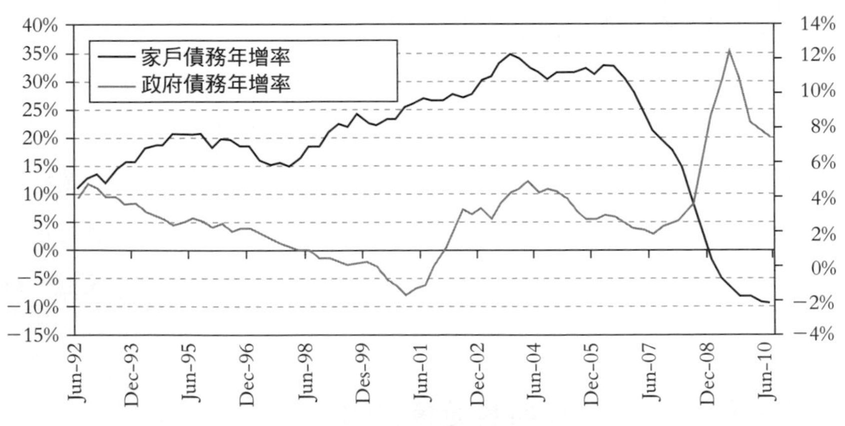


**圖1.7　美國發債量的成長率**

資料來源：Bloomberg, Variant Perception.

[9] 這裡是指當大量的資金撤離時，銀行被要求兌現。

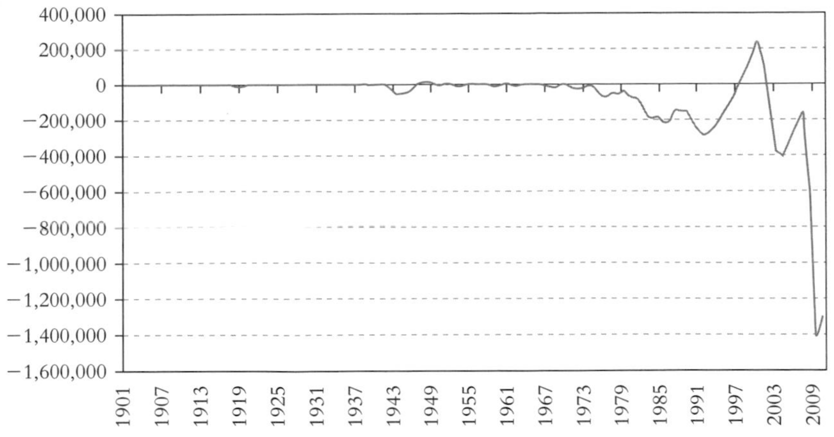


**圖1.8　美國聯邦政府赤字／盈餘狀況（1901年至今）**

資料來源：Bloomberg, Variant Perception.

在此要特別強調一點：在絕大多數的情形下，債務是不會消失，它只會被轉移。目前的債務是從消費者和家庭轉移到政府手上。當私人部門的債務超級循環高到難以持續之時，超級循環的末日就是公部門的債務危機。確切來說，就是政府在目前的低利率下，擴大舉債至極限。希臘已經碰到（極限）了，相信其他國家也將跟進。

當人們的債務大到撐不下去時，典型的結局就是違約；當國家的債務大到撐不下去時，則可能有三種可能的結果：

1.繼續把債務氣球吹大。
2.宣布違約。
3.減計債務，讓外國債券投資者面臨損失。老實說，這也是一個債務膨脹的變種辦法。

最後一點也很重要。**圖1.9**顯示1929年股票市場崩盤，銀行體系隨之在1931年垮台，但這都只是1930年代貨幣危機的序曲。許多論調以為美國從未違約，事實是當時美元脫離金本位後貶值，外國投資者損失了30%的美債價值。雖然外國投資者終仍拿回了本金和利息，然而實際上的價值早

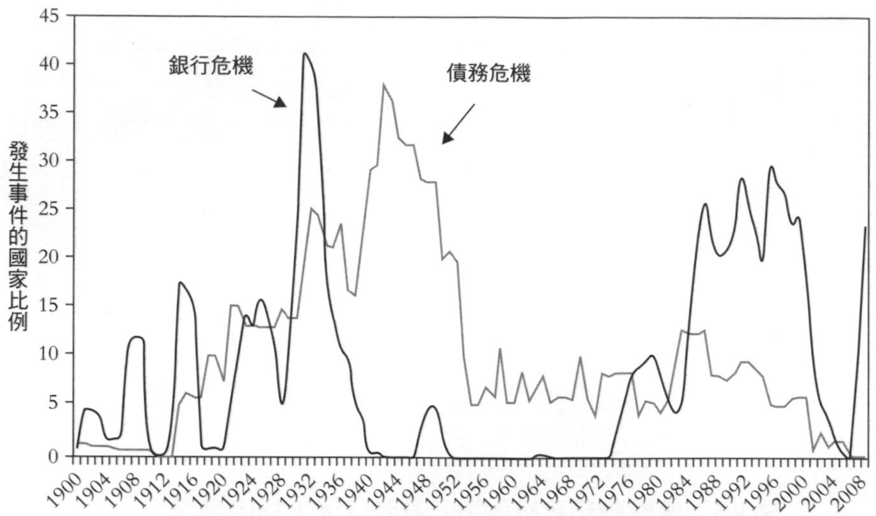


**圖1.9　發生債務危機的銀行或國家占全球的比重（依所得占比）**

資料來源：Reinhart and Rogoff, "Banking Crises: An Equal Opportunity Menace," www.bresserpereira.org.br/terceiros/cursos/Rogoff.nanking_Crises.pdf, National Bureau of Economic Research.

已大幅減損。

此外，當一個國家的貨幣貶值時，其周邊的國家總是會跟進。研究1930年代金融史的專家巴里・艾肯格林（Barry Eichengreen）描述這種現象時說：

> 在1930年代，各國無不想盡辦法壓低匯率，增加出口，試圖讓自己擺脫衰退的陰影。但是一國貨幣貶值往往激發了貿易伙伴間的矛盾，因為這只會造成對方加速衰退。最後那些維持匯率穩定的國家便不得不做出相同的決定。
>
> 大家一起貶值的結果是沒有贏家，因為事實上不可能所有貨幣都貶值，最後的影響變成政治對立升高、匯率高度不穩定、全球貿易體系瓦解，還有金融保護主義的出現[4]。

大家都知道，在競貶的過程中沒有贏家，然而我們從歷史當中也學到，銀行危機之後接下來會發生什麼事。

前面曾提到，各國之間會發生的情況其實是環環相扣的，也就是說，我們選擇的路會決定什麼結果。政客有能力做出不好、甚至更壞的決定，而我們只能希望他們能聰明一點。

大型銀行的危機及去槓桿化造就了國家的危機——這已經發生了。在過去幾年當中，我們已歷經拉脫維亞、希臘、匈牙利、杜拜、愛爾蘭等國家的主權債務危機。杜拜和拉脫維亞沒什麼關係，其他國家彼此也不密切。但是歷史告訴我們，當主權國家債務出現問題時，它很少是單獨發生的。**圖1.10**是萊茵哈特（Carman Reinhart）和羅格夫（Ken Rogoff）《這次不一樣》一書中的資料，顯示自1800年以來，主權債務違約往往是相繼爆發，而且通常是在一段承平時期後突然發生。（萊茵哈特和羅格夫合寫了一本債務循環的聖經，我們在本書後面章節中會提到他們了不起的研究，並且也會和他們一同探討這方面問題。）

這種群聚效應的發生與國際資金流動息息相關，全球債務泡沫幾乎無



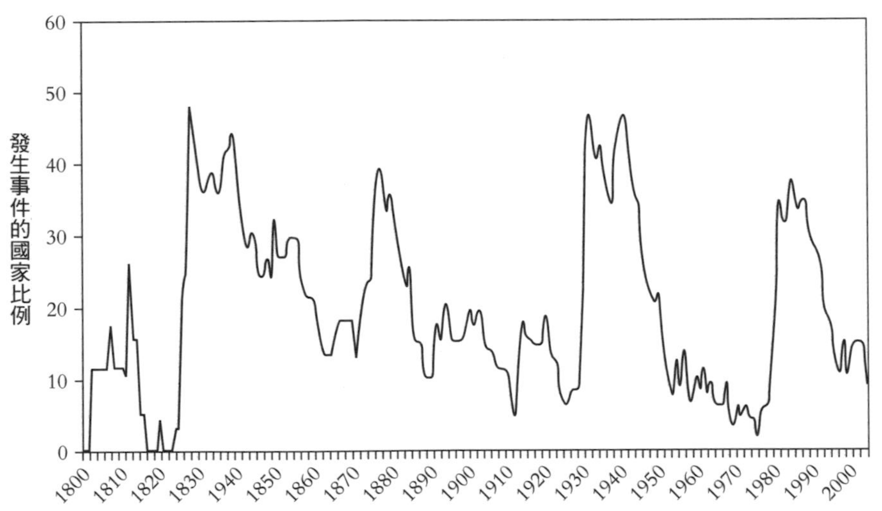


**圖1.10　主權外債國家違約和重整的比重（1800-2006）**

資料來源：Reinhart and Rogoff, *This Time Is Different.*

可避免地伴隨著更大的主權債務危機。

許多政府會以為現在舉債很容易，但這種從危機當中學到的壞習慣總有一天會反噬自己。本國貨幣公共債務較高，或是中央銀行獨立性不足的國家，往往會選擇採用通貨膨脹和貨幣貶值的方式，來規避財政或金融上違約的風險。總有一天美國也會在其中，但不是現在！而往長遠一點看，英國也不無可能。（我們在後面章節中會談到貨幣競貶和英美兩國的問題）

過去，中央銀行通常不大願意用貨幣債務化（monetize debt）來解決債務問題。但伯南克針對聯準會角色的談話提到：「散兵坑裡沒有無神論者。」（There are no atheists in the foxhole.）[10]，接下來，大家反而競相把自身的債務貨幣化，錯誤的事總是愈做愈容易。聯準會和英格蘭銀行在對國庫券的態度事實上已是統一陣線，這對貨幣政策的獨立性而言是一大諷刺。然後，他們會一而再、再而三統一行動，這是過去發生銀行危機後必然的動作。

**圖1.11**也是萊茵哈特和羅格夫的資料，當眾多國家將債務貨幣化時，全面性通貨膨脹的可能性也就大幅提高。

我們懷疑，如果今天的聯準會或英格蘭銀行不在華盛頓和倫敦，而是在卡拉卡斯（委內瑞拉首都）或波哥大（哥倫比亞首都），恐怕早就出現信心危機，引發貨幣危機和通貨膨脹了。我們應該慶幸美國和英國有相當大的市場信心在支撐，但這不可能是取之不盡的。

今天我們再度看到，政府和中央銀行大力進行風險管理，試圖撲滅全球性的烽火燎原，這種做法只會把我們推向更大泡沫的結局之中。

用一個比方來說明。假設目前全球市場和經濟像一場森林火災，就像加州或北下加利福尼亞州（Baja California）[11]擁有茂密的森林和田野，但缺乏良好的消防設施。在加州，小火災通常是消防隊撲滅就可以了，但在

[10] 意指大難來時，每個人都會求神保佑。

[11] 北下加利福尼亞州是墨西哥最北部的州，和美國加州接壤。

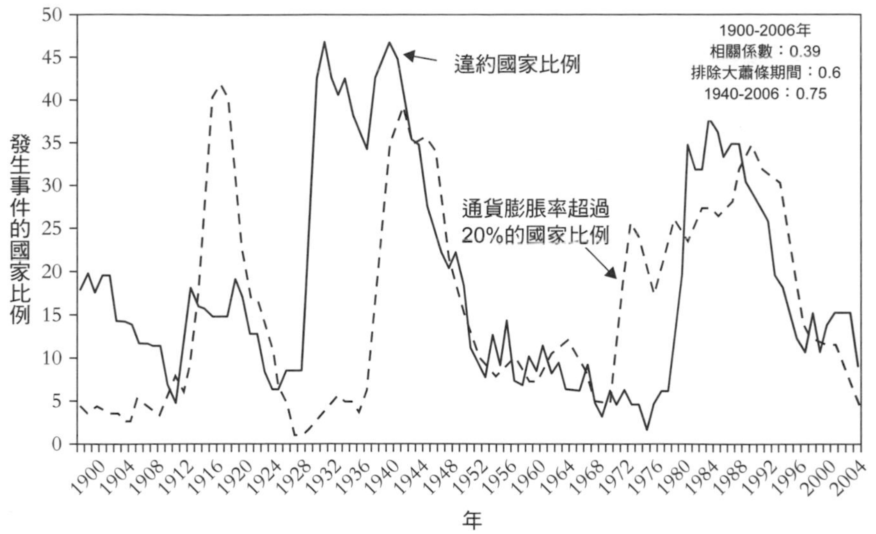


**圖1.11 通貨膨脹與外債違約**

資料來源：Reinhart and Rogoff: “Banking Crises: An Equal Opportunity Menace,” www.bresserpereira.org.br/terceiros/cursos/Rogoff.Banking_Crises.pdf, National Bureau of Economic Research.

北下加利福尼亞州卻沒有這樣的準備。諷刺的是，北下加利福尼亞州往往都是小火災，而加州常常發生大規模的、毀滅性的火災。

我們學到的是：沒有小火災來清理雜草、肥沃土壤、讓松子重新發芽生長，森林生態不會因而獲得重生。圍堵了小問題，雜草還是會繼續生長，只會造成未來更大的問題。

中央銀行和財政政策處理了小火災，只會讓風險偏好者更加冒險；撲滅小火災的結果，只會增加毀滅性火災的可能。用大規模的流動性掃除金融泡沫其實是徒勞無功，姑且不論貨幣和財政政策具有遞延性，干預本身就會帶來系統的不確定性。這個不確定性主要來自於失控的財政政策。避開了當下的下檔風險將會製造出未來總體經濟更大的不穩定，以及物價的大幅波動。

更大的火災在眼前，而非已過去，這屬於全世界的末日終局。對有些國家而言，最後會以違約告終；有些則會是面臨高通膨；而有些則會面臨貨幣貶值；每個國家都不太一樣。在本書中，我們將會分析每一種可能的結果，逐國探討。有些國家的未來恐不忍卒睹，而有些國家反而有機會改變現狀得以重生。所有的分析是基於真實的資料和嚴謹的態度所完成的。

接下來就讓我們開始吧！

CHAPTER 2

# 為何希臘那麼重要

追本溯源，解釋未知為已知，能帶來安慰、寬懷和滿足，同時更能感受力量。人天生的本能即為消除那些未知當中的危難、焦躁與不安。首要條件是：有解釋總比沒有來得好……人們這種尋找未知背後緣由的驅力是因為對未知的恐懼……

——尼采（Friedrich Nietzsche）

「有解釋總比沒有來得好」。在投資的領域中，這種解釋愈簡單愈好。我們老是聽到：「股市上揚主要是因為油價下跌。」卻不會想知道當油價下跌的同時，可能會有其他因素帶動股市。我們直覺地認為事情的原委總會複雜得多，但是尼采告訴我們，面臨未知才更讓人不安，所以我們還是簡單點好。

「嗯，」我們總是安慰自己：「我知道原因是什麼。」然後開始說一個確定的理由，於是我們就認為自己知道些什麼端倪。依照行為心理學，陳述一件事本身會在大腦中釋放某種化學物質，讓我們感到心安。因此，我們更加依賴簡單敘述。然而事實是，我們以為自己知道的那些（對未知事件的）理由，其實根本不相干甚至是錯誤，並且大腦的化學反應一點也不重要，重要的是我們需要一個解釋。

美國不大可能會違約。最糟的情況是，如果我們繼續減稅和增加支出，可能會面臨嚴重的通貨膨脹；如果我們開始撙節，則有可能會面臨通貨緊縮。優勢是所有的借貸全是用美元計算，而我們愛印多少就印多少。其他多數國家沒有這種好運，像是希臘，許多國家都需要歐盟或國際貨幣基金（International Monetary Fund, IMF）的紓困。

希臘（或其他國家）的問題怎麼會影響到你我？這裡所說的影響是指你我的日常生活，而不是貨幣流通速度或是稅收占GDP比重的公式或理論。

更廣泛地說，我們為什麼要關心半個地球以外的國家可能會破產？美國人可以不管希臘，歐洲人也不大關心1997年以前的泰國、1998年以前的俄羅斯，還有2002年以前的阿根廷。只是，這些國家發生的小危機最後卻對全球產生莫大的影響。就像是一顆石頭丟進池塘，漣漪發散的幅度遠遠超過你我的想像。

本章以我寫給孩子們的一封信作為開始，告訴他們為什麼希臘這個字眼會不斷出現在這封信中[1]。

## 老爸，希臘到底跟我有什麼關係？

我的女兒蒂芬妮和她的朋友針對這個問題聊了許多❶，她的朋友們看了這封信後問道：「好吧！我知道希臘出了問題。但這跟我有什麼關係？我想知道你為什麼認為它這麼重要。」

同一天，我的一個朋友也告訴我她和她17歲，就讀加州理工學院的女兒和她的同學男友的對話。他們都很聰明，也都談論到我這封信：「我知道他說的是什麼，只是不瞭解說這些有什麼意義。」（她男朋友將來想成為像PIMCO的伊爾—艾朗❷，真奇怪，當年我只想成為米奇・曼托❸）。

一天之中同樣的事遇到二次應該算是個警訊，所以我試著去解釋一

---

❶原註：此處介紹一下作者的背景。作者（墨爾丁）有七個孩子，其中五個是認養的，最小十六歲，最大三十三歲。女兒蒂芬妮和作者共同經營事業，除了最小的兒子外，其他都已在外擁有自己的事業。七名子女中，四名已成家，老實說不大容易經常見到面。偶爾他們說起自己或身邊朋友的故事，能幫助瞭解其他人怎麼看這個世界。

❷伊爾—艾朗（Mohamed A. El-Erian），現任PIMCO執行長。

❸米奇・曼托（Mickey Mantle），美國職棒紐約洋基隊的傳奇人物。

下。下面這封信是作為一個父親，遇到孩子們有疑問時，試著去幫助他們理解事情的原委和指出未來的方向。

親愛的孩子：

我知道你們的日子不是很好過，尤其是已經有自己小孩的那三個感受會更深。他們任何一個小嗜好都很花錢吧？我知道你們都讀了我的信（除了Trey之外），並且都在問這跟你們付的帳單會有什麼關係。在這裡我試著把全球經濟的變化和你們的帳單扯上關係，不過不幸的是，我下面說的話恐怕不會令你們好過。然而事實擺在眼前，我們都將會經歷這些事。

你們看我好像日子過得還不錯，但我告訴你們，1974年12月我從學校畢業時，失業率是8%，幾個月後升到9%。我們那時住在小小的活動式住宅[4]中，這在那時已經是不錯了。現在想想，我應該很慶幸當時沒有人願意雇用我，因為這樣我必須自己創出一片天。當時我只知道印刷業，所以就從印刷業的經紀業務開始作起。一開始只是印廣告信（Direct Mail, DM），不久後我就參與設計了。不過賺的錢依然不多，我們在活動式住宅一共住了六年。

然後物價就突然狂漲了，我們遇上了通貨膨脹。我記得1970年代末期向銀行借款的利息是18%，我必須借到錢才能買紙。先不管貸款買房子和車子，我只記得那時每個月要量入為出是多麼困難（尤其還有了孩子）。多少個夜晚我在半夜二點驚醒，不知第二天有沒有錢去付帳單。當時的我，壓根不知道聯準會和政府到底做了什麼事，怎麼會有如此高的通膨和失業率。

當時我有往來的銀行讓我開票以供日常的資金調度，有一天銀行突然告訴我，要取消額度並要求還錢。而我當時除了一個堆滿紙的倉庫和一紙一年後付款的合約之外，什麼都沒有。我告訴他們只能等，但銀行才不管。我發誓，他們真的通知我母親，如果她不替我付1萬美元的欠款，他們就要宣告我破產。我母親很擔心（總之，你們要相信銀行真的會這麼

[4]活動式住宅（mobile home），一種大型汽車拖行的住房，可以開著車移動。

做），偷偷替我還了帳沒讓我知道。結果一年後，這家銀行倒閉了，他們拼了命收回貸款，所以並沒有虧到一文不值。

簡單來說，世間事不會全然美好，我們都曾經歷過。三十五年後的今天，一切又發生了，都那麼似曾相識。我們每天聊天的話題，都不脫誰誰誰又丟了工作。

然而希臘這個小國發生問題對你有什麼影響？嗯，是有影響，但不是過去那種「髖骨連著大腿骨，大腿骨連著膝蓋骨」[5]的關係，比那要複雜多了。先回想我四年前寫給你們的信，提到「顫抖的手指」這個字眼，這是你老爸這輩子做過最好的比喻之一，很多人也這麼認為。先看看這封信，然後我們會回到希臘，現在讓我們認識一個名詞：複雜理論（complexity theory）。

## 無處不在、複雜理論及沙堆

我們先摘錄一本十分重要的書：馬克・布坎南（Mark Buchanan）的《改變世界的簡單法則》（*Ubiquity: Why Catastrophes Happen*）[6]，我強烈推薦這本書給那些特別想要瞭解這個複雜市場的人。書中沒有特別提到投資，雖然也有碰觸到一些，但主要是講述混沌理論（chaos theory）、複雜理論和臨界狀態（critical states）。沒有公式，只有簡單易懂的故事和比喻，任何人都可以輕鬆閱讀。

小孩子最喜歡在沙灘上玩沙子了。記得當年提著你們的塑膠小桶子去堆沙堆的事嗎？把沙子慢慢堆高，直到一邊撐不了垮下來。

布坎南說，想像一下，沙子一粒一粒掉下來時，很快就會堆成一座小山。最後只要一粒沙子掉下來，就會引起全面崩塌。多數時候小沙子不會有什麼人注意，但情勢會越發不可收拾，最後整片沙像雪崩一樣坍塌下

[5] 取自*Dem Bones*，美國著名兒歌之一，以《舊約聖經》的內容改編，為小朋友介紹人全身的骨頭結構。在此意謂直接的關聯。

[6] 馬克・布坎南，著名理論物理學家，善於利用物理學角度來解釋群眾和人與人之間的行為。

來。

1987年時，三個物理學家巴克（Per Bak）、湯超（Chao Tang）和威森費爾（Kurt Weisenfeld）[7]在紐約的布魯克海文（Brookhaven）國家實驗室中開始做這樣的沙堆實驗。當然，實際上不大需要這樣一粒粒堆沙子，用電腦寫了一個程式去模擬就好了，雖然沒那麼好玩，卻快了許多。然而他們倒不是真喜歡玩沙子，他們更有興趣的是一個叫做「非均衡」（nonequilibrium systems）的體系。

他們發現許多有趣的事實。一個正常的崩塌有多大規模？拿數百萬粒沙實驗過無數次之後，他們發現其實沒有一個典型的規模。「有些只有一粒沙子，有些是十粒、百粒或千粒，還有些是某一小堆塌陷，引發整座山的崩落。任何時候、任何情況都可能發生。」

這種不可預測性的確是全然的混沌狀態。現在，讓我們慢慢讀下一段，這一段非常重要，它幫助我們在瞭解金融市場結構和全球經濟上建立一個虛擬的架構：

> 為找出在沙堆遊戲中（不可預測性）的原因，Bak和同事們在電腦裡做了一個小修正。想像一下從頂端俯視著沙堆，根據不同的傾斜度標示不同顏色，綠色表示比較平緩且穩定的區域，紅色表示險峻區，甚至是快要崩塌的區域。
>
> 你想他們看到了什麼？他們剛開始看到的沙堆大多是綠色，隨著沙堆升高，綠色漸漸被紅色滲透，沙粒愈多，紅色警戒區就愈大，直到一個高密度的不穩定結構布滿整個沙堆，這時一個特別的行為就具備了意義：一粒沙子掉落在紅色警戒區的某一點上，會導致附近的紅色區域出現骨牌效應的塌落。如果紅色區域網相當稀疏，且危險的紅點彼此之間很分散，一粒沙掉落的效果就會很有限。
>
> 「如果紅點布滿沙堆，下一粒沙子掉落的後果會變得極難預

[7]巴克為丹麥物理學家、湯超為中國物理學家、威森費爾為美國物理學家。

測。它可能只引起一小部分的缺口，也有可能導致幾百萬粒沙崩落的連鎖反應。沙堆似乎能自我成型，變得極端敏感及特別不穩定，以致下一粒沙掉落時，會造成各種可能規模的反應[2]。」

這些只是數學書呆子才喜歡的嗎？科學家比較喜歡把它視為臨界狀態。所謂臨界狀態可以是水結成冰或化為水蒸氣的剎那，也可以是發生大規模核反應的瞬間，意思就是改變自然形態或物體個別或群體特性的那一點。這種實質的改變契機，我們（以及任何一位物理學家）稱之為臨界狀態，或稱為臨界質量（critical mass）。

但是對於物理學而言，（臨界狀態）永遠只是個理論上的特殊現象或是非主流議題，那些極度不穩定和非常態的現象只有在特定一些狀態下（並且在控制得宜的實驗下）才會產生。然而，在沙堆的實驗中，臨界現象往往是不經意的一粒沙落下時發生[3]。

於是他們嘗試去解釋，這種現象有沒有可能在其他地方出現？像地殼運動引發地震；或是自然生態的改變，亦或是股票市場崩盤？「有沒有一個特定情境下的臨界現象，可以解釋世界上的脫序行為為何容易受到影響，以致產生不可預測的動盪？」能否經此幫助我們瞭解地震以外的事件，像是丹麥三流報紙的（時事）諷刺漫畫是如何引發全球的大混亂？

布坎南在本書中開宗明義歸納出結論：

真相往往藏有許多細節和牽扯……在一般狀態下並不複雜。但臨界現象的特殊不穩定或例外結構，的確充斥於世間各類事物中。過去幾年間研究人員在這些不穩定的事件中（像是地震、生態浩劫、市場崩盤），發現了一些數學上可以解釋的特徵。其他如疾病傳染、交通阻塞、辦公室中從主管到員工的指令傳導，以及其他許多情況。

本書的核心，是在於發現這些事項的脈絡——原子、分子、物種、人類，甚至任何構想或推測——都會自我形成類似的、可追溯的體系。在研究的基礎上，科學家開始衡量這些混亂事件的各種類型，觀察他們過去可能沒有發現的形態[4]。

現在，讓我們回到沙堆遊戲的實驗。思考一下，當你倒下2倍的沙量時，可能會引發崩塌的機會是沒有崩塌的2.14倍。我們發現在地震的觀察上也有類似的情形，當能量釋放2倍時，地震的強度不高於4倍。數學家稱之為「冪次法則」（power law）❽，或是自外於地震發生複雜過程中的特殊數學模式。

## 顫抖的手指❾

那麼，這個沙堆實驗還告訴我們什麼？

當沙堆達到臨界狀態時，許多沙粒是堆積在崩塌的邊緣，這些沙粒會連成一條條長短不一的「顫抖的手指」。有些很短，有些則貫穿整個沙堆。因此一粒沙所能引發如崩塌或任何其他形式的連鎖效應，端視這粒沙是落在短、中，還是長的機制當中[5]。

現在，我們進入了臨界狀態課題的關鍵點，請以市場的觀點來讀以下的文字：

---

❽冪次法則係指事件發生之機率與其發生時規模大小之間的關係。簡單來說，發生機率愈低的事件，一旦發生事件，其強度和規模愈會超過其投入。後來如「80/20法則」、「黑天鵝理論」、「長尾理論」等均由此延伸。

❾顫抖的手指（fingers of instability）是物理現象的一種，意指由於自我的不穩定性，產生與模型和理論不相合的結果。如半導體晶圓的旋轉塗佈技術，理論上可以利用離心力將晶圓塗滿，但當晶圓面積愈大時，離心力作用反而會使外圍薄膜因微小震動而出現分支現象，形收如抖動的手指，而不是同時向外發散，造成薄膜擴張速度減緩。

> 在簡單的沙堆實驗中，冪次法則還說明了另一件事：即使最重大的事件發生，推究其原因可能並不是某些特殊或例外原因所造成。總之，崩塌規模大小的起因可能是一樣的，也就是當一粒沙掉落在造成足夠傾斜的那一點上，崩塌結果和起因可能並無關聯；就算崩塌一次大過一次，也不見得是有什麼特殊情事發生。相對地，它與臨界狀態的長期不穩定機制有關，它允許任何一粒沙造成大小不一的崩塌[6]。

現在讓我們將這觀念應用到其他領域上。一、當代優秀的經濟學家之一（可惜終身未獲諾貝爾獎殊榮）的海曼・明斯基（Hyman Minsky）[10]指出，金融體系的穩定即引發自身的不穩定性。目前狀態或趨勢持續愈久（我們也感覺愈安逸），一旦反轉，所造成的災難也愈大。問題在於長期總體經濟的穩定往往造成金融情勢的高度不穩定。如果我們相信明天、明年，會和上個禮拜、甚至去年一樣，我們就會在今年多舉債，或是先消費後儲蓄。明斯基認為，如此一來，穩定的期間愈長，潛在的不穩定風險就愈大，因為市場參與者終究要改變他們的行為。

把這觀念和沙堆實驗串連起來，經濟社會中臨界狀態會維持得愈久，或者這麼說，不同形態的顫抖手指之間聯繫會愈深愈密，大規模崩塌的可能性也就愈高。

另外一種思考方向是來自於法國的地理學家戴德・索耐特（Didier Sornette）[11]，在他的傑作《為何股票市場會崩盤》（*Why Stock Markets Crash*）中清楚闡釋金融危機（雖然裡頭的數學真是難懂）。他寫道：

> 價格崩潰的特定型態並非最重要的問題：崩盤是因為市場進入了不穩定的階段，任何小騷亂或過程都可能引發不穩定。舉例來說，拿一把尺筆直放在手指頭上，就像是一種不穩定的姿

[10] 海曼・明斯基（1919-1996），美國經濟學家，為研究金融危機的權威。他的「金融不穩定性假說」是金融領域的經典理論之一。

[11] 戴德・索耐特為瑞士聯邦理工學院教授。

勢，任何一點手部小小的（或不適當的）動作，或是一點小氣流，都會導致它掉落。尺會掉落是因為本身不穩定的環境，而掉落瞬間則是次要問題[7]。

當事物本身已不穩定時，並非是最後一粒沙導致沙堆崩塌，或是一陣微風吹落了手指上的尺，那些都是最後的原因，也是信手可得去解釋崩塌的原因。然而，真實的原因早已發生，就是早就存在的不穩定體系本身。

基本面的不穩定體系的確是近期我們所見信用危機的主因。全世界最大經濟體（美國）的消費者用借來的錢買各式各樣的東西，因為時機大好嘛。房價只漲不跌，股票市場回到每年15%報酬率的軌道，而借款成本也變得低廉。你能用2%的短期利率借錢買房，而房屋每年能漲15%，所以為什麼不現在買房放著，過幾年再賣掉？

貪婪主導一切。這數百億、上千億的高風險借款被賣給全世界的投資人，而當債務的沙堆升高，斷層線（fault line）也就逐漸浮現。也許是拉斯維加斯的某一筆貸款出了問題，我們不知道，但就像那一粒臨界值的沙子，引發了大規模的崩塌。

你們可能早已不記得了，但老爸早在2005和2006年就點出了次貸的問題。但當問題真正發生時，受人敬重的伯南克（聯準會主席）卻聲稱問題沒那麼大，而且損害在控制範圍之內。（我打賭他現在一定想把這句話吞回去！）

損害完全沒能控制。它讓銀行意識到過去的AAA信用評等也會虧損殆盡。而且當銀行看看自己的帳目時，讓他們懷疑起其他銀行的狀況。有誰知道他們的狀況有多糟？因為沒人知道，所以銀行間開始停止彼此融通，信用市場就這樣凍結了。彼此也互相不接受信用狀，這對全球貿易可是致命打擊。因為銀行開始虧錢，他們開始停止中小企業放款，商業本票市場也停擺。那些銀行創造出來的，過去極安全的表外資產（off-balance-sheet funds）現在垮台了。（這就是我朋友麥卡利所稱的影子銀行體系。）每個人搶著賣掉手上的資產去還債，造成了真正的恐慌。公司開始裁員，被裁的員工當然停止花錢。

當你知道我過去的銀行貸款經驗就會瞭解，銀行在出現問題的時候會做出不合理的舉動。（我在德州的一家小銀行有個開了二十年的信用帳戶，但幾乎沒用過。上個月銀行通知我要取消額度，告訴我信用狀必須要有百分之百的現金準備。別擔心，老爸現在狀況很好，有點生意頭腦，也有上天保佑。只是我跟這銀行已經好幾年沒往來了。當我打電話去問那裡的年輕職員：「怎麼回事？」他回答說這只是主管的命令。上個星期我換了一家銀行，約略知道前一家銀行出了些事。現在我又有信用額度了——希望我還是用不到。）

但事實是我們需要銀行，他們就像身體裡的血管，保持血液（金流）暢通。當血管變硬，我們就可能會得心臟病，病情會惡化，那情形就是銀行在商業不動產放款中虧了更多錢，而美國的商業不動產價格已經跌了40%。

許多書籍試著去點出當前危機的原因。有些像一本神怪小說，拿來當作娛樂即可。你大可以怪罪聯準會、銀行家、避險基金、政府單位、信評機構，或其他任何在法庭上的被告。

讓我們談論一些值得探討的話題。大家都在怪東怪西，但有些實在太過簡化。過去幾十年間全世界從各式各樣的危機中復甦並反彈，這次的爆點其實並沒有什麼不同。

但為什麼這次這麼不一樣？我們正結束長達六十年的債務超級循環，不僅是消費者的借款，連銀行的拆款市場都覺得像是世界末日（這不止是美國，已開發國家都是）。因為我們已認定這些債是安全的，所以開始大量運用槓桿（leverage），一開始是手中資金的3倍、5倍，到後來是10倍，甚至多達30倍。我們同時也說服監管機關這不是問題。情勢保持穩定的時間愈長，我們就愈相信它還會繼續下去。**圖2.1**顯示我們的沙堆是如何堆上去的，而這實在不是一件好事。

我知道老爸總是說這沒什麼好大驚小怪的，但就某些層面來看，這次的確是大蕭條以來最不一樣的一次危機。在萊茵哈特和羅格夫的重要著

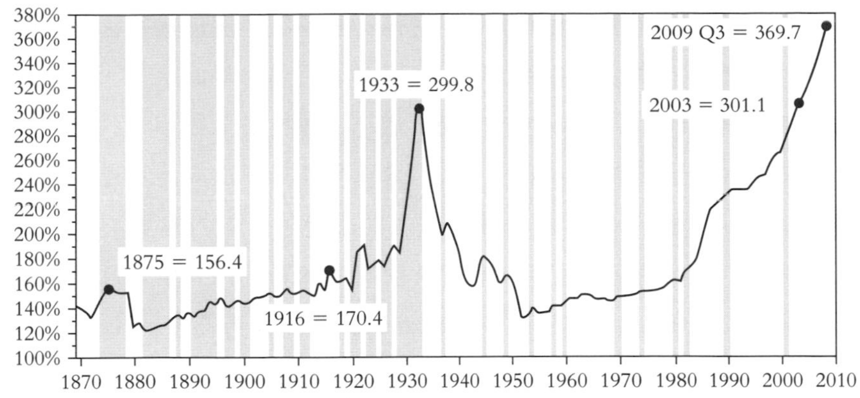


**圖2.1　美國總債務占GDP的百分比（至2009年第3季）**

資料來源：Hoisington Investment Management, Bureau of Economic Analysis, Federal Reserve, Census Bureau: Historical Statistics of the United States Colonical Times to 1970.

作中說明了，所有債務危機的最終結果，不是債務被還清、就是被減計（written off），或是宣布違約，這部分沒啥不同。不論哪一種結果，我們的債務終將減輕，雖然這將經歷痛苦的過程，因為它意味著經濟成長更加放緩。

而有些政府開始試著去回復那些正在還債的消費者過去的習慣，儘管政府的能力有其限度，像希臘現在就知道了。

如果我們已身處債務超級循環的最後幾局（closing innings，為棒球術語），現在應該有明顯的復甦了。但不幸的是沒有，更悲觀地說，我們還有一段極長的去槓桿化過程要走，很可能需要很多年。

不論你是代表一個家庭還是一個國家，你都很難從債務危機中抽身。許多家庭今天認清了一點：如果你沒了工作，你就沒了房子。那些曾經被視為信譽良好的人們破產了，離開了所住的房子；次貸壞帳房屋大量充斥市場，導致整體房價直直落，連帶影響整個營建業也倒地不起，也重傷周邊產業；最後讓更多人沒了工作，放棄他們的房子，然後惡性循環下去。房市沙堆的盤根錯節既長且深。

所有都是有關聯的。我們一手堆砌出不穩定的沙堆現在垮了，總得找出問題所在。問題就在於太多債了，它得花好多年才能使銀行去化房貸和商用不動產壞帳，讓國家甚至全球的債務水準回到合理的水平。

但在這裡，我還得告訴你們一個壞消息。種種跡象顯示，我們並沒有從此次危機當中學到教訓。第一、我們還沒有修補好造成此次重大危機的問題。2010年一份2,300頁的金融改革法案通過了，但內容並不足以讓美國回到正軌（諷刺的是，當年社會安全法案僅28頁，1934年葛拉斯—史提格的金融改革法案也不過35頁[12]）。歐洲的銀行還在用高度的槓桿。

為什麼希臘這麼重要？因為歐洲的銀行擁有太多希臘的債券，價值約有數千億美元。不過幾年前，這些都算是不錯的投資，信評機構（就是和說次貸債券是AAA的同一批人）也給了希臘AAA的等級，銀行也據此運用高槓桿（有些歐洲銀行甚至用了40倍）來買這些債券，當然也因此賺了不少（別問老爸為什麼大家要信任信評機構，有些事真的很難解釋）。

而現在，希臘的債券風險可高了。直到今天還在對希臘進行紓困，但這只不過是在重傷後貼塊OK繃而已。危機根本沒解除，還會再回來，除非希臘願意削減開支，把稅率提高到美國人難以想像的地步，讓經濟進入大蕭條才有可能解決。他們現在要的對他們絕對不利，但他們還是做了。

那歐洲銀行呢？當希臘債務出現問題時，他們的反應和2008年一樣，信用瞬間蒸發。納稅人願意承擔這一切嗎？可能會，也可能不會，現在看起來有可能，但並不表示他們永遠都願意，這將是一場浩劫。其他歐洲國家，像是西班牙和葡萄牙，幾乎和希臘差不多。如果歐洲央行救希臘是因為它大到不能倒，那西班牙有可能是大到救不了。英國不是歐元國，但也好不到哪兒去。

歐洲的經濟規模和美國差不多，我們有許多賺錢的大企業因為歐洲的

[12] 葛拉斯－史提格（Glass-Steagall）的金融改革法案是在1930年代大蕭條後的立法，將投資銀行業務和商業銀行業務嚴格地劃分開，保證商業銀行避免證券業的風險。但這部分在1999年生效的金融服務法現代化法案中被取消。

衰退而受到影響。歐洲的危機使得歐元走貶，相對地我們就更難向歐洲賣東西，獲利也因而衰減，更別說和歐洲企業在國際貿易上競爭。這意味著我們也將減少向中國買東西，他們也會減少購買美國債券的數量，然後一直惡性循環下去。新公司的設立也變得困難，這也影響到我們的實質就業成長。

2011年我們可能會面臨美國有史以來最大規模的增稅，從聯邦到州政府，以致地方稅都將大幅升高。（寫這封信時是2010年11月，還真不知國會要怎麼因應[13]）即使布希總統的減稅方案獲得延長，州政府到地方的增稅和削減支出依然是個大問題。[14]

研究顯示，增稅對GDP（指經濟成長）的負面效應約為增稅額的3倍[15]。〔也有研究認為負面效應只有1倍。當然啦！任何人都能說羅莫（Romer）的研究不適用於富人稅負。〕在本書後面將會提到，如果稅負增加，特別是加上州政府及地方政府稅（還有削減支出），我們將無可避免地進入衰退，即使歐洲不出事也無濟於事。〔梅麗莎[16]，這可不是共和黨的陰謀，這些研究是歐巴馬總統的聯合經濟顧問委員會（the Joint Council of Economic Advisors）主席克里斯蒂娜・羅莫（Christina Romer）作的〕[17]

---

[13] 2010年12月9日，因應金融海嘯造成的重創，歐巴馬總統宣布將小布希時代的減稅法案延長二年，至2012年12月31日止，同時將工資稅從6.2%降為4.2%，期限二年，同樣在2012年12月31日到期。日前談論的財政懸崖中，一部分即為這兩項的減稅措施到期。

[14] 2011年12月歐巴馬總統宣布再延長減稅方案一年，至2012年底為止。2013年因應財政懸崖，聯邦政府已恢復原先的薪資稅，以及提高中高所得者的所得稅率。

[15] 此處的研究是指美國加州大學柏克萊分校教授大衛・羅莫（David Romer）及克里斯蒂娜・羅莫的研究，認為增加GDP 1%的稅收將使GDP減少3%。

[16] 梅麗莎，作者的女兒之一，下面提到的查德、亨利、艾比、阿曼達、崔恩都是作者的子女們。

[17] 作者註：下一章我們會看到，即使2011年我們避開了衰退，接下來的信用危機和去槓桿化，經濟衰退的機率更高，這只是時間問題而已。

更不幸的是，未來的失業率恐將更高。梅麗莎，妳所工作的酒吧也會受到影響，妳的朋友會失業；查德，你工作的電器用品店的佣金也會比現在還少；亨利，你在UPS的工作時數也會受到影響，你很聰明，應該開始去接一些兼職工作；艾比和阿曼達，外食的比例會減少，你們的同事也會開始要求提高工時；崔恩，希臘的問題和你不愛寫功課的確沒什麼關係。

自此之後，我們不太可能像以前一樣，再靠舉債和降低利率來抵抗衰退了。利率已經低到底了，而如果我們不重整政府財政部門的秩序，債券市場總有一天會難以承受美國的龐大債務。我很擔心有一天我們會變成「希臘反斗城」（Greece R Us）。

債券市場要的只是信心，如果希臘違約了，西班牙和日本能撐多久？如果我們不控制自己的債務，美國有什麼理由特別不一樣？萊茵哈特和羅格夫告訴我們，信心不再，末日即將到來。它永遠比人們預期來得快，也總是被認為是意料之外。

全球金融市場是高度連結的。小小的希臘會對離歐洲遠到不行的地方產生變化，就像我們的次貸問題引爆全球的危機。全球金融市場能夠允許相當巨大的風險，但經由花樣百出的財務工程和證券化，風險也能擴散到無遠弗屆。許多投資人以為買進多樣不同類型的證券，就足以分散風險；事實上，幾乎所有的風險都已經串連在一起。

許多看起來不相關的投資人在近期的危機當中出現了高度的相關性，在過去人們以為把風險作分散就沒問題了。同時，也沒有人能想像的到下一次危機發生時又會有多大的不同。投資，本來就是一件不容易的事。

下一次的危機恐怕不會發生在希臘，而會在世界上的另一個角落。但是希臘的例子還是相當重要，它告訴我們必須極度小心，不要忽略蛛絲馬跡，因為希臘不是我們的後院，我們都身處於這種顫抖手指的體系中。

有沒有好消息？有，我們一定會撐過的。經過了1970年代的艱困時期，我想當2020年到來，新的醫藥和科技讓生活變得更進步時，沒有人會想要回到2010年的好時光。你們會活得更久（我也希望自己多活幾年享受一下含飴弄孫的生活）。在1975年，我們不知道新的工作機會在哪兒，那時景氣真是冷到不行。不過，新的工作就這麼出現了，而未來將會如此。

那有沒有更好的消息？你們還年輕，還是個孩子（真的！）。我直到35歲左右才有比較好的收入，也有些意外之財（抽中一支手機）。就算在那之後也不是事事順遂，但畢竟壞年冬過去了。我們也有了家庭，國家和世界也更加心手相連。

最後，建議呢？做你喜歡的事。努力工作、存錢、控制花費，還有想想如果有一天經濟衰退了，手邊的工作是不是值得做下去的。注意公司的獲利情況，把自己變成公司最重要的員工，並且相信一切會更好。2020年代想必是史上最寒冷的時期，直到我們卸下債務超級循環的重擔，重新啟動成長引擎。最重要的是，老爸以你們為榮，並且愛你們。

CHAPTER 3

# 讓我們看看規則吧！

限制愈多，自己的空間愈大，專制性的限制才能產生縝密的執行。

——伊果・史特拉汶斯基（Igor Stravinsky）

在運動競賽中都有規則。三好球你就得出局，或是得在四次進攻中推進10碼才會得到下一個10碼的進攻機會（此為美式足球規則），你也不能用手去碰足球。規則對新手而言是很煩人，但對於老鳥來說，規則才能成就精彩的比賽。

棒球對許多美國以外的人來說是一種難懂的運動，規則一大堆又有許多眉角；我承認自己不大懂足球，雖然已比以前好多了；更別提我根本不懂冰上曲棍球（hockey）。

在經濟社會中同樣也有許多規則，多數不被大家所瞭解。然而違反規則對個人、公司、國家的影響都不小。不幸的是，經濟社會中沒有獨立的裁判會吹哨暫停比賽，對犯規的人處罰，要求你遵守規則。不過，如果你不按照規則辦事，市場可以隨時決定不買你的貨幣或債券。

在本章我們會檢視一些重要的規則。親愛的讀者，別擔心，如果把專業術語拿掉，這些規則都十分簡明易懂。如果你瞭解這些規則，就更容易理解當國家違反規則的後果，無論是從政策面或是從個人投資理財的角度。

不過，經濟社會並沒有對違反規定採取立即性的處罰。在第2章當中曾提到，一個國家可能自己撐很久才「爆」，最後豎白旗投降。只要期間這個國家的脫序行為沒有獲得糾正，結局就會充滿鬼哭神嚎、咬牙切齒；然後所有箭頭指向別人——永遠是別人的錯。

規則對每個人或每個國家來說都是一樣的，就像是公式一樣的基礎計算法則。如$E=MC^2$[1]，或$F=MA$[2]（淨力等於質量乘以加速度），沒什麼值得懷疑。如果有誤，那麼數千年來的計算都有問題。你可能不大喜歡他們所說的，也可能不喜歡其結論，但你必須和真實世界接軌，接受它或者遠離它。

比方說，在1976年，作為一個年輕的企業家（沒人要用我，所以我只有自立門戶）創立了人生第一個事業，我最好的朋友處理我的稅務問題。我以為繳給國稅局（IRS）的稅已經夠多了，沒想到我的朋友還是拿了一張稅單來，上面登載著我這輩子都沒看過的一個天文數字。我想光是付了雇主這端的社會安全保險費用已經讓我無暇專注在公司業務了，更別說還有一堆最低稅負和各式各樣沒聽過的東西。現實真是殘酷。

瞭解規則的重要性是強迫自己把事情弄清楚。以下我們看到的每一項規則都像是要去弄清楚稅法一樣。即使你對它們一知半解，或是你壓根不想理它，但它們依舊存在，而且最終都會來煩你（不管你是個人、公司、還是國家）。

聯準會和各國中央銀行正在進行一場大型的經濟實驗，而且沒有打麻藥。它們正在實驗四位已逝的白人：艾文 ・費雪（Irving Fisher，古典學派經濟學家）、約翰 ・凱因斯（John Keynes，凱因斯學派）、路德維希 ・米塞斯（Ludwig von Mises，奧地利學派），以及米爾頓 ・傅利曼（Milton Friedman，貨幣學派）。大多數的中央銀行都屬於凱因斯學派，少數為貨幣學派。這些學派致力於運用流動性工具，它們試著去打擊通貨緊縮、刺激經濟，以及鼓勵人們去借錢做更多的消費。我們在後面會提到它們是如何運作的。

---

[1] 愛因斯坦的質能轉換公式。

[2] 牛頓的第二運動定律公式，又稱加速度定律公式。

## 六件不可能的事

> 愛麗絲笑著說：「沒用的，」她說：「不可能的事沒人會信。」
>
> 「我敢說你的練習不夠。」皇后說。「當我像你這麼大的時候，我每天花半小時去練習。嘿！有時候我在早餐前就能想通六件不可能的事。」
>
> ——取自路易斯・卡羅爾（Lewis Carroll）的《愛麗絲鏡中奇緣》（*Through the Looking Glass*）

經濟學家和政策制定者似乎認為擴散全世界的債務危機不會發生，而他們制定出來的政策將無可避免地指向這場悲劇。

讓我們先來看看國內生產毛額（Gross Domestic Product, GDP）的基本算式：

> 國民生產毛額（GDP）＝消費（C）＋投資（I）＋政府支出（G）＋淨出口（Net Exports）（出口減去進口）

也就是說，一國的國民生產毛額等於總消費（個人和企業）加上投資與政府支出，再加上淨出口。這個公式是恆等式（identity equation），適用於所有國家和不同時代。它的觀念夠簡單，但是卻含義深遠。

接下來我們來看看它的部分含義。首先，如果消費下降會如何？這意味著公式當中的某個項目短少了，這樣GDP就會下降。通常我們將這種現象稱作**衰退**（recession）。

凱因斯學派的經濟學家聲稱，面臨衰退的正確政策應是經由財政刺激增加政府支出，給予消費和企業時間去調整並復甦，然後逐漸讓刺激方案退場，經濟回歸正常成長的軌道。如果中央銀行有足夠的容納量，它可以降低利率以釋放貨幣，進一步刺激企業及消費，作為額外的手段。在過去六十年的大部分時間裡，多數地方都採用這種方式幫助經濟**渡過衰退**。

然而，有些批評認為，這種政策也導致了失衡問題（像是消費者借貸的持續擴張和房市泡沫），我們後面再討論這些。現在只需要知道，政府支出（G）的擴張暫時保住了GDP，而這會在其他地方看到，這種擴張只是暫時的，也就是說，就短期而言無庸置疑它是有用的。舉例來說，美國最近的刺激方案的確保住了美國免於再度掉入蕭條，但這得付出代價，欠債終究要還的。

採用擴張政府支出的方式是要抵銷消費和企業投資的減少，為整體經濟爭取復甦的時間。美國在2010年夏天一度暫停擴張政策，但經濟馬上開始放緩。這說明了唯有時間才能回答經濟是否已回復到正常的軌道上。

刺激方案是希望快速啟動最終消費。在總體經濟學中，總合需求（aggregate demand）是指經濟體在特定期間和物價當中，對最終商品和服務的需求總和。也就是當存貨水準不變下，國內生產毛額的需求。

已開發國家的消費支出通常是經濟結構中最大的一部分。在衰退期間，某些市場脈動，像是消費支出減少和投資縮手等，刺激方案的目的就是要讓這些需求回到正軌。一些把最終需求視為經濟成長趨動力的經濟理論認為，衰退只不過是公式中的某些部分缺了一塊，像是消費支出和（或）投資；只要把成長動能接回來，經濟就能繼續向前。

持平而論，凱因斯也允許政府在承平時期擁有預算盈餘，雖然大部分國家都看不到這種現象。在我們看來，小布希政府和那些揮霍成性的共和黨國會所犯的錯誤之一，是把先前的預算盈餘花個精光，而預算盈餘正是我們目前需要的。我們會找時間來評論前副總統錢尼（Cheney）的話：「赤字沒什麼。」（"deficits don't matter"）

## 成長來源

只有兩種方式能夠讓經濟成長：不是增加（勞動）人口，就是增加生產力（productivity）。沒有什麼神奇金粉一灑就能讓經濟起死回生。要增加GDP，你就必須多製造（produce）些東西，這也是為什麼我們稱為Gross Domestic Product。

希臘文字Delta（Δ）在數學上是變量符號，因此你要變動國內生產毛額的方法是：

Δ國內生產毛額＝Δ人口＋Δ生產力

意思是國內生產毛額的變化，等於人口的變化加上生產力的變化。因此——這麼說其實有點過度簡化——衰退基本上是生產力的減少。（正常情況下，人口不大可能會減少）

所以一個清楚的含義浮現了：如果要經濟成長，你必須維持住一個能讓生產力提升的經濟環境。

當政府能投資一個有生產力的產業時，實證結果和學術研究均會認為，這種投資機會還是交給民營企業比較好，因為民營企業能夠創造較高的生產力和長期的就業成長。

回到美國，研究顯示，過去二十年新公司幾乎包辦了所有的新工作機會。以下是Vivek Wadlhwa的研究：

> 考夫曼（Kauffman）基金會針對創造就業作了一項廣泛的研究。資深會員提姆・凱恩（Tim Kane）做了產業動態統計（Business Dynamic Statistics）的分析——一個美國政府的新資料庫，提供自1977年至今，美國各新公司成立年數和雇用勞工等詳細資料。研究顯示，新公司不但是工作成長的主要來源，並且可說是惟一的來源。**圖3.1**顯示，美國所有的新工作幾乎都是由新公司所創造出來的。沒有這些新公司，美國經濟可說是沒有淨工作增長。從1977至2005年，現有企業對就業是負貢獻，每年減少約100萬個工作機會。相反的，新公司在第一年平均增加300萬個工作機會。
>
> 同時該研究也分析了企業成立年數，其結果同樣令人吃驚。1992至2005年間，新公司成立當年，粗估平均創造了超過300萬個工作機會，是其他年數的至少4倍以上。**圖3.2**顯示，現有企業每年均在減少工作機會，且每年都比新工作要高。
>
> 一半的新公司在五年內關門大吉，但不容否認它們仍是創造就業

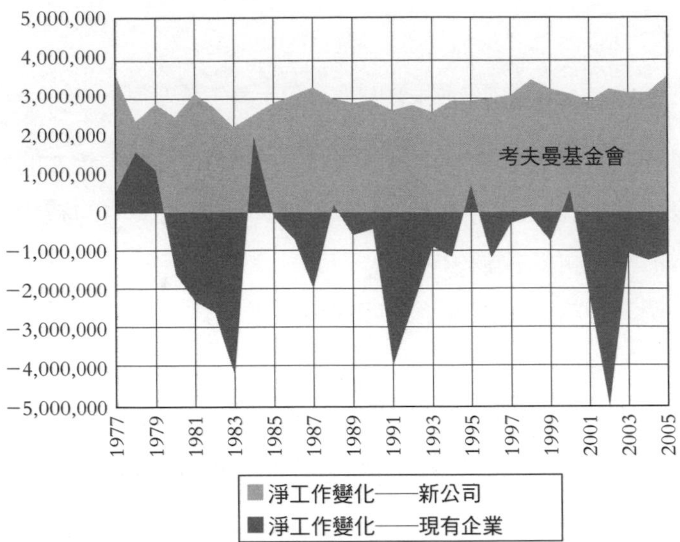


**圖3.1　美國新公司幾乎創造了所有的淨工作增長**

資料來源：© 2010 Ewing Marion Kauffman Foundation. Used with permission. All rights reserved.

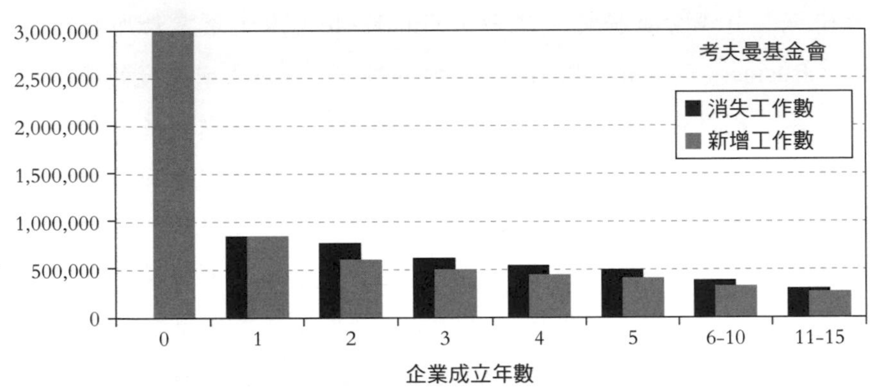


**圖3.2　新增與消失的工作數量——依企業成立年數（每年平均值1992-2005）**

資料來源：© 2010 Ewing Marion Kauffman Foundation. Used with permission. All rights reserved.

的主要力量。考夫曼基金會研究了所有企業自開張當年至第五年間的雇用狀況，當新公司進入第五年，雇用人數是第一年的80%。以2000年為例，新公司創造了3,099,639個工作機會，到了2005年，存活下來的企業仍雇用了2,412,410個人，約占當初成立時的78%。所以我們不能再依賴英特爾（Intel）和微軟（Microsoft）創造新的工作了：我們需要創業家[1]。

這樣的說法在國家經濟研究局的另一項研究：約翰・哈爾帝旺格爾（John C. Haltiwanger）、羅恩・傑明（Ron S. Jarmin）和哈維爾・米蘭達（Javier Miranda）共同發表的「誰創造了工作？小企業？大企業？還是年輕的企業」❸當中也得到證實[2]。

當大型企業新增工作（像Google、Apple等），事實上同時它們也在減少一些舊有工作；平均而言，大型企業每年工作數量是淨減少的。**圖3.3**清楚的看出新公司增加了工作機會，帶動了就業。我們建議你有空看看這份報告。

在全球市場中，那些長期工作數量是淨增長的，即使在中國也是靠民營企業。這些民營企業靠誰的資助成長的？靠的是投資。像是天使投資人❹、私人銀行、私募及公募、貸款、個人存款、友人或家庭的資助、房屋抵押借款、信用卡，以及任何其他提供資本的方式。❺

---

❸"Who Create Jobs? Small vs. Large vs. Young? ", NBER working paper No.16300.

❹天使投資人（angel investor）是權益資本投資的一種型式，由民間或個人針對具有潛力的草創企業進行直接投資，使其具有成長的資金來源。這個名稱源於早年紐約百老匯，他們將這些特定富人資助音樂劇表演的行為稱之為天使降臨，因為對劇組人員而言，這些特定富人是像天使一樣的投資人。

❺原註：此處我們要提一下聯邦快遞（FedEx）創辦人Fred Smith的故事。有一次公司付不出薪水，他索性飛到拉斯維加斯，用身上僅有的現金孤注一擲，想不到贏了27,000元，也救了公司一命。這故事和正統投資銀行的方法大相徑庭，但卻是部分瘋狂創業家的寫照。在美國的資料顯示約50%至80%的新興企業活不過五年。我們想Fred可能認為在賭城應該賺得更多。創業本身就是冒險的過程，如何取得現金更是一大課題。

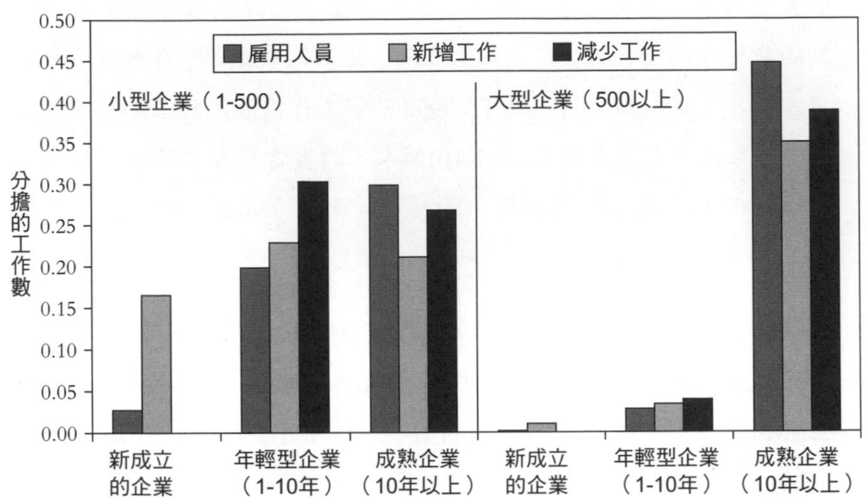


**圖3.3　雇用人員、新增工作、減少工作的比重——依企業規模和成立年數（平均每年比率，1992-2005）**

資料來源：National Bureau of Economic Research, “Who Creates Jobs? Small vs. Large vs. Young?” by John C. Haltiwanger, Ron S. Jarmin and Javier Miranda.

要提高生產力和就業率嗎？最好的方法似乎是求助於民營企業，特別是新公司。

現在，我們回到前面的公式，你應該還記得：

國民生產毛額（GDP）＝消費（C）＋投資（I）＋政府支出（G）＋淨出口（Net Exports）

在這裡我們省去那些數學的長篇大論，一旦你有時候要用一下這個公式時，你就得知道下面這個關係：

儲蓄＝投資

也就是說，消費者和企業的儲蓄將等同於企業可用於投資的金額，而投資是促進經濟成長的原因。而這個數字相當的大。

儲蓄包括了投資政府債券，除非中央銀行選擇印鈔票，否則政府的債務通常也得靠民間融通。也就是說，如果財政赤字過高，會排擠掉民間投資。但我們也同時看到，民間投資是生產力增加的引擎，如果沒有足夠的資金提供民間投資需要，生產力成長和新的就業機會就會受到壓抑。

日本是一個相當具有意義的例子。政府債務占GDP的比重從1990年的51%到2011年底超過220%，幾乎吸走了所有日本民間的游資。日本人為什麼那麼慷慨？名目GDP仍停留在十七年前的水準，過去二十年幾乎沒有產生新的工作。想想看，在1990年，許多權威的評論家和學者一致認日本將會超越美國。但如今日本已歷經了兩個失落的十年，並且正走向第三個。政府債務吸收了絕大部分原本可用作民間投資的資本。（請參閱本書第12章我們對日本的研究）

如果你的國家正面臨了人口減少現象（像日本），要提升你的GDP成長，你必須增加更高的生產力。本書後面也會提到人口結構問題。人口成長（或減少）相當重要，俄羅斯未來二十年就會面臨嚴重的人口問題，到時俄羅斯若想避開經濟崩潰，就必須大幅提高生產力，或是開放大量移民。俄羅斯在過去的十九年間，人口已減少了700萬人，目前為1.42億人，聯合國預估未來四十年很有可能再減少四分之一的人口。不過這是另外一回事了。[6]

**回到副總統錢尼的名言：「赤字沒什麼。」狹義來說，沒錯，但我們得想清楚點。**

假設我們開一家公司，利潤可以每年增加10萬美元，利率假設為5%，我們每年能借100萬美元，且不會有任何問題發生；也就是說，我們每年增加的利潤可以支應二年的債息。儘管是赤字營運（費用大於利潤），但這赤字真的沒什麼，因為我們的利潤和生產力是債息的2倍。十年後，我們借款餘額達到1,000萬美元，但我們能賺到100萬。如果自此之後不再借款，我們在十年內可以把債還清。

---

[6] 原註：我們並不反對財政健全的政府，但當政府規模大到不得了，或是吸走大部分民間儲蓄時，反而會扼殺生產力和成長，同時也影響新工作機會的產生。在政府財政赤字過大時，這個現象更顯而易見。

就這個公司而言，赤字真的沒什麼。

但如果利率升到10%，而我們的利潤砍了一半呢？嘿，那我們的麻煩可大了！我們的獲利已不足以支付利息。事實上，還必須另外借錢去支付利息。不過只要銀行對我們夠好，活下去還不成問題。也因為長期以來利潤還不錯，銀行假定我們遲早有一天會回到常軌，也許還會繼續融資給我們。

不過此時我們必須展現獲利能力，否則銀行隨時可以停止借款，一旦如此，我們要不淪落到拍賣資產，就是讓銀行把它搬走。

**這個時候，赤字就是一件大事了。**

國家也是一樣，政府不大可能在赤字成長超過GDP成長之下還能良好運作。在本書後面章節討論萊茵哈特和羅格夫的研究時（參見第5章），表面上看起來一切安好，但當債券投資人對政府償債能力失去信心時，就會突然「爆」掉。即使是本國貨幣計價債券，政府可以無限量印鈔也一

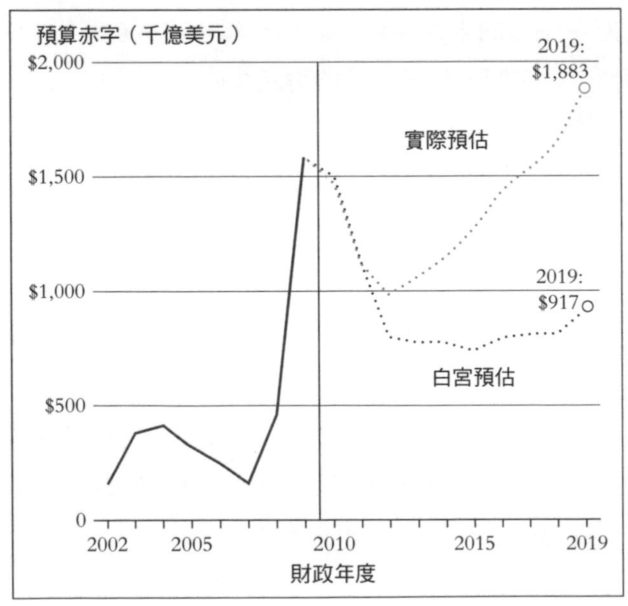


**圖3.4　歐巴馬政府的預算赤字可能會達到每年2兆美元**

資料來源：Heritage Foundation. Calculations based on data from the Congressional Budget Office and the U.S. Office of Management and Budget.

樣；債券投資人會擔心貨幣的價值減損高於債息成長，因此利率開始上升，國家就更還不起債了。

我們都知道希臘的狀況，但看看美國，2010年的財政赤字是名目GDP❼的9%（大約是1.43兆美元），較前一陣子的12%至13%稍稍下降一些。國會預算辦公室預估未來十年間，每年的赤字仍將維持在1兆美元左右。傳統基金會（Heritage Foundation）則提出更實際的預估，九年內赤字可能接近2兆美元，如**圖3.4**所顯示。不管哪個是真的，數字都令人怵目驚心。

伍迪・布魯克（Woody Brock）博士寫過一篇相當重要的論文，探討政府債務成長不應超過名目GDP，否則會引發對整體經濟的嚴重破壞[3]。

我們先從**表3.1**觀察其中一項。布魯克研究的最差情境是假設

**表3.1　聯邦政府債務成長模擬估計**

| | | 假設債務每年成長8%時，GDP成長率 | | | | |
|---|---|---|---|---|---|---|
| | | -1% | 1% | 2% | 3% | 4% |
| 2010 | 債務（兆美元） | $12 | $12 | $12 | $12 | $12 |
| | GDP（兆美元） | $14 | $14 | $14 | $14 | $14 |
| | 債務÷GDP | 0.9 | 0.9 | 0.9 | 0.9 | 0.9 |
| 2015 | 債務（兆美元） | $18 | $18 | $18 | $18 | $18 |
| | GDP（兆美元） | $13 | $15 | $15 | $16 | $17 |
| | 債務÷GDP | 1.3 | 1.2 | 1.1 | 1.1 | 1.0 |
| 2025 | 債務（兆美元） | $38 | $38 | $38 | $38 | $38 |
| | GDP（兆美元） | $12 | $16 | $19 | $22 | $25 |
| | 債務÷GDP | 3.2 | 2.3 | 2.0 | 1.7 | 1.5 |
| 2035 | 債務（兆美元） | $82 | $82 | $82 | $82 | $82 |
| | GDP（兆美元） | $11 | $18 | $23 | $29 | $37 |
| | 債務÷GDP | 7.5 | 4.6 | 3.6 | 2.8 | 2.2 |
| 2045 | 債務（兆美元） | $177 | $177 | $177 | $177 | $177 |
| | GDP（兆美元） | $10 | $20 | $28 | $39 | $55 |
| | 債務÷GDP | 18.0 | 8.9 | 6.3 | 4.5 | 3.2 |

資料來源：Woody Brock.

❼名目GDP（Nominal GDP），是直接以貨幣數量表示，未經過物價調整的GDP。

債務每年增加8%，而不是目前看到的9%至12%。國會預算辦公室（Congressional Budget Office）對債務成長的預估則更糟，但他們預計未來五年每年可以有3%以上的經濟成長。在布魯克的情境下，美國的債務在2015年將達到18兆美元，大約是GDP的100%。這個表值得仔細研讀，我們尤其會把焦點集中在2015年。

布魯克假設美國每年會增加1.5兆美元的債務，若每年的經濟成長為2%，到了2015年，債務占GDP的比重將達到110%。（**表3.1**中為1.1倍）

這種狀況再過個十年，到了2025年，如果赤字還沒失控，債務占GDP的比重將達到200%。傳統基金會特別提醒，在目前的預算法案下，赤字有可能超過布魯克預估的每年1.5兆美元，而且不用等很久就看得到。

這項研究的重點不在於預估未來的災難，而是點出如果赤字再不加以控制，危機很快就會來臨。

然而我們認為遠在危機發生（比方說2020年）之前，債券市場就會先棄守，利率開始上揚，結局當然不會太好看。這只是美國，在本書的後面章節中我們將看到，如果沒有嚴厲的政策干預，這種不太好看的結果會在多數的已開發國家中看到。

## 殺雞取卵

原則上只要不超過名目GDP的成長率，政府是可以儘量增加其債務。雖然這樣做並不一定是個好主意，但至少不致於殺鷄取卵。這也是錢尼所宣稱赤字不算什麼的原因，他所謂的不算什麼應該是指低於名目GDP成長率的時候。我們認為他從沒想過美國有一天會有12%的赤字（和很多國家比都差），但他應該要想到才是。

赤字當然很重要，因為在時機好的時候拿盈餘去還債，到了壞年冬時才有政策空間因應。許多國家已經發現，一再使用赤字預算只會限制本身的擴張能力，尤其是當自己真正需要的時候，就算全世界最大和最有權力的國家也不例外。這個限制可能很久都用不到，但它不會消失。我們也瞭解沒有魔術數字來分辨是否已經結束，也沒有捷徑告訴你危機什麼時候來。

萊茵哈特和羅格夫的卓越研究（在第5章將全章討論）同時顯示：

> 高負債的政府、銀行或企業看起來能一直這樣運作下去，但它會突然就爆了——信心崩潰、金主四散、危機隨之而來。（這是貫穿全書的主題，也是瞭解債券市場不穩定特性的重要觀念）[4]

全世界的選民開始憂慮政府不斷從金雞母身上取卵的行為，也擔心危及這隻金雞母性命。失去控制的赤字戕害了國家的生存。有時候會相安無事，有時候就要認真看待，有時甚至會面臨如希臘或阿根廷式的風險。

我們再來看另一個隱憂，這次還是拿美國作例子。

美國每年增加1.5兆美元的債務就意味著要有人買如此規模的國庫券（Treasury），這1.5兆的錢從何而來？假設美國的貿易逆差都回流美國並投資國庫券，雖然債務數字逐年減少，每年大約還有5,000億美元，這表示還有1兆美元的國債需要尋找財源。（暫且不計入其他企業、消費者貸款和不動產抵押的融資需求）

1兆美元大約是美國GDP的7%，這是一筆每年都得籌募的款項。同樣地，必須假設這筆錢百分之百由外國人買單，拿他們的外匯準備金來購買美元資產。但是這假設並不令人放心，最近消息指出，各國政府都在思考增加外匯存底的投資管道。（如果我們看到美國每年還是有1.5兆的赤字，沒有任何實質削減預算的計畫，那麼上述的假設就得另當別論了）

資金的來源只有三種：增稅、增加儲蓄，或是聯準會加印鈔票**把債務貨幣化**。可以擇一實施，也可以三者並行。

撇開債務貨幣化不談（後面談到通貨膨脹時會提到），增稅和運用儲蓄去支應龐大的財政赤字，都將降低民間投資的可用資金，並且阻礙了新興企業的創新能力，限制生產力提升。如果我們不認真看待我們的赤字，無異於殺雞取卵。

## 不止是赤字

前面我們提到政府債務增加將排擠民間投資的資金，而民間投資是生產力提高的主要來源。除此之外，公式還有另一部分值得探討：政府債務占GDP的比重。以下來看看國際研究機構GaveKal Research的查爾斯・賈夫（Charles Gave）[8]最近的研究：

國家規模愈大，成長速度就愈慢。**圖3.5**說明了法國目前的現況，也適用於其他國家：民間機構對政府部門的占比和整體的成長有關，二者間相關性甚高。

這並不是說沒有政府是最好的成長環境。政府仍扮演了一定的角色，但政府部門的確占用了部分民間機構的生產力資源。當然，並不是所有的民間投資都有生產力，例如2000年以來的房市！

賈夫接著發表民間機構對政府部門的占比和失業率的研究（同樣是法國）。儘管有些期間二者有些分歧（美國情況更是明顯），但二者的相關

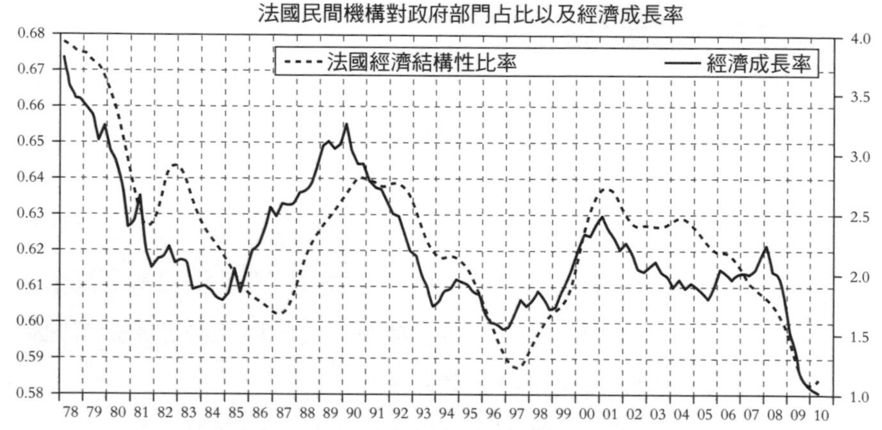


**圖3.5　壞消息是政府愈大，成長愈低**

資料來源：GaveKal Research.

[8] 查爾斯・賈夫為法國經濟學家，其成立的GaveKal研究機構相當具有權威性。

性依舊隨著時間而增加[9]。

這和我們認為民間機構具有較佳的生產力不謀而合。政府移轉性支付（transfer payment）[10]的效果可說是差多了；因此，我們的確需要有活力的民間機構和中小企業來創造就業成長。

有時候，政府支出反而會阻礙經濟成長。例如美國在過去十年的資產價值縮水（如股市或房市），消費也呈現疲弱，那些大量的嬰兒潮世代們開始提高儲蓄及減少債務，以因應退休；而美國目前所採取的刺激措施可說是愈來愈沒有效用了。賈夫認為：

> 這並非是刻意造成的結果。舉例來說，如果有一個人從政府手上拿到100元，但同時他的投資組合或房價跌了500元，這個人會做什麼反應？把100元花掉，或是存起來多少補貼一下資本損失，並減少未來的消費性支出？
>
> 要打破這種「節儉的矛盾」（paradox of thrift）[11]，唯一可以期待的是凱因斯學派的政策，然而凱因斯的主張是建立在人們某種程度的不理智上。**他們認為人們不會在乎日益惡化的資產負債表，而只看自己的損益表的改善。**
>
> 這是不大可能的。更糟的是，就算個人不理性到忽略自己的資產負債表，銀行也不大可能坐視讓資產價格更低卻不收傘。這正是在資產負債表式衰退（譯者按：指資產價格下跌）中段推出的「刺激消費」政策（日本過去二十年已試過多次）比不做更糟的原因，因為**它的確是對經濟復甦有害無利**。

---

[9] 民間機構對政府部門的占比愈低，失業率愈高。

[10] 移轉性支付係指政府對家庭、個人、團體、企業的無償性支出，通常屬於社會福利的支出。例如青年購屋的利息補貼、中低收入戶的生活津貼、醫療和教育補助等等。

[11] 「節儉的矛盾」是凱因斯學派所提出。在所得、利率等條件不變下，儲蓄增加的結果降低了消費，因而投資也跟著下降，最後國民所得不增反減，和傳統上節儉增加財富的觀念正好相反。

今天許多市場的主要問題是脆弱的資產負債表，而OECD的政府所做的卻是犧牲資產負債表以擴大損益表。這也解釋了為何美國政府討論推出第二輪的刺激方案，美國的零售銷售是愈見疲弱了，房市和美元匯率看來也是如此。這或許也解釋了為何今日美國零售投資的信心仍在歷史低點的原因了[5]。

許多分析師和經濟學家在描繪當前的經濟藍圖時都犯了根本上的錯誤，他們認為這次的衰退和日後的發展與過去二次大戰以來的衰退沒有兩樣，他們認為運用一些凱因斯學派的刺激政策，消費和企業就會回到常軌。然而這次是非常不一樣的，這次是債務超級循環的結束，這是伊爾—艾朗（Mohamed El-Erian）所稱的新常態（new normal）。

往後數章我們將看到，信用和金融危機後一段時間將出現截然不同的情景，並且持續一段時間（如果不用數十年的話），結構上也不會只有景氣循環式的衰退，政府所需提供的政策也不會和其他景氣循環式衰退相同。後面章節也會陳述各國不同的狀況，要企業回到常態運作並不是我們需要的藥方，但許多國家正朝這個方向嘗試。

## 預算盈餘並不適合所有國家

每個國家都期望能擺脫目前的困境重回成長，提出的藥方也希望能經得起時間的考驗。不過我們看看另一個算式，就會開始理解為何目前不大可能達到。這一次要在早餐前想通六件不可能發生的事可不容易。

我們把一國的經濟分成三個部門：私人部門、政府部門及進出口。如果把中間的變數做些調整，就會得到以下的算式。注意：這是會計準則，不是理論。如果有錯，過去五百年來的複式記帳法都是錯的。它是：

國內私人部門金融帳餘額＋政府部門財政餘額
－經常帳餘額（貿易逆差／順差）＝0

私人部門金融帳餘額是指企業和消費的淨餘額，包括借錢或還債；政府部門財政餘額的觀念一樣，包括政府借貸和還債；經常帳餘額則是貿易逆差或順差。

含義十分簡單：三者加起要等於零。表示你不可能同時擁有私人和政府部門的盈餘，同時貿易又呈現逆差。這時你的貿易必定也是盈餘。

舉個簡單的例子：假設私人部門有100元的盈餘（比如還債），政府部門也一樣，這時為了要讓算式成立，貿易部門必須是盈餘200元。即：

$100（私人部門債務減少）＋$100（政府部門債務減少）
－$200（貿易順差）＝0

但是萬一政府要達到貿易逆差100元呢？意思是私人或政府部門總共要增加100元的債務，算式才會等於零。舉例來說：

$50（私人部門債務減少）＋（-$150）（政府部門赤字）
－（-$100）（貿易逆差）＝0

（注意：此時的赤字和逆差是以負數表示）

這些數字之間的變化是有意義的，比方說如果你要增加私人部門投資，貿易赤字就必然會增加（譯者按：假設政府部門不變）。你也可以利用調整貿易赤字降低政府和私人部門債務，但不必然三個數字要一起動，小心調整其中二個數字即可。這三個數字之間的微妙變化隨時間經過會變得更有意義。

下面我們將花些篇幅引用*The Richebacher Letter*通訊期刊主編羅伯・帕瑞圖（Rob Parenteau）[12]的論文，以幫助我們瞭解為何這個簡單的算式這麼重要。羅伯寫的是歐洲問題，其基本原則是相同的：

> 現今財政持續性的問題隱隱浮現，不止在歐元區的周邊國家，英國、美國、日本也是。各國愈來愈嚴格控制財政以防政府債務占GDP的比重快速惡化，面臨更大的融資挑戰，包括那些沒有主權貨幣的國家有可能會違約。

[12] 羅伯・帕瑞圖為紐約巴德學院李維經濟研究所（Levy Economic Institute of Bard College）的資深研究員。

自此以後，許多討論最適財政規劃的分析和協商都呈現一種天馬行空的想像。財政平衡方案顯露出可能會造成新的不穩定，刻意造成某一部門的財政平衡只會造成其他部門做出對應的調整。目前追求財政平衡的作法，很可能會增加歐元區和其他地區私人部門的失衡——除非增加貿易餘額才能平衡過來。

……從財務金融帳餘額看到的基本原則是：除非貿易上有持續性的盈餘，否則國內私人和政府部門不大可能同時進行去槓桿化。全世界也不可能同時都有貿易盈餘。針對目前的困境，我們應該花精力去找出哪些國家或地區可以開始大量進口歐洲的商品，那些已經有巨額貿易順差的國家花了很大的力氣才有今天的成果，自然不會輕易放棄全球市場不戰而降，尤其是那些以出口帶領成長的國家更是如此。需求是發明之母（絕望是發明之父？），而那些貿易逆差的國家會找到產品創新或提升勞動生產力的方法來引領貿易的成長。同時，對於那些正遭逢財務緊縮之苦的歐元區周邊國家，恐怕得祈禱火星上有人能買他們的橄欖油、紅酒和健力士啤酒⑬。[6]

這預見了那些有著巨額政府財政赤字和貿易赤字的國家——個人和企業希望減少負債，同時還要求政府能維持高支出的心態。然而代價是要支付的。

對這些國家來說，能夠自己擺脫金融危機的深淵，最經得起考驗（或比較好）的方法是自己成長。這也是馬丁·沃夫（Martin Wolf）——倫敦《金融時報》（*Financial Times*）著名專欄作家——建議英國該做的事。

沃夫（很中肯地）提出，答案在於增加出口和使英鎊貶值。他說：

弱勢英鎊不會造成問題，而是解決方案的重要部分。但這仍不

⑬分別指西班牙（橄欖油）、義大利（紅酒）、愛爾蘭（健力士啤酒）的主要出口商品。

夠，還需要培養一個具有活力的製造業。目前能源產量正在下跌，這已是無可避免的作法。[7]

馬丁・沃夫的建議，實際反應在後來觀察到英國的思維。英鎊從那時至今已貶值25%，我們認為未來會繼續貶值下去。在聯準會決定第二次量化寬鬆，導致美元實質走貶之前，我們長期在公開場合疾呼英鎊和美元應該等價⓮（譯者按：英鎊還是太貴）。

英國如何能夠貶值？英格蘭銀行應該印更多的鈔票來協助經常帳赤字和政府的緊縮措施。但同時也有一隻黑手在背後蠢蠢欲動，問題在於：「這不就是通貨膨脹嗎？」

當然它是。這就是計畫！通貨膨脹高一些、赤字減少一點，會導致貨幣的弱勢以協助出口（希望做得到）。這樣做下去，英國是有機會擺脫危機。當然，物價上揚意味著本國貨幣能買的東西變少了，尤其是向外國市場買。固定收益投資會受到傷害，而且很可能是重傷，端視通貨膨脹的程度而定；惟有希望是長期溫和的通貨膨脹，這樣對背負債務的個人（和政府）比較好。

這是他們面臨的兩難狀況。為了減少政府的財政赤字，不是私人部門要增加赤字，就是貿易狀況得轉向，或是雙管齊下。英國何其幸運，能夠讓英鎊貶值，將部分債務貨幣化——能夠找出路子掙脫泥沼。當然，英鎊計價的資產兌美元可能會再跌個三分之一，意味著英國人將會失去對舶來品的購買力。在國外生活的英國退休族會發現自己本國貨幣收入相較於巔峰時期少了一半。（不是對歐元，因為歐元自己也在跌。）

到底還有什麼其他的辦法？是繼續膨脹赤字，直到借貸成本高漲，經濟出了大紕漏，貨幣價值大跌；但是如果短時間內削減政府支出卻會拖累經濟，保證會讓短期成長放緩。我們長期觀察下來發現，全世界各國都沒有十全十美的選擇方案。

英國經濟走下去會極度緩慢（並且有可能進入另一個衰退），英鎊的

⓮指英鎊兌美元回到1：1。

購買力更低，勞工的實質薪資也更低，數年之內都不會回到過去的成長軌道上，不過因為他們掌握了自己的貨幣和債務，尤其是貨幣，所以可以用貶值當作解決方案之一。

## 同情希臘

我有一些最美好的回憶是在希臘。我喜歡這個國家和人民，但他們過去的確做了一些錯誤的決定，現在希臘必須面對後果。

我們都知道希臘的赤字大約是14%（譯者按：占GDP比重，下同），但他們的貿易赤字大約10%（相比之下，美國的貿易赤字約占4%）。

回到前面的算式，如果希臘在未來三年要減少11%的財政赤字，民間債務必須增加，或是大幅下降貿易赤字。這是會計準則告訴我們的。

但這兒有個問題。希臘無法讓他們的貨幣貶值，它被歐元綁架了。他們如何才能讓出口產品有競爭力？他們怎麼樣才能掙脫困境？他們如何做才能比其他歐洲國家和全世界更具有競爭力？

除了少數的橄欖油和製造業外，其他怎麼看都很困難。因為自1999年歐元成立以來，德國的生產力較希臘高出30%；簡單來說，在希臘生產同樣的商品，要比在德國生產的成本高出30%。這也是為什麼希臘每年進口640億歐元的商品，但出口僅210億歐元的原因。

希臘必須做些什麼才能更具競爭力？它的勞動成本必須降低，至少得降10%至15%，但是如果勞動成本降了（意味通貨緊縮），政府稅收勢必下降；政府收入下降，GDP也就下滑。更糟的是，就算他們執行嚴格的撙節方案，債務占GDP比重也只會不減反增。

簡單來說，希臘人的生活品質已在懸崖邊上，它必然下滑，沒有其它選項。他們即將步入極度衰退的情境中，更確切地說，就是**蕭條**。

就像英國人所得相對低於其競爭對手，希臘的勞動成本同樣會下降。但希臘的問題在於所得仍是以歐元計價，這將變成一種惡性循環。薪資砍得愈低，政府稅收愈少；政府所得降低，就要更多的撙節，然後繼續循環下去。

一個解決的方法是：去借更多的錢，但別指望他們到時候會還得出來。當然，他們期待奇蹟出現的日子也會一延再延。

他們能做什麼呢？他們可以直接宣布債務違約，借的錢都不還了。這表示未來數年他們都不大可能借到任何一分錢，（僅阿根廷在違約之後不久就恢復融資）要平衡政府預算也得走上很長一段路。公務員勢必大砍薪資，公家服務也將被削減。這將會是蕭條的出現，但希臘總會走出來的。希臘仍在歐元區，必須找到提高競爭力的方法。

希臘政府也能採取嚴格撙節，降低勞動成本，同時借更多的錢，意味著高債息將持續數年。人民可以借更多的債。（記住，我們要讓算式維持均衡！）但這仍將是蕭條。

最後的方法是，希臘可以離開歐元區，但其貨幣勢必貶值。這是很糟糕的結果，因為所有條約都是以歐元計算的，屆時法律問題將永遠困擾希臘。

對希臘來說，沒有一個好的選項，也沒有一件事會容易。不過你可能會問，為什麼大家會擔心問題會擴散到葡萄牙和西班牙？

**我們看到有人提出這樣的問題：既然歐元下跌，難道希臘不會變得比較有競爭力嗎？這說法是對的，也是不對的**。對的是，相對美元和其他新興國家貨幣較有競爭力；不對是因為其他歐元區國家也一樣，尤其是主要貿易國家；因為歐元下跌只對出口大國有比較高的競爭力提升，如德國和北歐國家。

整個歐洲其實只有少量的貿易盈餘，而且集中在少數國家。對希臘而言，要削減貿易赤字，必須大幅改變其生活型態。

德國認為大家應該學我們，每個國家都想學，但不是每個國家都學得起來。

不可能每個國家都有貿易盈餘，總有些國家得買（譯者按：指貿易赤字）。但政客們所提出來的藥方是財政上緊縮、同時追求貿易盈餘，至少在歐洲是如此。這也是我們前面提到馬丁・沃夫專欄的內涵。他是英國媒體的常客，只用了短短幾句話便點出了英國未來追求的型態。貨幣貶值以大賣產品和服務，來達成貿易盈餘。

德國的經濟受到歐洲國家大買其產品而欣欣向榮，但如果這些歐洲國家因為經濟壓力減少向德國買東西，德國恐怕也不會好過。這些都是因果相連的。

政客們依舊相信大家都能做到貿易盈餘，至少相信自己國家做得到。我們能平衡（政府）預算、我們能減少私人債務、我們都相信虛構的「臥伯崗湖」（Lake Woebegone）故事當中，每個小孩都高於平均的情節[15]。不幸的是，不可能每個人都有著美好的結局。

在本章結束之前，可以談一談美國的狀況。目前瀰漫全美的情緒是（華盛頓不算在內，至少在2008年11月以前）[16]，大家都認為（預算）赤字必須要下降。消費者已經明顯在增加儲蓄，減少債務。但是算式必須成立，如果我們要降低預算赤字同時降低個人債務，我們就必須要找到方法降低貿易逆差。2010年貿易逆差約為5,000億美元，比預算赤字少1兆美元。

首先，再提高儲蓄，這比較有可能，也就是逐步減少支出和進口。但如果美國真想要平衡其預算，減少個人槓桿並提高儲蓄，就必須著手處理每年3,000億美元的原油進口。（可能會有些出入，視油價而定）

開採海上油源（譯者按：意指增加供給）只能解決部分原因，真正的關鍵是減少對原油的需求。核能、再生能源，以致於電動車都是極有幫助的。我們在這裡提一個更具體的建議：幾年前當油價突破每加侖4美元時，美國人開始改變開車和購車的習慣。

也許我們要讓油價上揚。想想看，如果每加侖油價每個月增加2至3美分當作汽油稅，直到原油需求下降到美國無需自國外進口為止？如果我們早點執行歐洲的汽油行駛里程標準，這個現象或許已經實現。

---

[15]「臥伯崗湖」取自美國作家Garrison Kellor的小說《臥伯崗湖的時光》（*Lake Woebegone Days*），後為世人引用為人們傾向高估自己，都認為自己比一般人優秀的現象。

[16]指小布希總統當政時，歐巴馬總統上任前。

課徵2至3美分是用作修繕基礎建設，美國有太多地方需要修補了。事實上，美國土木工程學會（the American Society of Civil Engineers）根據多項標準，評級美國的基礎建設，提出了「美國基礎建設報告書」（U.S. Infrastructure Report Card，網址：www.infrastructurereportcard.org，附有短片介紹），2009年的評級包括：

| | | |
|---|---|---|
| 航空（D） | 有毒廢棄物（D） | 道路（D-） |
| 橋樑（C） | 內河航道（D-） | 學校（D） |
| 水壩（D） | 碼頭港口（D-） | 固體廢棄物（C+） |
| 飲用水（D-） | 公立公園及娛樂設施（C-） | 過境設施（D） |
| 能源（D+） | 鐵路（C-） | 污水處理（D-） |

總括來說，美國基礎建設的成績（GPA）平均為D，如果要拿A，必須要有五年2.2兆美元的基礎建設計畫才行。這些基礎建設經費是必要的支出，同時我們也會減少原油的購買。我們知道價格會改變行為，這2至3美分的稅收大部分都會留在美國各州，並且專款專用於基礎建設上。（如果打算這麼做，為什麼現在不蓋個50座核電廠？這我們在第9章回頭再談美國時會詳加討論。）

## 貨幣貶值競賽

葛雷格・威爾登（Greg Weldon）提到2000年中期亞洲國家的貨幣貶值競賽，形容就像全美運動汽車賽（NASCAR）一樣。每個國家爭相運用貨幣優勢和銷售力道，對美國和歐洲行銷產品，試著把車開到別國的車道上。這種國家降低貨幣價值鼓勵出口、貶抑進口，是標準的重商主義。這也解釋了新興國家，特別是亞洲，累積了大量的經常帳順差的原因。

這樣的競爭有可能會變得更為激烈。事實上，馬丁・沃夫短短的幾句話就像是賽車場上播音員說的：「選手們，發動引擎吧！」

我們剛提到英國，但歐元區的結構一樣脆弱（後面章節會再敘）。2000年初，歐元的匯率在0.88時（譯者按：1歐元兌換0.88美元，下同），我（墨爾丁）就寫過文章表示歐元應該升到1.50才行（當時看起來很難達到），然後在2015年左右回跌至1：1。當時被認為太過樂觀，但後來歐元曾升到1.60，現在已從升勢中回跌。

本書講述日本的章節（見第12章）標題是：「一隻找尋擋風玻璃的飛蟲。」寫本文的當下，這個太陽之國的匯率還是很強勁，但這是有結構性及政治性的原因，我們認為日圓終究會走貶。一開始可能不太明顯，但如果政府支出再不進行實質的改革，日圓匯價將一瀉千里。到了2015年左右，兌美元貶值50%甚至更多並不是不可能。

歐元兌美元1：1，英鎊兌美元1：1，日圓貶值一半。新興國家將如何回應？它們會坐視自己的貨幣升值，面對歐洲和日本更大的競爭嗎？瑞士法郎的升值已傷害了瑞士，那北歐國家呢？亞洲其他國家呢？

聯準會打著對抗通縮，以及避免經濟陷入衰退的旗號推出量化寬鬆（QE），但是結果之一是美元價值更低，形同我們把自己推上競貶的賽車道上。只要聯準會持續印鈔，那些打賭誰會贏得比賽勝利的賭局可以休矣。（譯者按：意指美元貶值勝過一切。）

那中國呢？歐洲是它相當重要的市場，中國會坐視貨幣兌歐元大幅升值，傷害出口嗎？但是如果中國有所回應，美國就不高興了，同時也會引發另一波亞洲貨幣貶值大賽。

美國該怎麼做？參議員們已受不了人民幣的價位了，舒默（Schumer）、葛拉漢（Graham）和其他議員會開始討論對歐洲產品課關稅？還有日本產品該怎麼辦？

美國和全世界在1930年代曾經進入大蕭條，但真正演變成長期蕭條的是通過富有保護主義的「斯穆特—哈利法案」（Smoot-Hawley Act）。這個以鄰為壑的法案影響了全世界，造成嚴重的災難，並且埋下了二次大戰的種子。這個法案的每一條都指向了當初未預料到的意外後果。

未來數年間，全球恐陷入保護主義戕害全球貿易的風險之中。希望領導者們能以冷靜的頭腦預見，並避免所有人受到如此明顯的傷害。

## 後記

本章對我們身處的總體經濟環境做了一番介紹。儘管大多數已開發國家沒什麼好選項，我們還是得選擇一條路向前進。我們可以在壞選項和災難性選項中擇一，並且在已建立的基礎下繼續走下去。如果我們做了正確的選擇，解決了結構性問題，可以為自己和後代子孫開啟光明的未來；如果我們選擇逃避問題，未來將會面臨到意想不到的大亂象。

當歐利對史坦（即哈台對勞萊）[17]說：「你又讓我搞得一團亂！」這的確是一團亂！

現在，讓我們花幾篇章節看看我們遇到的一些問題。



[17] 史坦．勞萊（Stan Laurel, 1890-1865）和歐利佛．哈台（Oliver Hardy, 1892-1957）是美國20世紀早期著名的喜劇演員拍檔。

CHAPTER 4

# 低成長和高衰退頻率的重擔

我個人最合理的猜測是：我們即將進入持續的復甦，但復甦並不強勁。即使就技術上來說，我們在復甦、經濟在成長，但高失業率仍將維持一段時間。這意味著許多人仍會承受財務上的困境。

——班哲明・伯南克（Benjamin Bernanke），聯準會主席於Woodrow Wilson國際學者中心演說中的Q&A



我們應該是天生的樂觀主義者。世界的自然規律應該是成長的，經濟也是如此。實質的經濟成長能解決大部分的問題，並且是高赤字的最佳解藥，但是目前我們的問題恐怕不是單單成長就能解決。簡單來說，因為問題太大了。除非我們有另一場工業革命，或另一項先進的技術革新，像是1920年代的電力或1990年代的資訊科技，否則成長的力道可能不足以從自己挖的坑洞當中跳出來。

自從2000年網路泡沫破滅以來，我（墨爾丁）所創造的「不溫不火的經濟」（the muddle through economy）一詞是詮釋美國經濟的最佳代名詞。經濟是會成長，但未來數年都將低於長期成長趨勢之下（在美國，長期趨勢約為年成長率的3.3%）。（事實上，本世紀第一個十年的年平均經濟成長僅1.9%，是大蕭條以來最差的十年。這的確是「不溫不火」。）

這種「不溫不火」、「不冷不熱」的經濟更容易陷入衰退，面對舊問題的沉痾和新環境的挑戰，經濟向前邁進的步伐十分遲緩。這個名詞相當適合形容過去的經濟表現，現在則更為貼切。

2009年3月，幾乎每個人都認為大禍臨頭，而且沒有任何好轉的跡象時。但GDP翻轉了、工業生產激增了、零售銷售也回來了、股市則出現強勁反彈。然而，本書撰寫時的2010年11月，美國經濟仍步履蹣跚，和過去的復甦相較，成長並沒有比較好，人們對復甦也無感，而這種現象在未來幾年仍不太會改變。

不溫不火的經濟是幾個全球經濟重要的結構遭受破壞所造成，對成長和就業影響甚巨，我們也有可能目睹再次衰退。美國和多數的已開發經濟體正面臨著重大的挑戰：更緩慢的經濟成長、更多的衰退機會、更高的失業率。這些對本書討論的終局（endgame）有高度關聯性，因為它們使得政策制定更為複雜。

低成長將使我們更擔心財政政策選項。重點是，這些大變化會讓政府、退休基金，甚至私人儲蓄都可能做出不合理的假設，認為未來經濟和資產價格將快速回升。直到終局來臨，一切才會攤在陽光下見真章。

## 三種結構性改變

投資人善於解讀短期資訊，但對於大結構的趨勢變化和理解長期趨勢被破壞則顯得不在行。或許投資人就像俗諺說的「溫水煮青蛙」，很難體認到週遭長期、緩慢的變化。

有三種大結構正在緩慢而悄悄的改變，並且會一直進行下去。美國經濟將會呈現：

1.高度波動性。
2.低度成長性。
3.高結構性失業。（美國的情況適用於許多已開發國家，本章討論的事可以應用在其他國家）

### 高度波動性

在2008年10月崩盤的前夕，全世界正浸潤在「大和緩」（the great moderation）時代——由哈佛大學經濟學家詹姆士・史塔克（James

Stock）提出的名詞。用來形容1980年代中期的經濟變化，像是GDP、工業生產、每月就業情況、失業率等，呈現波動性降低的現象。**圖4.1和圖4.2**以達拉斯聯邦準備銀行（the Federal Reserve Bank of Dallas）的資料顯示，1980年代初期事實上已構成總體經濟波動的結構性改變。

GDP波動變得溫和多了。

就業市場也是。

「大和緩」一詞相當具有吸引力，包括政府官員、避險基金經理人、銀行家，甚至記者都相信「時代不一樣」了。《倫敦時報》（*Times of London*）記者傑洛・貝克（Gerard Baker）2007年1月時曾寫道：

> 歡迎來到「大和緩時代」：歷史學家將會驚嘆我們身處的穩定時期。
>
> 經濟學家在熱切爭論大和緩時代的成因；不同的是，這次他們大致同意（大和緩時代）。良好的政策占有一部分原因：中央銀行能利用更佳時機調整利率政策以因應經濟成長的曲線。但

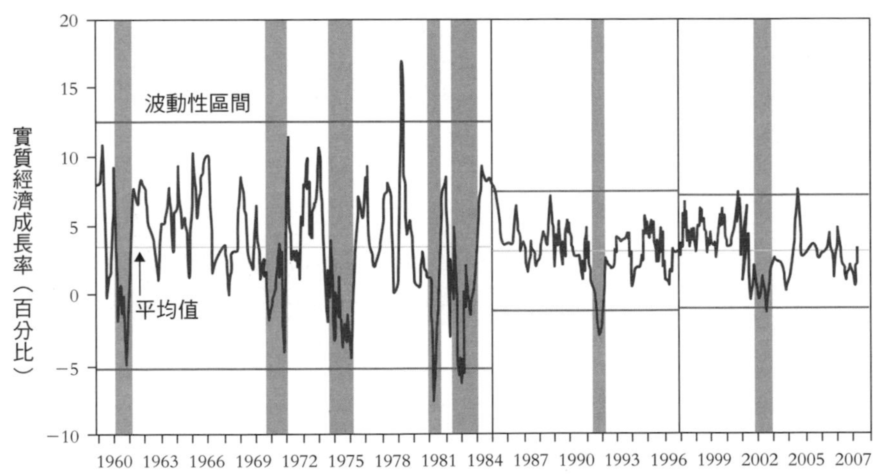


**圖4.1　1980年代GDP成長的波動性大幅降低**

註：陰影為經濟衰退區間。

資料來源：Federal Reserve Bank of Dallas, Bureau of Economic Analysis, National Bureau of Economic Research.

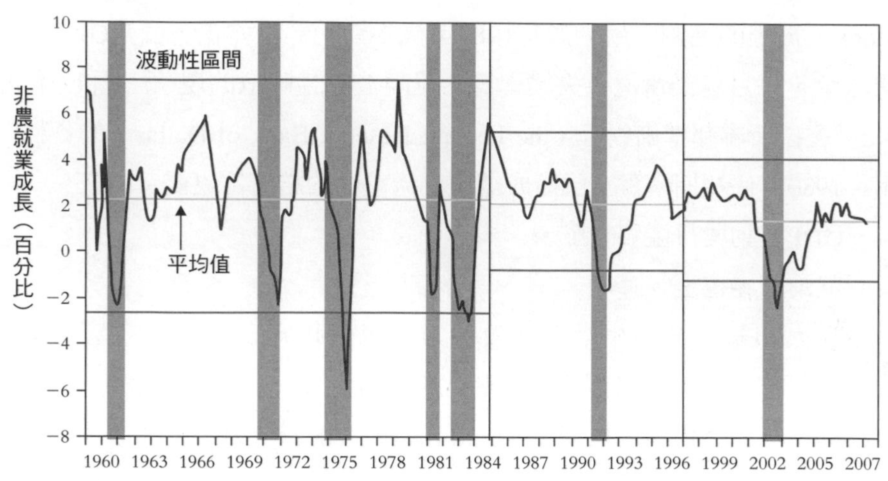


**圖4.2　1990年代就業成長的波動性顯著降低**

註：陰影為經濟衰退區間。

資料來源：Federal Reserve Bank of Dallas, Bureau of Labor Statistics, National Bureau of Economic Research.

> 更重要的原因是更善於管理經濟。
>
> 促進經濟轉型的根本在於市場自由化和選擇的開放。盎格魯—薩克遜（Anglo-Saxon）國家❶在1980年代進行的金融市場法令鬆綁，對景氣循環的波動產生了弭平的效果……各經濟體均採取積極的步伐開放市場，以獲取最大的利益。[1]

回顧這段文字，這樣的思維是多麼無可救藥的樂觀，甚至自我陶醉。我們不是在挑傑洛・貝克的毛病，而是指出低波動導致自滿，因而提高風險承擔的行為。對經濟和投資績效的可預測性愈高，愈會使得避險基金經理人減少現金部位，同時降低對投資部位流動性的考慮。

好日子已經過去了。現在我們已進入「大極端」（the great immoderation）時代。現在我們回頭看看2008年的劇烈波動，可以確定它代表一個經濟結構的衰敗。紐約大學經濟學教授，2003年諾貝爾經濟學獎

❶指西方歐美國家。

得主羅伯特・F.・恩格爾（Robert F. Engle）表示，極端的波動時期其實是可以被預測到的。市場裡特別好或壞的報酬不是隨機發生的，而是相伴群聚發生的，市場行為證明了這種群聚效應。波動性隨著信用週期而生，就像白天過去就是黑夜一樣。信用擴張之後便產生高波動性，例如2000至2003年，和2007至2008年。

長達二十餘年的GDP、工業生產、初領失業救濟的低波動時期已經結束，其間僅2001至2002年曾面臨短暫衰退而已。這段時間內，實質經濟的波動確實相當低，如**圖4.3**。

自今而後，高經濟波動與長期經濟低度成長將導致更常出現衰退。這也會引發更高的市場波動性。

你可以用不同的方式衡量市場波動。我們比較傾向的方式是以未來預測為基準（forward-looking basis）。我們已經歷過四十年來領先指標最大的波動，見**圖4.4**，它通常具有經濟循環的領先意義，且只說明了一件事：高波動性未來將持續。

長久以來，低波動性助長了投資人的氣燄，他們志得意滿。然而未來，我們預期經濟和市場波動性將加大。我們曾經歷經強勁的向上循

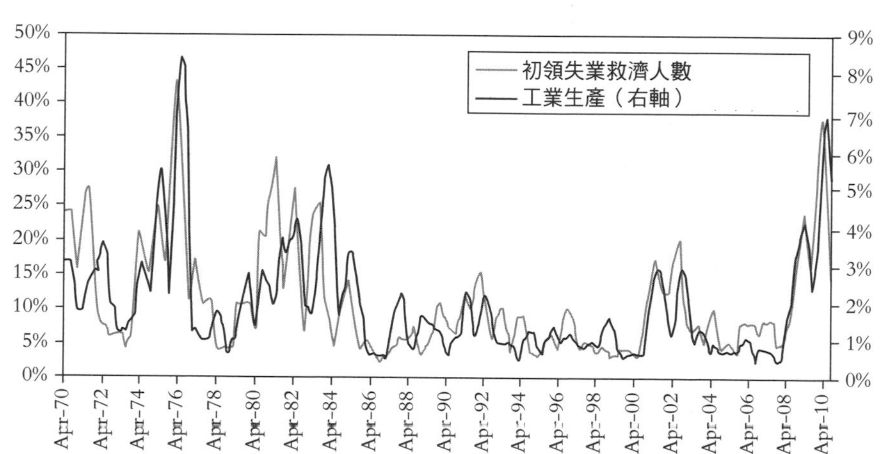


**圖4.3　景氣循環年波動率（工業生產和初領失業救濟）**

資料來源：Bloomberg, Variant Perception.

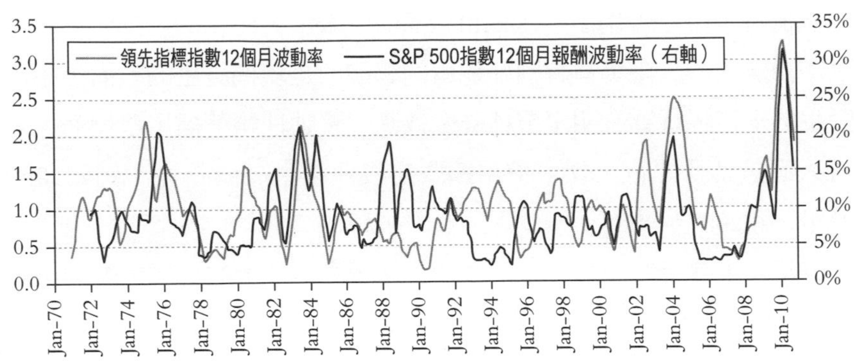


**圖4.4　景氣循環年波動率**

資料來源：Bloomberg, Variant Perception.

環，如今將面臨結構性的挑戰。這也意味著更高的衰退頻率與波動。

如果觀察1989年日本日經指數泡沫破滅後，波動性提高了；然而在日經指數達到顛峰前，波動性對應著周期逐步攀升的指數其實是相當低的。**圖4.5**顯示，在崩盤之後，股票市場的波動大幅提高，而且指數隨著高波動性逐步向下成為常態。

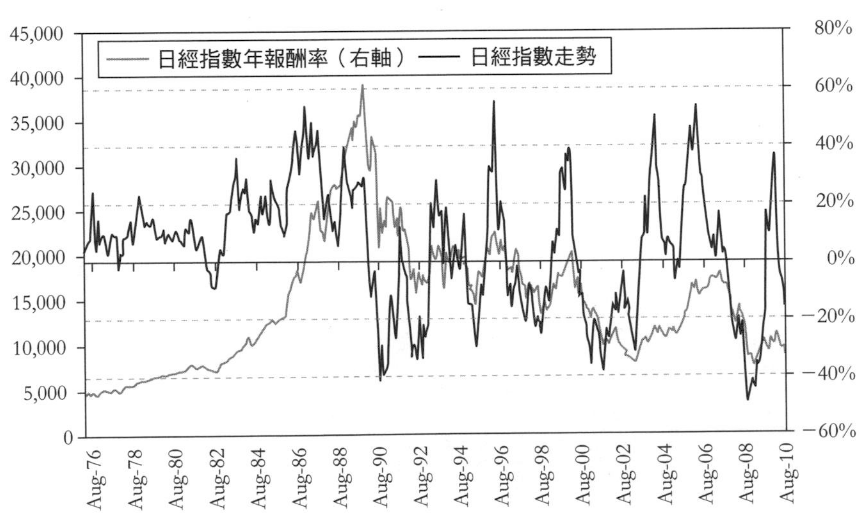


**圖4.5 日經225指數**

資料來源：Bloomberg, Variant Perception.

股市波動是伴隨著信用循環。如果你將工商業（C&I）貸款向前平移兩年，幾乎可以預測到當月市場波動的增加。我們因此也可以預期未來兩年波動性高峰的最低規模。（見**圖4.6**）

固定收益產品的波動性則落後信用循環三年。**圖4.7**顯示聯準會基準利率走在美林（Merrill Lynch）MOVE指數三年之後。MOVE指數通常用

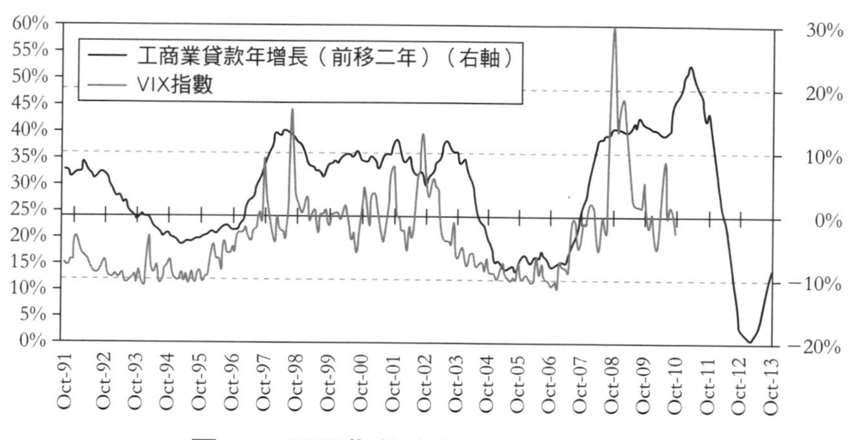


**圖4.6　股票指數波動性和工商業貸款**

資料來源：Bloomberg, Variant Perception.

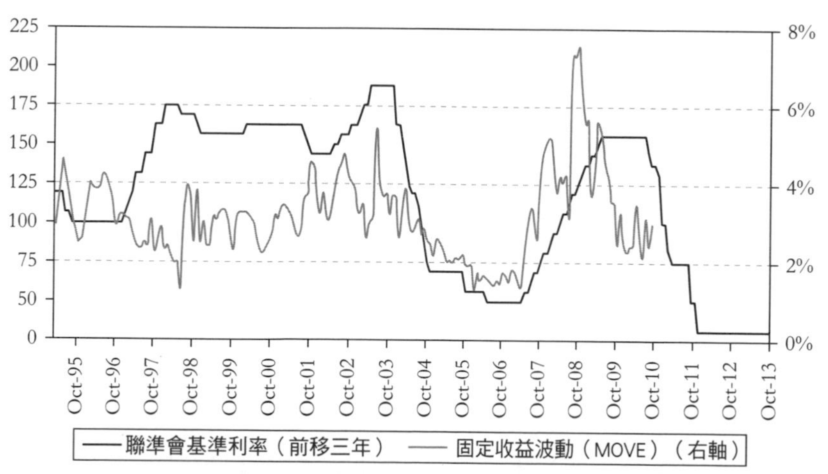


**圖4.7　聯準會基準利率 vs. 固定收益波動性**

資料來源：Bloomberg, Variant Perception.

來衡量固定收益的波動性。

另一個解釋未來將持續高波動性的理由是全世界更緊密了，即使我們從信用風暴的肆虐中復甦過來，現今的世界有著更高的整合度。這很矛盾，也很難相信，但經由全球化供應鏈的延伸，世界變得更加震盪！（見**圖4.8**）

日本、德國、韓國、臺灣的生產在2007至2009年間的衰退當中大幅下滑，程度更甚於在大蕭條期間的美國。不止在衰退時斜率更陡，反彈時也更大。這的確令人困惑，如果你相信全球化、供應鏈管理及法令鬆綁，你應該會認為全世界應該更穩定才對，但事與願違。因為信用凍結重傷了出口導向經濟，賴以維生的貿易信用瞬間乾涸。這本質上與全球化無關。

為什麼世界經濟變得如此震盪？主要原因之一是出口。如果觀察冷戰結束以來的出口占GDP比重，將會發現幾乎所有國家在過去二十年間出口比重都大幅攀升。在亞洲幾乎成長2倍，印度甚至高達3倍，美國則增加了50%。這使得彼此間更加聯結，供應鏈也變得更長。



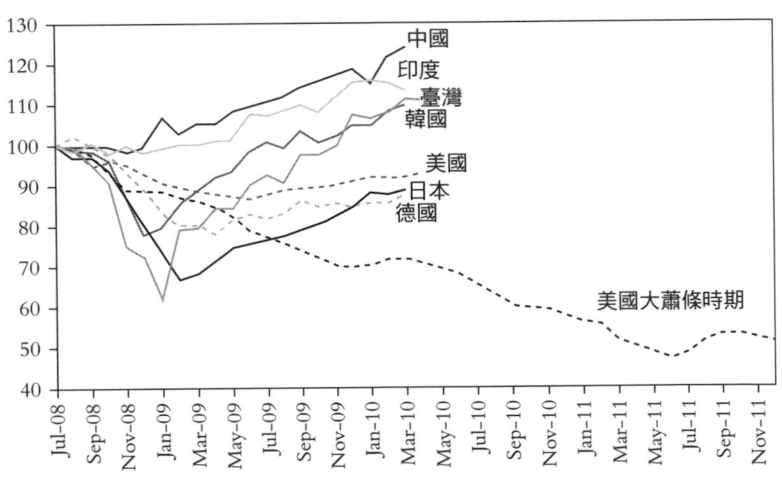


**圖4.8　主要國家的工業生產指數（2008=100）和美國大蕭條時期對比（1929=100）**

資料來源：ECRI, www.businesscycle.com/news/press/1870/.

供應鏈的延長對總體經濟有著極大的影響。經濟循環研究中心（Economic Cycle Research Institute, ECRI）指出，現今的經濟已具有「長鞭效應」（bullwhip effect）的特性，「末端需求出現些許變化，會放大到前端供應鏈造成極大的不穩定，就像手腕略為抖動一下，長鞭的另一端卻揚起一條大弧線般」。[2]

長鞭效應使得高出口依存度的國家相對上較其供應國（supplier countries）❷而言更加危險，因為供應國僅會有景氣的波動。在**圖4.9**中讀者就能輕易看出，為何亞洲國家在大衰退時期會遭受最嚴重的下行風險，而在接下來的復甦當中有最強烈的反彈。

## 低度成長性

在過去四個景氣循環當中，我們觀察到長期成長趨勢已向下的現象，包括GDP、個人所得、工業生產及就業人數。讀者可以參考**圖4.10**。

單就名目GDP成長率來看，**圖4.11**描繪出過去二十年間每十二季的移動平均，我們發現成長率是趨勢是下降的。

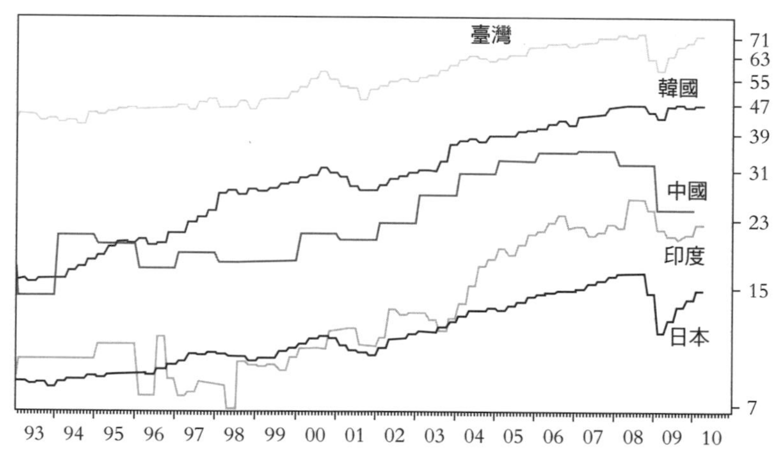


**圖4.9　亞洲國家出口占GDP比重**

資料來源：ECRI, www.businesscycle.com/news/press/1870/.

---

❷指下訂單的買方國家。

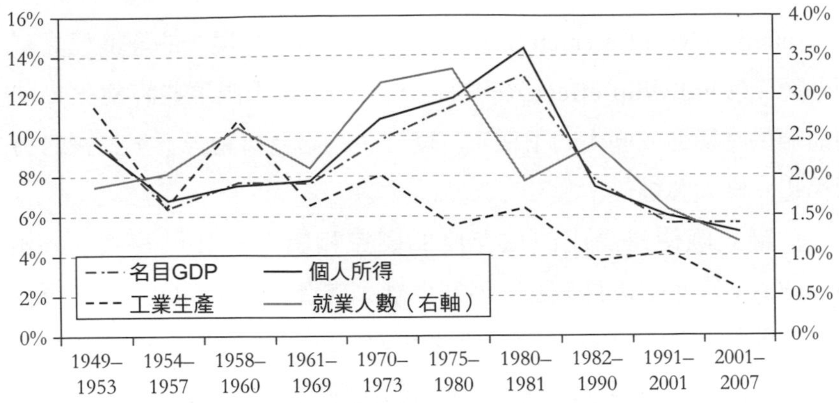


**圖4.10　經濟擴張期間各指標的年成長**

資料來源：Bloomberg, Variant Perception.

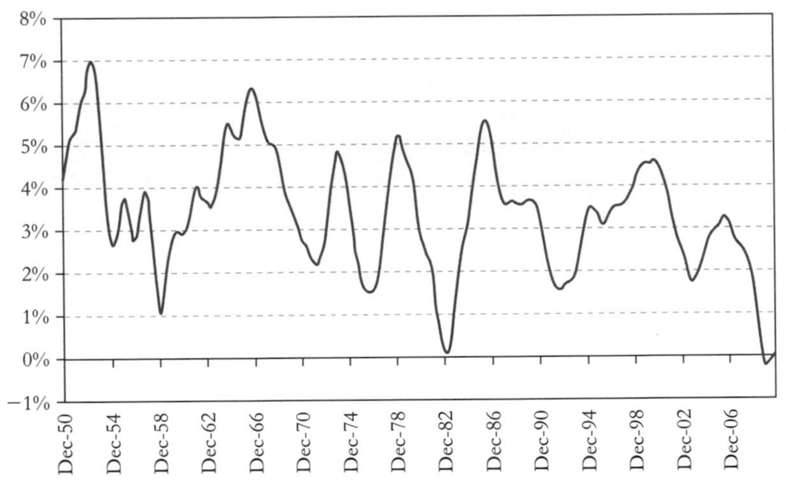


**圖4.11　美國名目GDP年成長率（每12季移動平均）**

資料來源：Bloomberg, Variant Perception.

把低成長趨勢和高波動性結合在一起，意味著更高的衰退頻率。換言之，當成長趨勢愈接近零，而波動性更高時，美國就更有可能出現負成長。**圖4.12**描繪一個衰退的意象，當成長趨勢愈來愈低，經濟出現負成長的機率愈高。

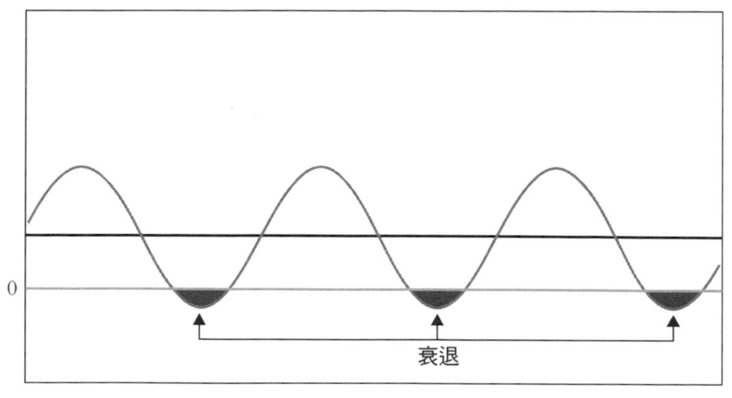


**圖4.12　經濟衰退示意圖**

資料來源：ECRI, www.businesscycle.com/news/press/1870/.

高波動對股票和債券等資產類別的投資人而言是個相當重要的警訊。的確，過去十年間約有三次景氣擴張[3]，但在過去，每次循環平均長達四到五年。從現在開始，我們必須習慣每三到五年就會有一次景氣循環了。

## 高結構性失業

失業率的不對稱現象正在加大中，反應在教育程度高低以及財富多寡之間。這種結構性的變化在衰退之前即已發生，而在衰退期間更加明顯。如果依照教育程度來細分失業率的結構，不對稱的現象大得驚人。當然，失業率和平均工資有著相當程度的關聯。（見**圖4.13**）

美國如今面臨的問題很清楚：如果高技術勞工失業率僅2.5%，還能怎麼降低？不大可能，這幾乎是自然失業率（natural rate of unemployment），也就是勞工轉換工作或遷徙產生的短暫性失業。再高的經濟成長或更多的貨幣供給都很難把失業率降到2.5%以下。

問題是，為何低技術勞工失業率如此之高？部分原因是緊急救助方案（emergency benefits）。2009年3月景氣衰退期間，390萬人找到了工作，

[3] 意指平均一次的景氣循環僅三年多。

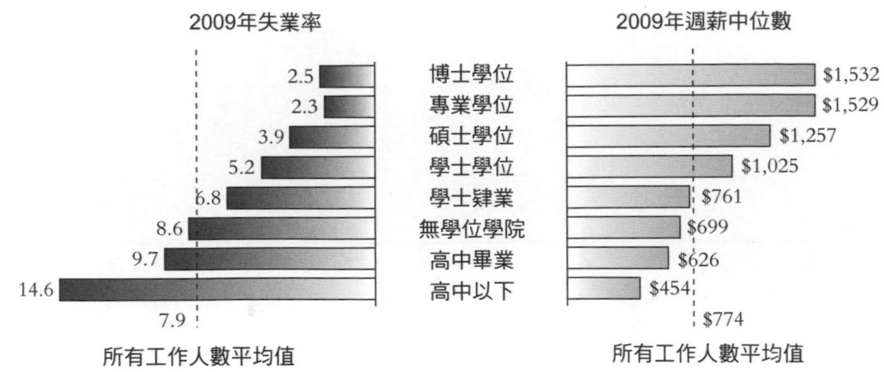


**圖4.13　教育是值錢的**

資料來源：Calculated Risk, http://calculatedriskimages.blogspot.com/2010/09/bls-education-pays.html, Bureau of Labor Statistics, Current Population Survey.

但有470萬人被解雇，一個月之內淨失業人數達80萬人。但請注意，仍有390萬人找到了工作！市場還是創造了就業。然而接下來的問題是，這些勞工的薪資水準為何？在全球化的經濟下，低技術勞工的薪資水準是逐年下降的，他們面臨了國外如中國、印度、印尼和其他地區更廉價勞工的競爭。沒有政客願意承認低工資勞工的比例過高，因此政策上只能依賴債務和所得移轉來掩飾。這也是為什麼貨幣政策如此寬鬆且持續如此長久的原因。這些人只剩下一千零一招了。如**圖4.14**。

趨勢已經很明顯。高學歷族群並沒有受到影響，失業期甚至和低學歷族群形成強烈對比。事實上，高學歷族群就業情況可說相當緊俏。

觀察失業存續期，同樣也呈現分歧的現象。並且，失業人口的平均失業期間變長了。平均失業期間從二年前不到二十週快速增加到目前的三十週——增加50%。短期失業人口的比重較過去大幅下降，長期失業者反而成為占了大部分失業人口比重。這些人會發現身上擁有的技能愈來愈難找到工作。

這種現象不止發生在美國，英國也是如此。見**圖4.15**。

失業大致上可以分為兩種：結構性失業和循環性失業。在目前的衰退期間中，工時減少，薪資降低，屬於循環性失業，但更多的現象是結構性

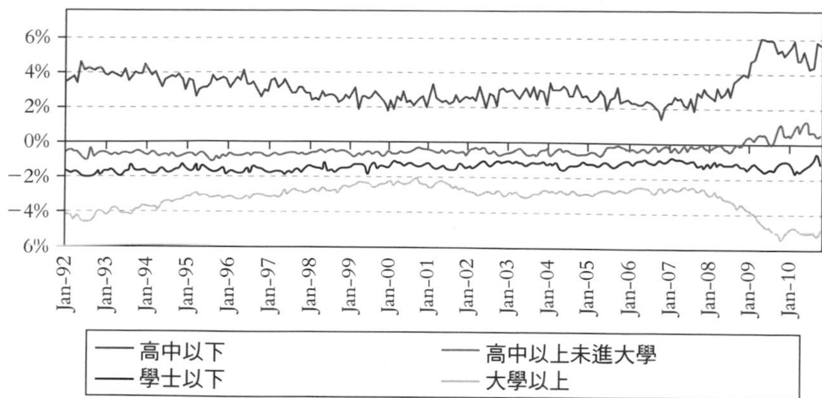


**圖4.14　美國失業率（依照教育水準分類和整體失業率比較）**

資料來源：Bloomberg, Variant Perception.

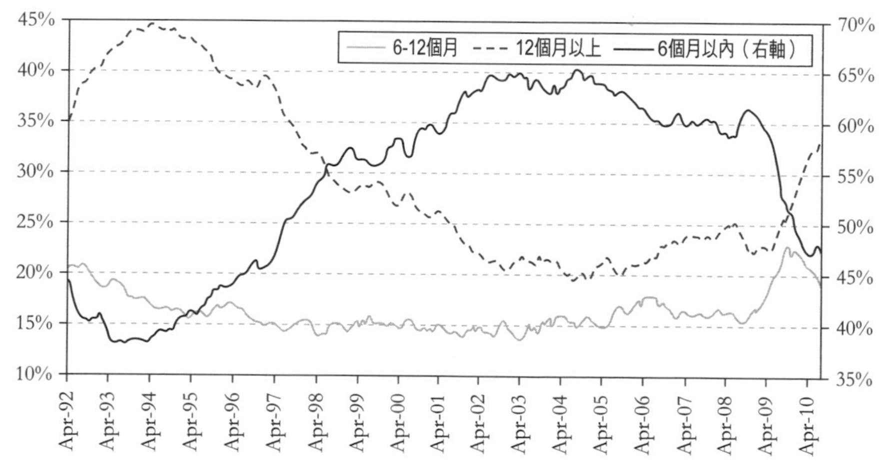


**圖4.15　英國失業狀況：各失業期占總失業比重**

資料來源：Bloomberg, Variant Perception.

的勞動參與率下降（見**圖4.16**）。長期失業比重達到了高峰，達到勞動人口的3.5%。因為美國的經濟需要從消費、房地產、金融產業向製造業轉型，許多失業人口已無法回到原先的工作。事實上，這種永久性失業在2010年的9月達到了歷史高點的5.5%。

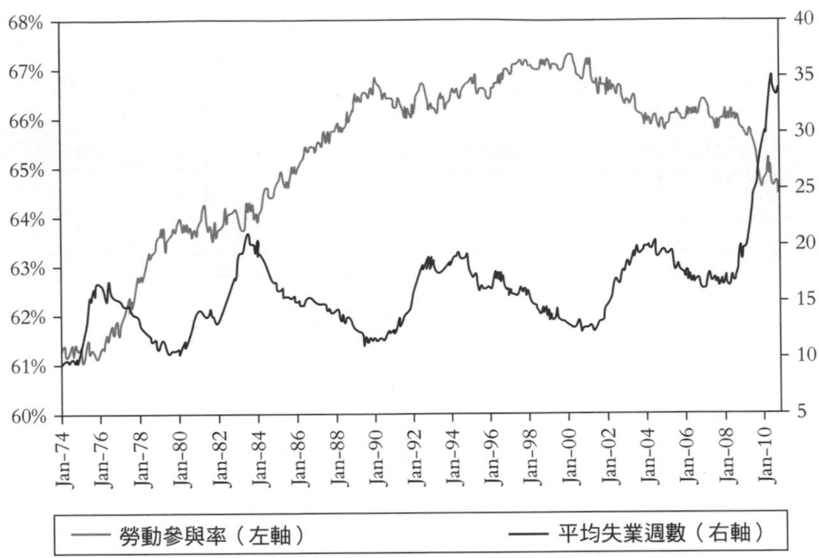


**圖4.16　平均失業週數和勞動參與率**

資料來源：Bloomberg, Variant Perception.

結構性的失業問題同樣反應在官方公布的失業率資料和實際勞工離開職場的數據上，如**圖4.17**。

## 低成長、低就業、高赤字、低報酬

把上述三種結構性破壞放在一起會發生什麼事？高波動和低成長會帶來更高的衰退頻率；高頻率的衰退和持續的高失業率意味著即使復甦也不足以讓想工作的人都找得到工作。這是目前高失業仍難以解決的最大原因。

對非技術性勞工而言，消息恐怕不大好。如果你還有份工作在身上，那就做下去吧！失業時間愈長愈有可能一直找不到工作。就像伯南克所講的，**離開職場愈久，技術愈沒有價值，也愈難找到工作**。

不慍不火的經濟對投資人來說至關重要，投資人必須適應這個現實。減少槓桿操作是第一步，縮短投資的平均持有時間是第二步。投資人可能得更加眼明手快，儘管這本身就會加大市場的波動性。

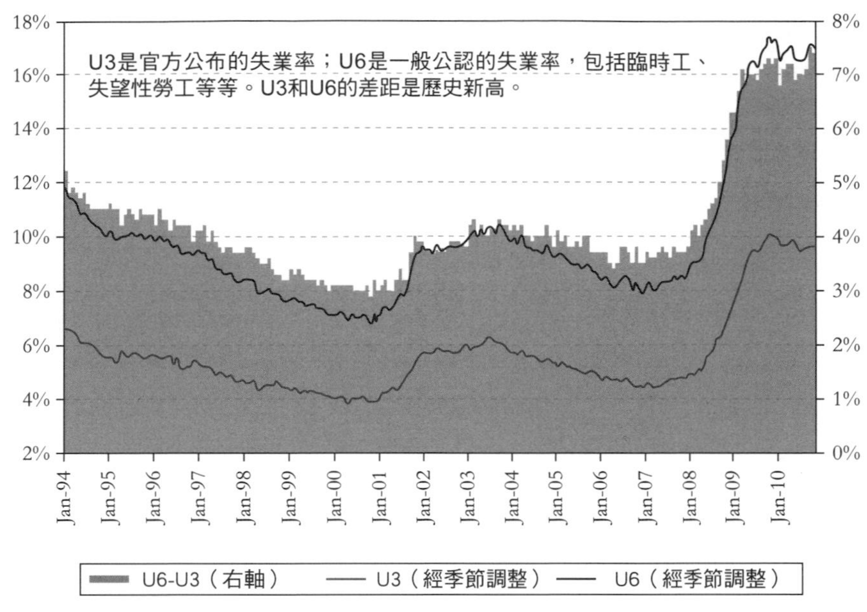


**圖4.17　美國官方及實際失業率**

資料來源：Bloomberg, Variant Perception.

對於長期策略型投資人而言，市場運作的改變使得達成長期穩定報酬變得更加困難，短期策略型投資人也許會發現新環境或許有更好的獲利機會。

對政客和中央銀行而言，更高頻率衰退和高結構性失業代表什麼？不幸的是，我們會看到更多的刺激措施以對抗衰退，聯準會推出更多非傳統的貨幣政策。結果是更高的政府財政赤字，以及聯準會將政府債務貨幣化——就是印鈔票——除非我們改變國會的生態。

低經濟成長對已經困窘的政府財政來說是更加雪上加霜。根據美國財政未來委員會（the Committee on the Fiscal Future of the United States）的報告，「長期而言，三大福利措施——醫療保險（Medicare）、醫療救助（Medicaid）、社會安全（Social Security）——將會使得聯邦政府更快面臨入不敷出。在可見的未來中，沒有足夠的經濟成長能夠解決這種結構型赤字。因此，面對這些未來的赤字，不是增加稅收以支應，就是限制福利支出的擴張——或是雙管齊下。」[3]間接地說，如果還想在目前的稅制下，擁有和父執輩一樣的社會安全網和福利計畫，無異是自欺欺人。某種程度來看，這些社會福利計畫，以其財務結構來看實在太過慷慨，低成長只會使情況更加惡化。

如果經濟成長和就業回春，我們的問題會小得多。更多人就業也就會有更多的薪資稅收，更多的稅收也會讓政府債務降低並且自然地去槓桿化。不幸的是，我們沒有立竿見影的方法，無論從哪個角度來看，我們都不大可能輕鬆地解決我們的問題。

CHAPTER 5

# 這次不一樣

我們細細研究過去八百年來發生的危機，發現每次泡沫破滅進入金融危機前，都會重複同樣的話語或觀念，就是「這次不一樣」。這也是最昂貴的投資建議。隨著激情升高，過去的評價模式不再適用的呼聲也隨之而起。金融專家和多數政治領袖都說，我們做得比過去更好了，我們更加聰明、也從過去的錯誤中學習。每一次社會都自我催眠當下的泡沫與過去災難性的、崩盤式的泡沫不一樣。這一次是建立在健全的基本面、結構性改革、技術創新，以及良好的政策上。

——萊茵哈特和羅格夫

《這次不一樣》（*This Time is Different*）

未曾失敗的資本主義，如同沒有罪惡的宗教。

——查爾斯・金德伯格（Charles Kindleberger）

《狂熱、恐慌和崩潰》（*Manias, Panics and Crashes*）

可能的危機什麼時候成了真正的危機？它怎麼形成的？又為什麼會發生？為什麼2006年每個人都以為美國（或日本、歐洲、英國）經濟不會有問題？我們如今卻已陷入艱困時刻。只不過在危機爆發，聯準會強行干預市場的前幾個月，主席伯南克才說過：「次貸問題是受到控制的。」

本章嘗試從卡門・萊茵哈特（Carmen M. Reinhart，馬里蘭大學教授）和肯尼斯・羅格夫（Kenneth Rogoff，哈佛大學教授）了不起的著作中萃取和整理一些資料，該著作整理了過去八百年間，六十六個國家，二百五十次金融危機，研究當中的相似性和相異性[1]。作者整理出來的都是第一手資料，可以讓我們看到真實的危機發生而不用進行假設（經濟學家最愛那些和現實脫離的假設），或是在真實世界中沒什麼用的理論。

羅格夫教授曾經擔任國際貨幣基金的首席經濟學家和研究主任，延攬萊茵哈特教授為副主任。這正是二位合作，開啟債務和危機史探索的開端，也帶給了我們許多新素材。但這本書的重要性在於，過去我們通常都參考佚事傳聞來佐證危機，而他們把歷史資料整理成為知識的寶庫。作者將重點整理在第1章和最後五章，讓人們不用將他們提供的詳細資料通篇讀透，也能夠輕易地掌握重點，我們強烈建議大家應該找來看看。本書的寫作方向與它不同，無法涵蓋其深度與廣度。

這同時也是一本醒世的著作，它並非預測已開發國家如何脫離其困境，《這次不一樣》佐證了一個重點：我們之所以遭受如此的痛苦，是因為我們過去做的錯誤選擇。這痛苦在所有已開發國家之間程度不同，而新興市場也同樣身陷其中。這不是痛不痛苦的問題，沒人能躲得過。只是何時遇到和時間長短的問題。

事實上，萊茵哈特和羅格夫的研究告訴我們，試圖拖延痛苦的時間愈長，遭受的痛苦反而愈大。我們過去用了太多的槓桿，去槓桿化不會那麼輕鬆。無論是個人或是國家都是如此。

我們將引用書中的部分章節，以及與他們毫無保留的深度對談。我們也獲得同意將該書各章節中我們認為重要的段落結合在一起。請注意所有黑粗線是我們編輯所加（譯者按：這裡指引用該書的文字部分）。讓我們先從結論開始，它總結了我們目前遇到的種種問題：

> 歷史的教訓在於，儘管制度和政策制訂者不斷在進步，政策上還是會有極端化的傾向。**就像無論一個人原本多富有，還是有可能有一天宣布破產。金融體系在貪婪、政治角力、以及利潤的壓力下，無論法令規章多麼完備，最後還是會面臨崩潰。**技術在變、人們視野在變、呈現的方式也在變。

然而，這種週期性的狂熱最後多半以淚眼收場，政府和投資人的能耐卻只是騙了他們自己，這部分其實並沒有什麼不同。詳細讀過傅利曼和施瓦茨[1]著作的讀者，對於政府不當管理金融市場的現象一點都不會意外，這也是該書研究的核心。

我們已完整介紹在金融市場當中，高負債國家金融體系不堪一擊的現象。通常的情形是，一段期間內大量舉債，製造了泡沫，而且其持續之久令人驚訝。**但是高槓桿國家，特別是那些持續用低流動性資產支撐短期債務而深具信心的國家，很少能永遠存活下來，尤其是槓桿操作在持續不斷提高的狀況下。**

這次看來不一樣，但經常從外表細看不易分辨。幸好，歷史的確曾對政策制訂者看待資產風險帶來的成功提出警示——如果他們沒被信用泡沫沖昏頭，並且不像過去數百年來的人一樣，認為：「這次不一樣。」。

遺憾的是，這個警示也沒帶給大家教訓。一旦開始去槓桿化的路子，結局通常不會太好。根據我多年寫作的經驗，多數已開發國家正面臨在一堆爛選項當中挑選的窘境，只是有些選項比其他更爛而已。「這次不一樣」提供了一些可能導向最糟選項的思維。

## 信心危機

很難點出危機是哪個時點開始萌芽的，事情通常就這麼發生，然後債券市場在很短的時間內就失去信心。債券市場信心的快速變化對市場運作而言相當關鍵，一旦失去就會快速地改變其平時市場機能的樣貌。沒有信心的支撐，債市的展延及用正常利率水準借新債的能力就會完全消失，影響所及，金融市場的流動性和經濟運作也將停擺。不幸的是，過去幾個世

[1] 指米爾頓・傅利曼（Milton Friedman）和安娜・雅各布森・施瓦茨（Anna Jacobson Schwartz）合著的《美國貨幣史》（*A Monetary History of the United States*）。

紀以來，同樣的戲碼一演再演。我們以為時代進步了，但如同前面幾章闡述的，我們無法改變經濟規律，就如同我們無法抵抗萬有引力一樣。

以下是作者墨爾丁（John Mauldin）和二位大師（羅格夫與萊茵哈特）之間的對話：

**肯尼斯・羅格夫**：我和卡門從合作這本書的過程中領悟到一點，他可能十年前就想到了，但是這是基於對債券的大量學術作品和研究。「天吶！這太離譜了。我們做的正是債留子孫的事，應該多去想想下一代甚至下兩代的處境。如果還在大量借錢可不是件好事。」幾十年前的諾貝爾經濟學獎得主詹姆士・布坎南（James Buchannan）曾寫過對債市的看法，但是如果真要應付如此龐大債務，這可不是你後代子孫的事，而是你這一輩子的事。如果你的債務水平太高，你的生活是很難過得下去的，市場最終必定會開始擔心這一點。當市場擔心你兒孫輩可能還不出錢來的時候，利率就會突然飆升，問題就會回到你身上。你說得沒錯，這是我們一輩子的事，不一定非得要到債務危機發生，我們才必須處理它。我們不能把它推給後代子孫。

**卡門・萊茵哈特**：我加一點說明。我認為現下對於債務議題上需要擔心的是，它是橫跨公共領域和私人領域的。美國和主要經濟體上一次有這麼大規模的債務是在第二次世界大戰期間，但當時私人部門已經慘到底了，他們在大蕭條和戰爭期間已經大量減少債務。但如今每個人都背著債。

**約翰・墨爾丁**：是的，正是這麼回事。而且政府試著介入，將債務承接過來，以減少私人部門的槓桿，這麼做整體的債務其實不會減少，事實上反而增加了。二位的研究——也是吸引我的事情之一——是複合型債券（combined debt）。它不只是政府債務或私人債務，它是混合二者，並且已經到了不得不處理的地步。槓桿必須去化、有些債務必須讓它違約，而大家應該——我不太想強調「撙節」一詞，但大家必須開始還債。一切都結束了。

**肯尼斯・羅格夫**：那些欠外國人的債要特別注意。過去新興市場的政府經常承接民間債務，今天歐洲也有了，但過去政府從來沒有保證民間債務履約。就算在危機爆發前，我們也沒有保證過金融債，現在也沒有。我記得在1980年代頭一次研究拉丁美洲債務危機時，分析哪些是公共債務，哪些是民間債務；然後，天吶，民間債務就開始愈來愈少，但這並不好玩。因為我發現政府開始「保證」民間債務了，事實上這種保證只是為了讓債務比較容易違約罷了。

回到《這次不一樣》書上：

如果要在本書中找到一個各式危機的一般通則，那就是大量債務累積，不管是從政府、從銀行、從企業、還是消費者，最後都會爆發比泡沫更大的系統性風險。**注入現金會讓政府看起來好像為經濟提供了比實際狀況更好的成長**。私人部門舉債成癮會讓房市和股市偏離它們長期支撐的水準，也讓銀行看起來比實際狀況更穩定且獲利更佳。這種大規模的債務堆積勢必引發風險，因為它們讓經濟面臨信心危機時脆弱不堪，尤其是大量需要經常性融通的短期債務。債務膨脹時常讓政府政策做出錯誤的認知，認為金融機構有能力獲取高利潤，或認為國家的生活水平提升了。大多數這種泡沫都破得很難看。當然，債券機構對任何一個經濟體來說至關重要，不論過去和現在都一樣，但在機會和風險之間尋求平衡一直是最大的挑戰，是對政策制訂者、投資人，和一般市井小民都不能忽視的挑戰。

以下是重點。請至少讀二次：

或許根本問題在於，無法認清信心本身的不穩定和善變的特性——特別是在大規模需要持續性展延的短期債務上——是造成「這次不一樣」症候群的關鍵因素。**高負債的政府、銀行、或企業平時能夠高高興興地展延它們的債務，直到危機「爆」發——信心崩潰、金主四散、危機一發不可收拾。**

經濟理論告訴我們，信心的確具有易變本質，包括依賴大眾對未來事務的期待，這本身就很難預測債務危機。高債務水平在許多經濟學的數學模型當中會有多個均衡點，表示債務水平有時能夠維持，有時卻不能。經濟學家很難告訴大家什麼樣的事情會改變信心，或是如何去衡量信心的脆弱程度。我們在金融危機史當中一次又一次看到的是：當一個意外事件等著要發生時，它最終必會發生。當國家身陷債務囹圄中時，麻煩就會在眼前。當債務刺激資產價格好到難以相信的地步時，它就是會那麼好。然而危機的時間點實在很難去猜，有時候危機看起來就要爆發，但還可以過好幾年才出事。

2006年10月，全世界的信心有多強？墨爾丁當時寫文章預期經濟即將衰退、次貸問題將爆發，並且未來會發生信用危機。他當時在拉瑞・科德勞[2]（Larry Kudlow）的節目中和盧比尼（Nouriel Roubini）同台，被主持人追問所謂對未來悲觀的看法。墨爾丁認為：「如果衰退就在眼前，你應該立刻遠離股票市場。」他話說得有點早，股市在此後八個月還繼續漲了20%才開始暴跌。

這就是重點。沒有方法可以確知危機何時會到來。

萊茵哈特和羅格夫因而寫道：

高負債的政府、銀行或企業，平時能夠高高興興地展延它們的債務，直到危機「爆」發——信心崩潰、金主四散、危機一發不可收拾。

「爆」（Bang）這個字形容的相當貼切。人的天性會假設目前的趨勢會繼續下去，事情不會變得那麼糟，趨勢在它結束之前都一直伴隨在身

[2] 拉瑞・科德勞為美國財經專欄作家，同時在CNBC主持The Kudlow Report節目。經濟立場崇尚供給面經濟學，認為政府應減少干預。2007年時發表不認為美國會進入衰退的看法。

邊。看看一年前的債券市場和第一次世界大戰前幾個月，幾乎沒有任何山雨欲來的徵兆，每個人都知道冷靜戰勝一切。

現在我們可以回顧當下的危機，看看我們過去犯了什麼錯誤。我們都相信這次不一樣，有更好的金融工具、更精明的市場監理、更先進的環境。時代不同了，我們已瞭解如何處理槓桿。抵押房子借錢是好事，房價會只漲不跌等等。

現在，多頭人士認為情勢已回復正常，對（2010年）GDP的主流預測相當正面，基於過去復甦歷史的證據，大概都在4%以上。但是，萊茵哈特和羅格夫的研究清楚顯示，當下銀行危機的根本原因和那些典型的景氣循環式衰退大相逕庭。它通常需要很多年才能清理完多餘的槓桿，失業率往往要上升四年。[3]

## 笨蛋，問題在去槓桿！

此次衰退的不一樣之處，在於這一次是**去槓桿化式的衰退**。我們（以及所有已開發國家）過去借太多錢，現在面對過去買下的資產價格開始減損時，必須修補資產負債表。麥肯錫全球研究所（MGI）最近做了一份相當有趣（但有點長）的研究，發現過度槓桿期間過後會伴隨著六到七年的去槓桿化過程，成長性也會受到拖累，且沒有任何快速修補的妙方。

**圖5.1**描繪出去槓桿化的進程。

這篇研究的主要結論（他們光是摘要就有十頁長，但相當值得讀）有下列數點。值得一提的是，本研究加入了許多新的資料，說明危機發生前全球槓桿如何生成，以及如何展開去槓桿化：

1.在某些國家的某些產業當中，槓桿化程度依舊非常高——這是全球性的問題，並非只有美國而已。

2.利用多產業間的特定觀測值交互分析槓桿的可持續性。該研究釐清

[3] 作者註：萊茵哈特和羅格夫的研究僅限於聯邦債務，如果加計州政府和地方政府債務，要償還的金額大致和稅基差不多。事實上比聯邦政府的數字還糟。

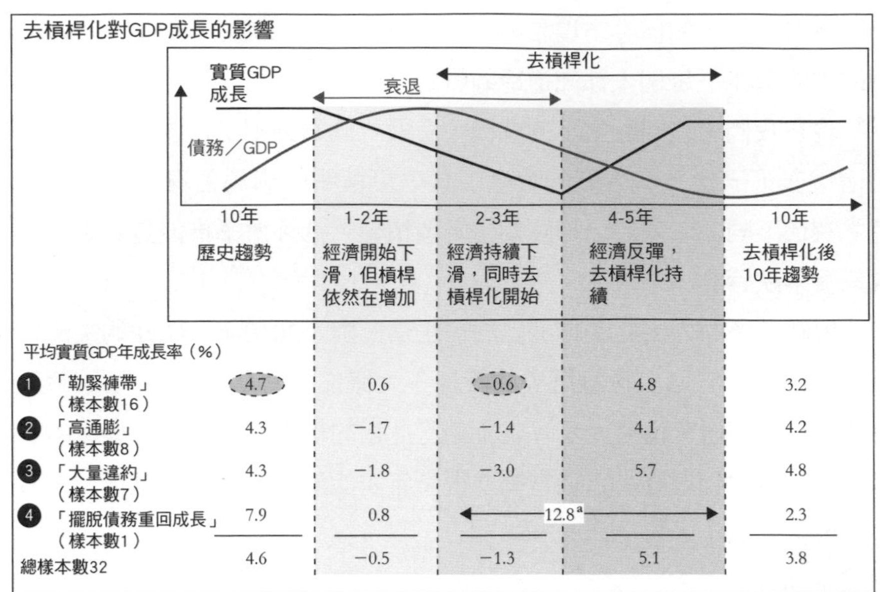


平均實質GDP年成長率（%）

| | 10年 歷史趨勢 | 1-2年 | 2-3年 | 4-5年 | 10年 |
|---|---|---|---|---|---|
| ❶「勒緊褲帶」（樣本數16） | 4.7 | 0.6 | −0.6 | 4.8 | 3.2 |
| ❷「高通膨」（樣本數8） | 4.3 | −1.7 | −1.4 | 4.1 | 4.2 |
| ❸「大量違約」（樣本數7） | 4.3 | −1.8 | −3.0 | 5.7 | 4.8 |
| ❹「擺脫債務重回成長」（樣本數1） | 7.9 | 0.8 | ← 12.8[a] | → | 2.3 |
| 總樣本數32 | 4.6 | −0.5 | −1.3 | 5.1 | 3.8 |

**圖5.1　實質GDP成長在去槓桿化的最初二到三年間出現明顯放緩**

註：a.成長趨勢以外的去槓桿化不屬於經濟衰退。

資料來源：International Monetary Fund, McKinsey Global Institute analysis.

了五個經濟體當中的十項產業很可能要面臨去槓桿化。

3.實證研究上，長期的去槓桿化幾乎均伴隨著嚴重的金融危機。

4.去槓桿化是一段痛苦的過程，平均需要六至七年，債務占GDP的比重減少25%。一般說來，GDP初期都會面臨衰退，隨後才會復甦。

5.如果歷史可作為借鏡，許多大型經濟體當中的特定產業，預期將會有許多年的債務削減期，這個過程會導致GDP的成長放緩。

6.去槓桿化方案對於企業主來說是項挑戰。這預示了一個長期的信用縮減和成本上升的過程，同時改變一些企業經營和投資選項的模式。在過去，私人投資去槓桿化的程度都相當地低。今天，一些國家的家戶部門極有可能面臨去槓桿化。如果真是如此，消費成長將會較危機前放慢許多，支出型態也將改變。依賴消費的產業已經看到一些支出的變化，像是買比較划得來的商品，同時減少奢侈品的消費，這種新型態恐怕得持續到家家戶戶修補好他們的資產負債表為止。企業主必須更具彈性以因應這種變化。[2]

英國《金融時報》（*Financial Times*）的列克斯專欄（Lex column）[4]對本報告作了以下評論：

> 對於政府來說，在危機最高峰的時刻增加開支，讓大家生活好過一點，無論從經濟還是政治上來看都是合情合理的。除非政府債券投資人表達不滿並加快償債的速度。要不然國家還債的時間拖得愈久，痛苦也就持續得愈久。[3]

整件事的核心在於美國每年必須在國內籌到超過1兆美元，才能符合預算辦公室的估算。英國債務水準已和GDP不相上下，歐洲其他國家也差不多。日本則已經失控了，如同墨爾丁所說，日本的作法是自尋死路。

在未來幾年，全球債市將面臨一次考驗。一般說來，去槓桿化週期即是通貨緊縮，結果就是利率跌無可跌。但面臨龐大的赤字，本國資金難道無法支應？日本已這樣運作了二十年，國內市場幾乎買進所有的債務，但這條路已快要走到盡頭了。

詹姆士・卡維爾（James Carville）[5]在一次著名談話中提到，如果有來生，他想轉世成為債券市場，因為債市才有真正的權力。我們可以想見這番言論又將引起債券監理機關的關切。

人們自滿的情緒往往在瞬間戛然而止。不但不會花個幾年才慢慢進入危機，而是突然就會發生！並且只要一個偶然事件就足以觸發，就像2008年8月。本書一再佐證在信心危機爆發之前，一切都安然無恙。沒有哪一

[4] 列克斯專欄是《金融時報》著名的專欄，是專門針對全球經濟和金融進行評論的專欄。自1945年10月1日起至今，已成為《金融時報》的權威專欄之一。Lex並非人名，是拉丁文"Lex Mercatoria"的簡寫，意思是"merchant law"（商事法）。

[5] 詹姆士・卡維爾為美國著名政治評論員及電視節目主持人，曾擔任柯林頓總統競選團隊的策略長，也曾主持CNN著名的評論節目《火線交鋒》（*Crossfire*）至2005年。目前為CNN《時事分析室》（*Situation Room*）主持人。

個債務水平、匯率跌幅，或是哪一個百分比的財政赤字可供參考，也沒有哪一個時點可以說：「就要發生了。」不同的危機之間的引爆點並不相同。

不過我們觀察到一個有趣的現象：當作者所談論到的危機發生時，已開發國家和新興國家間的狀況沒有多大不同，所造成的危害也很類似。已開發國家並沒有獨到的智慧去避開危機或是能在短期間就復甦。事實上，由於過分自信——源自於他們認為有較卓越的系統——導致已開發國家甚至比新興國家更加身陷危機之中。

咦，聯準會應該早就看見危機就要來了。作者點出一些債務危機當中再明顯不過的徵兆。

> 我們看到，危機爆發前美國自國外大量借錢（這一點可以從經常帳和貿易帳的赤字中清楚看出）不會只是惟一的警示。**事實上，身處風暴震央的美國經濟，早就透露出不只一個身陷金融危機的信號。像是資產價格膨脹，尤其是房地產業、家戶槓桿的增加，以及產出的減少——這是典型的金融危機領先指標——再再顯示令人擔憂的徵兆。其實，純由計量角度來看，所有症狀均顯示美國金融風暴的危機升高，只等著一個意外事件發生。**

當然，不會單單只有美國出現金融危機的信號，在英國、西班牙，以及愛爾蘭等其他國家，也有幾乎類似的症狀。

> 另一方面來看，聯準會忽視房價高漲是基於民間能比政府機關更能判斷合理房價（或股價）的邏輯。換句話說，市場早就應該注意到持續上升的家戶債務占GDP比重，導致資產價格攀升，同時對照歷史新低的儲蓄率現象。1993年以前，家庭負債占個人所得的比重大約穩定在80%左右，到了2003年升高到120%，2006年中已接近130%。國際清算銀行（Bank for International Settlements）的波多（Bordo）和珍妮（Jeanne）進

> 行的實證研究表明，當房地產泡沫伴隨著債務上升，危機的風險也急劇升高。這項研究雖然不盡完整，但的確突顯出聯準會政策刻意忽視（譯者按：市場警訊）的問題。
> 美國自負其金融市場和監理系統能夠承擔巨額的資本流入，並且不會出現差錯，但這卻為2000年代末期的全球金融危機種下敗因。「這次不一樣」的思維是——因為美國這時候已擁有卓越的體系——再次證明是錯的。**金融市場的超額報酬事實上大部分是基於資本流入，就像過去新興市場一樣**。現在認為許多法令規章的疏失，像是次級抵押市場的法令鬆綁、證券交易委員會（Securities and Exchange Commission）於2004年同意投資銀行以3倍的槓桿融資（指對銀行風險資本的比例），在當時都被認為是德政。資本流入推升借款和資產價格，幾乎所有風險資產的利差都在縮小。國際貨幣基金在2007年4月的全球經濟展望報告中（譯者按：該報告一年出版二次，分別於4月和10月），認為全球經濟風險相當低，無須太過憂慮。**當觀察全球經濟的國際機構都認為沒有風險時，就沒有任何理由相信這次有什麼不一樣**。

這就是萊茵哈特和羅格夫認為，當多數市場，特別是中央銀行的態度認為「這次不一樣」，所以無需擔心警示的時候。整本書的觀點都是：這次沒什麼不一樣。我們沒理由相信自己活在不一樣的情境中。

> 我們已聚焦在總體經濟上，但許多問題其實深藏在金融市場跌到的谷底才出現，這是危機發生後才會得到的痛苦教訓。有些問題要數年後才會顯現。總而言之，房地產價格大漲——五年之內漲了1倍——就是一項警示，特別是有槓桿推波助瀾。2008年初，美國抵押債市場規模約占GDP的90%。政策制訂者在數年前就應設法引導危機壓力釋放，但不幸地，**努力保持增長和避免股市大幅下跌導致壓力鍋的安全氣閥被拔除掉**。

讀者可還記得我們在本書第1章所引用的北下加利福尼亞洲的小火災和加州的大火災的例子，如果系統無法自由運作，那麼試圖防止小危機所做的動作，恐怕只會引發更大的危機。

> 警示法（或其他方法）並不能準確指出某一時點泡沫將會破滅，或是清楚點出危機嚴重到什麼程度。但這種系統性的試驗可以傳達一項極具價值的訊息：在重大金融病徵出現之前，經濟體是否有一個或更多個典型徵兆先發生。然而，建立一個有效且可信的早期預警系統的最大難關，不在於設計一個系統性架構，能夠從不同時間序列的指標當中，產生多少足以信賴的訊號，**最大的障礙是政策制訂者根深蒂固的政策傾向，以及市場參與者視這些訊號為過時架構中無關的雜訊，並假定舊有的評價準則不再適用**。即使本書前面章節所寫的具有一定程度的意義，這些訊號也時常被忽略。這也是為何我們需要改革。
>
> ……第二，政策制訂者必須認清，銀行危機持續的時間都很長。一些危機（例如1992年的日本和1977年的西班牙）甚至拖到連官方都不承認有那麼長。

證據早就在那兒，為什麼聯準會看不見？

在安德魯・史密瑟斯（Andrew Smithers）極有影響力的《重估華爾街：不完美的市場及不適任的中央銀行家》（*Wall Street Revalued: Imperfect Markets and Inept Central Bankers*）（現已再版）一書中，針對聯準會和葛林斯潘，特別是伯南克提出了尖銳的批評。前言是一位我最喜愛的分析人員傑瑞米・葛蘭森（Jeremy Grantham）所寫的，和萊茵哈特和羅格夫所探討的主題互相呼應。

該書對**效率市場假說**（Efficient Market Hypothesis, EMH）[6]和其他經

[6] 效率市場假說是財務學上的著名理論。該理論認為資產價格反應所有已知且會影響價格的因素；因此，價格高漲也只是反應經濟現況和該資產應有的評價。

濟理論提出了嚴苛的批判。史密瑟斯批評因為效率市場假說已深植在眾人的觀念中，葛林斯潘和伯南克並不承認泡沫的出現，因為他們相信市場效率。「基於泡沫的出現和破滅是不合理而否定金融危機的存在，是一種認定理論而忽略事實的思維。」但中央銀行家們卻都這麼做。

葛蘭森在序中寫道：

> 我個人認為他們這種論調最經典的一篇是伯南克在2006年的評論，當時美國的房市價格已超過平均值的3倍標準差，但百年來美國並沒有出現過房市泡沫：「美國房市只是反應美國強勁的經濟。」他身邊盡是統計學者，但他卻看不到資料……由於他對市場效率性的誠摯信仰，相信世界上不會有泡沫發生，讓他不敢相信後來在眼前發生的事。[4]

萊茵哈特和羅格夫一次又一次的表明，泡沫最終一定是以淚眼收場，市場和投資人事實上是不理性的。什麼樣的聯準會官員才會指出房市已進入泡沫，必須採取行動去降溫——像是升息、檢討證券化商品和信評機構？曾經有個強硬的人，就是葛林斯潘，將證券化衍生性金融商品市場大肆解禁。國會也沒有適當地盡到二房的監管責任（這得花上美國納稅人4,000億美元），要追究的人有一大串。

## 羅格夫和萊茵哈特的臨別贈言

下一個危機在哪兒？誰能早一步看到並引導心中的良知，將經濟從懸崖邊上拉回來？

本章將以墨爾丁與羅格夫和萊茵哈特的對話的結尾來作為結束。

**約翰・墨爾丁**：讓我們回到美國看看現狀。我們並非沒有選擇，只是在我看來要不就得走向日本的路子，結果就像日本現在一樣無以為繼；或是開始斟酌，但必要的是開始減少債務。我們不會像奧地利學派一樣讓一切停擺，把自己陷入衰退當中。但是我們多多少少應該展現一些財政紀律，債券市場也應該會有所回應。你們的看法也是如此嗎？還是另有妙方？

**卡門・萊茵哈特**：我不認為我們會有日本那麼長的時間。我們的債權人是全世界，我們的儲蓄率太低，儘管最近有點起色，但相較於歷史水平還是幾近貧血。我們沒有日本那麼充裕的時間。

**約翰・墨爾丁**：真的嗎？（我們兩個都嚇到了）

**卡門・萊茵哈特**：我認為如果你們看到美國債務以更快的速度在累積，也許會有另一番感觸。我曾聽過一些熟悉州政府財政的分析人士說明狀況，當然我們說的是加州，但從他們的報告當中提到，其他州或多或少也有程度不同的債務問題，這不啻是一項警訊。我認為整體而言美國的債務情況，很難提供如同政客所以為的有那麼長的時間可以處理，其原因我前面已經說明過了。

**肯尼斯・羅格夫**：我要說的是，當前全世界國家真正在博奕的，是我們多快能擺脫財政刺激，以及我們對長期債務問題的擔憂程度。我擔心多數國家要等很久才會有結果，倒不是說最後不得不違約，而是過程相當痛苦。有時我們發現某些議題不斷重複，像是展延債務、借錢、然後看似安然無恙，但這也是許多人談論並痛批的：你又觸及上限了。沒有人知道上限到底在哪，上限到底是什麼，但你就是碰觸到了。萊茵哈特和我知道什麼是真正的高債務水平，什麼不是。美國即將觸及上限，但還是有人說這不是問題，每個人都愛美國這個世界上最偉大的國家，中國還能去哪兒投資？這時你應該會想要聽到那句：「這次不一樣」。

約翰，你在對話之初問我們如何開始這項研究，這是我們在2003年論文當中的一部分，現在把它們放在書中的前兩章。這些研究讓我們相當興奮，不僅在理論上，在數據上也都得到證實。各國都有其門檻限制，我們發現了試驗和大致衡量的方法，當它們觸及門檻時，利率會開始飆升。

這些研究幫助我們瞭解一個清楚的方向，同時也有所領悟為何過去我們參與、監督，並且評論的國際貨幣基金的計畫中，很多都走錯了方向。我們看過許多計算像是：「好吧！他們的債務水準在50%，我們要減緩它的速度，最多到了55%的時候就會開始下降。」但你知道如果它們在

50%的時候遇到問題，你又讓它升到55%，這時利率就可能開始狂飆，其實只是因市場缺乏信心而已。根據我們最近完成的研究，在「債務時期的成長」（Growth in a Time of Debt）這篇論文中，我們發現當先進國家的債務比率升高到90%至100%時，就會產生水平關聯效應（parallel effect）❼。

一次又一次的實證顯示，債務的確有其上限。卡門說得沒錯，我們的確知道一些數字，而且存有很大的誤差。如果你沒有借錢，在市場信心不足時不需要擔心你會被分類成哪一種債務人。但如果你借了一大堆錢，特別是當你有太多短期借款，你的麻煩就大了。在我們最近的研究當中，看到了一些數據，也發現了一些間接的證據。不止在新興市場，先進國家如美國也是一樣。

**卡門・萊茵哈特**：我來強調一下自己龜毛的個性。我們研究的結論之一是債務週期通常很長，包括債務累積和削減的過程都是，沒有辦法一蹴可幾。在債務累積的過程中，每個人都像天才一樣，因為資產價格通常在上漲且不斷升高。我想這應該不是極端的情境，如果看看美國以外，除了少數新興市場國家，過去幾年間全世界都出現這樣的情況。大量的公共和民間部門的債務被公共化，我們已經不能再期待更多的刺激措施，因為大家都遇到了債務麻煩，事實上有可能會因此把債務水平推到另一個方向（譯者按：指減債）。在民間部門，肯尼斯和我最近研究了1916年以來美國的歷史統計資料，儘管近期我們看到一些去槓桿化的動作，但就一個國家來說，我們的確用了槓桿，而且比例太高了。其他先進國家也是一樣。所以，約翰，要回答你的問題，我只能說我們將經歷一段欠佳的成長期。欠佳的意思是，我們不再擁有如科技泡沫期間和次貸危機前的強勢成長的投資環境；我認為將是一個不同的、更冷靜的環境。

**約翰・墨爾丁**：這也許就是我所說的不冷不熱經濟吧！我們很難透過經濟成長來擺脫這些問題，但是卡門，如同你所說的——或許肯尼斯也同

❼「水平關聯效應」是指一件事發生後，引發原本與之相關性低的事件發生的現象。

意——我們必須趕快行動。坦白說，你認為我們沒有像日本有那麼長的時間，的確讓我很氣餒。你認為在目前的通貨緊縮環境當中，利率將會飆升，這看起來真的很矛盾。

**肯尼斯・羅格夫**：我說一些不那麼洩氣的話好了，但這有點難。我仍然強調卡門所說的，低成長已經伴隨著債務到來，無論怎麼閃躲都無法逃避。希臘是一個極端例子，但不管他們發現怎麼樣才能得到協助，慢工出細活還是快刀斬亂麻，他們就是要勒緊褲帶，過著低成長的日子，包括加稅等等。同樣的，在世界上許多國家也是一樣，只是時間問題罷了。有些國家如果褲帶勒得不夠緊，那是不見棺材不掉淚。他們可能會先找國際貨幣基金求助，一旦不成之後有可能最終宣布違約。但是，在低成長的現實下，無論你怎麼躲，你都得勒緊褲帶。除非出現一個偉大的、難以置信的技術創新帶動成長，或是來自外太空的朋友幫助，否則我們就是會面臨卡門所說的低成長。我不敢說你是否要很快地做出選擇，但這必須是每個人在規劃未來時必須要注意到的事。

# CHAPTER 6

# 公共債務的未來——一條難以為繼的路

一般來說，絕大多數的國債購買者都是開明的知識分子，許多例子可以證明這種說法。當公平且公開地求助於他們時，他們理解真正利益之所在，不會去拒絕修改他們共同的利益，如果這個需求是必要的。

——亞歷山大・漢彌爾頓（Alexander Hamilton）❶
《公共債務報告》（*Report on Public Credit*, January 9, 1790）

本書的立論在於，當債務超級循環持續成長的背後伴隨著政府債務增加，整個過程就會面臨到自我毀滅，而如今我們正快速地接近中。如今全世界不但要控制膨脹的政府支出，而且要實際去減支。

在本章，我們會看一篇十分重要的報告：《公共債務的未來：前景與影響》（*The Future of Public Debt: Prospects and Implications*），由三位專家卻凱提（Stephen G. Cecchetti）、莫漢提（M. S. Mohanty）及札玻里（Fabrizio Zampolli）合著，由國際清算銀行（BIS）出版[1]。國際清算銀行向來被視為中央銀行的中央銀行，它其實沒什麼實權，但具有高度影響力和令人尊敬的地位。總之，它是少數長期對大額槓桿和信用擴張的危險

❶亞歷山大・漢彌爾頓為美國憲法起草人之一，美國第一任財政部長。

提出警告的國際機構。雖然國際清算銀行先天上就會比較保守，但在本篇報告中呈現的，還是令那些常讀學術論文和期刊的人感到無比驚異。特別是它檢視一些國家的財政政策，如果加計和生命相關的隱含支出（像是公部門退休金和醫療保險等），將會決定該國的債務水平占GDP比重會到什麼水平。

在本章中，我們會大量引用這篇報告，讓三位作者的想法不言自明，同時也會加上我們的評論和必要的說明。（請注意所有的粗體字是我們編輯所加。）

在介紹完國際清算銀行的報告後，我們也會探討當中提出對公共債務的議題和影響。如果公共債務難以為繼，且對於政府預算的負擔太過沉重，那麼這對政府公債又代表什麼意義？目前公債就像是一場龐氏騙局（Ponzi scheme）[2]，在已大量承諾的保證之下，政府沒有辦法有效削減債務。因為如此，我們將會看到「財政壓迫」的大戲，即使實際作為會浸蝕到實際價值，政府也會用一切手段去逼迫投資人買政府債券。這些讀起來很難讓人開心，但我們還是得開始。

## 背景介紹

在開始之前，我們花點篇幅解釋一些國際清算銀行會用到的詞彙。有些聽起來很複雜，但其實並不難懂。像是循環型赤字和結構型赤字大不相同，總赤字等於二者相加。

政府每年都徵稅，也都有開銷，在好年頭的時候，政府稅收會較壞年冬時多一些。而支出則相反，好年頭時開銷較少，壞年冬時開銷大。因為有一些開銷如失業保險給付能夠緩和一些經濟下滑的影響。在景氣循環的谷底，失業率通常最高。這也代表稅收最低和支出最高；另一方面，在景氣高峰期，失業率往往很低，企業也都賺錢，每個人繳的稅也會多一

[2] 龐氏騙局是一種欺騙性的投資運作，指投資人的獲利是從支付自己的錢而來，或是將未來參與投資者的資金支付給先前參與的投資人，而不是從實際上獲得的利潤進行支付。

點。這種景氣谷底時的額外借貸稱為**循環型赤字**（cyclical deficit）。

而**結構型赤字**（structural deficit）則會跨越景氣循環，因為此時政府一般性的支出就大於稅收，其差額無論是否在衰退時期都會存在。

接下來介紹另一個詞彙。政府的收支餘額和結構型及循環型赤字有關，當政府的支出，在不計債務利息下等於政府的收入，就稱為**基本財政平衡**（primary balance）。令人頭痛的是利息支出，如果利率上升超過了經濟成長率，總債務其實會增加的。

把政府比作背負抵押貸款的家庭其實很貼切，再大的抵押貸款，如果每個月付的錢不多，壓力就不會太大。如果月付款增加的速度超過所得成長速度，債務其實在不斷增加。對國家而言也是一樣，當利率上升快過經濟成長率，意味著投資這個國家沒有報酬，也不可能期待赤字會緩和下來。這也是當前許多已開發國家所面臨到的環境。

## 激烈手段

> 我們對公債比率的研究結論是，許多工業化國家的財政道路其實難以為繼。必須採取激烈手段遏止當前和未來政府債務的快速增加，降低長期成長和貨幣穩定的負面因素。

**激烈手段**（drastic measures）一詞並非國際清算銀行報告中常見的用語，但如果看本報告中清晰且扼要地描繪出十二個國家的情況，那麼，用激烈手段一言以蔽之其實是相當貼切的。

作者一開始先研究政府財政赤字的成長和債務的成長。美國的財政赤字從2.8%（譯者按：占GDP比重，下同）暴增到今日的10.4%，2011年預算僅減少了1.3%。債務也會從GDP的62%破表（很貼切的形容）到2011年的100%（也許會晚一點）。作者毫不留情地在一開始就寫道：

> 公債政治因國而異。在某些國家曾經有過不愉快的經驗，因而節儉成性。然而其他國家，公部門揮霍無度是再尋常不過的事。近幾年來，很多地方都成功地進行整合以減少開支。但財

政的緊縮往往只是維持債務的穩定成長，而非大幅刪減。而且，從赤字到盈餘的過程中往往伴隨著名目利率下滑，經濟出現實質成長，或二者兼備。今天，利率降到跌無可跌，先進國家的經濟展望最多是溫和成長。**這告訴我們，問題在於債市不是會不會，而是不知何時會給政府施以壓力。**

在缺乏財政支持下，公債投資人什麼時候會要求更高的利率，以補償政府不斷融資發債以支撐日益膨脹的公共債務的風險？在某些債務狀況不穩定的國家中，高債務水平必然導致高利率，然後把債務推升到更高的水準，其後果就在前面不遠處。

當前許多工業國家面臨的財政問題必須儘快且果斷地處理。**如果不這麼做，中長期債券利率無預警飆升的可能性就會升高，如此一來會傷害經濟復甦的嫩芽。同時也會使得中央銀行控制物價的工作變得複雜，最終可能威脅到當前貨幣政策的可信度。**

當財政問題需要處理時，如何不嚴重危害剛剛復甦的經濟，考驗著財政部門的智慧。

記得羅格夫和萊茵哈特曾說過，當債務占GDP比重超過90%時，GDP便會減少1%。此份報告的作者和其他人則認為，可能是因為公共債務排擠了生產性的投資所致。

想像有一天，我們的債務比重在未來數年將確定占GDP的100%，特別是把州政府和地方政府一起算上時。如果經濟成長趨勢是每年成長3.5%，此時每年有個2.5%的成長就算不錯了。但是2.5%的成長並無法帶來完全就業，我們將會面臨長時間的高失業現象，不久後就會有約100萬人以上無法享有延長失業救濟。（譯者按：此處作者將經濟現象簡化，假設美國勞動人口有1億人，經濟成長少1%，失業即增加1%，也就是增加100萬失業人口。）

現在，政府的移轉性支出約占了家庭所得的20%，這項補助在未來一年即將失效，除非失業救濟從目前的九十九週再延長下去。國會目前對此方案興趣缺缺，這對消費支出而言將是無比艱鉅。

在英國，債務占GDP的比重從2007年的47%，到2011年成長1倍至94%，除非嚴格的財政預算方案，否則每年將會以10%的速度成長。希臘會從104%成長到130%，美國和英國正以不可思議的速度在追趕著。西班牙從42%升至74%，每年的成長速度「只」有5%，但經濟已陷入衰退，GDP縮水，失業率到達20%。葡萄牙呢？在未來二年會從71%成長到97%，葡萄牙經濟幾無可能從債務問題中成長。以上數據是參考各官方的預估，過去歷史均表明這種預估值多半太過保守。

日本在2011年底的債務比重將高達204%，並且每年以9%的速度在成長。這個國家幾乎已窮盡全國的儲蓄去購買政府債券，排擠掉具生產力的民間資金。萊茵哈特與羅格夫二位讀者們現在應該滿熟悉他們了吧！他們說明在一般的銀行危機發生之後的三年內，公共債務水平的絕對數字會暴漲86%以上，但許多嚴重的危機發生時，債務增加最高可達300%。如愛爾蘭光在五年之內債務就會成長達3倍之多。

國際清算銀行的報告寫道：

> 從對赤字和債務造成的影響來看，我們懷疑當前的狀況不僅僅屬於典型的危機。**原因是在多數國家中，就業和經濟成長在可見的未來不會回到危機前的水準**。因此失業和其他各類給付會持續支出好幾年，同時巨額的公共投資也會維持好幾年。
>
> 許多國家的潛在產出因危機發生而出現恆常性下降，意味著政府將遭遇長期的低稅收。2007至2009年，愛爾蘭、西班牙、美國、英國等政府稅收占GDP的比重分別下降到2%至4%。何時會翻轉向上很難預測。**經驗告訴我們，家庭的失業和企業的低雇用現象維持愈久，或者離開信用市場的時間愈長，經濟低迷的陰霾也就愈大。**

很清楚地，我們正位於美國、英國以及歐洲國家公共支出的分水嶺。由於金融海嘯，過去循環型復甦產生的稅收大增現象並未出現。經濟勢必需要更長的時間才能重獲動能，政府的國庫才能獲得挹注。

現在，我們可以跳過一些章節，來看看他們對債務預測的重點部分。



## 公共債務的未來走向

我們曾花了一些時間討論要把這篇報告的各章節做一個概括性的總結，或是直接引用原文。我們最後決定後者，因為國際清算銀行向來用詞保守，而且圖表最能表現其特性，我們希望讀者能直接體會他們的憂心。這是導致不同面向的已開發國家，卻同樣陷入絕境危機的核心問題，和全世界政治領袖自我感覺良好的體認大相逕庭。

> 我們將十二個主要工業國家（奧地利、法國、德國、希臘、愛爾蘭、義大利、日本、荷蘭、葡萄牙、西班牙，以及英國和美國）未來三十年的債務占GDP比重作了模擬預測。選擇三十年期是為了在不用作太強烈的財政政策假設下，突顯未來老年相關支出（age-related expenditure）所延伸出來的債務準備嚴重不足的問題（財政政策不太可能是穩定常數）。在基本情境中，我們假設政府總收入（total revenue）和非老年相關的一般性支出（non-age-related primary spending）和GDP的比例維持一個固定值，參考數字為2011年經濟合作暨開發組織（OECD）所公布的資料。而老年相關支出則參考美國國會預算辦公室（CBO）和歐盟委員會（European Commission）的預測，然後用模擬路徑描繪出未來三十年政府一般性總支出和財政收支餘額。整個模擬期間決定資金成本的實質利率是用1998至2007年的平均值，而實質GDP成長率則採用OECD在金融危機後的預估值。

在這裡，我們覺得有必要向讀者釐清實質（real）GDP和名目GDP之間的差異。**名目GDP**（nominal GDP）是以當時價格計算的GDP數字，例如$103。假設物價膨脹率是3%，實質GDP就是$100。政府常常試著經由創造物價膨脹來拉高成長率，因為物價和薪資都提高了，但那不是真的，只是通貨膨脹的幻覺而已。這也是為何經濟學家只會關心實質GDP，而非名目。實際情況會複雜一些，但大致的觀念如此。這讓所有的估計變得相當保守，而OECD所估計的就樂觀得多。如果他們用稍微不那麼樂觀的預估，同時考慮當前的歐債危機（我們打賭如果你在2011年以後讀到這篇文章，歐債危機仍會存在，而且變得更糟）[3]，以及未來數十年可能的衰退（未來的衰退在這種預測中永遠都被忽略），得出的結果可能會差很大。現在回到這篇報告。

## 債務模擬路徑

如前面所提到的，以下文字相當重要：

> 從這次的研究當中我們得出幾項結論。**第一，在基本情境中，除非財政政策出現大轉彎，或是老年相關支出被削減，否則常規性的赤字將急速上升。2020年，一般預算赤字占GDP的比重，愛爾蘭是13%，日本、西班牙、英國和美國將是8%至10%；**（噢！他們不認為當前美國行政機關採用的不切實際的假設會讓債務議題奇蹟般地消失）奧地利、德國、希臘、荷蘭和葡萄牙是3%至7%。只有義大利採行的措施讓赤字獲得控制——義大利在金融危機發生時幾近預算平衡，過去幾年也沒有實施什麼刺激方案。
>
> 然而，研究重點在於對債務的衝擊。結果（見**圖6.1**）顯示，在基本情境中，**日本債務占GDP超過300%，英國200%，比利時、法國、愛爾蘭、希臘、義大利和美國同為150%。**假設政策不改變，圖中線的斜率很明顯不穩定。這在我們以基本情境下模擬利率路徑相類似。**圖6.2**描繪出各國利息支出占GDP的比重。**目前大約在5%，三十年後全部都超過10%，英國更高達27%。**

[3] 國際清算銀行該篇報告是在2010年3月出版，文中作者們預測2011年歐債危機仍會存在而且更糟。事後看來這個預測準確無比！

看到現狀難以維持下去，各國開始著手財政整頓計畫。在美國，目標是將聯邦預算赤字占GDP的比重，在2015年以前從11%降到4%。在英國，整頓計畫期望在2010至2013年間，預算赤字每年減少GDP的1.3%。（見OECD報告，2009a）

為檢驗長期漸進式財政調整的意涵，我們假設從2012年起五年間，政府財政收支占GDP的比例每年改善1%，並以此模擬了未來的債務比例，結果也顯示於**圖6.1**（即「政策小幅逐漸改善」曲線）。相較於基本情境，小幅改善財政支出雖然減緩了債務累積速度，在部分主要工業國家未來十年內還是會面臨債務比例過高的問題。

這說明了當前熱烈討論的財政整頓措施，仍不足以保證未來數十年債務水準會回到比較合理的範圍之內。

在傳統削減開支和增加稅收方法之外，另一個財政整頓辦法是改變尚未實現的承諾，這裡的意思是在政治上施行削減老年給付的動作。在這種可能性下，我們建構了第三種模擬情境，除了上面的財政整頓措施之外，加上凍結老年給付支出占GDP比例在2011年的水準。**圖6.1**（即「政策小幅逐漸改善加上控制老年相關支出」曲線）顯示了這種極嚴苛政策下的結果，在這樣的條件下，結果並不令人意外，各國先前高漲的債務／GDP比例，奧地利、德國和荷蘭開始向下反轉；其他部分國家債務累積也獲得了明顯的控制。有趣的是，**即使這樣的猛藥，在法國、愛爾蘭、英國和美國依然沒有辦法讓債務獲得良好的控制。**

許多國家包括美國，都應該開始思考這些曲線代表的意義，我們根本無法應付社會福利支出的成長。特別是美國，即使在嚴苛的成本削減估算下，債務占GDP比例在未來三十年間還是會成長到200%。這說明了我們社會福利計畫失控的程度難以想像，而且在可見的未來見不到改革的願景。如果美國的國家政策最終仍決定維持這些社福支出，最可能的結果就是大幅提高增值稅，以彌補所需的支出。但這就會讓成長更加緩慢。

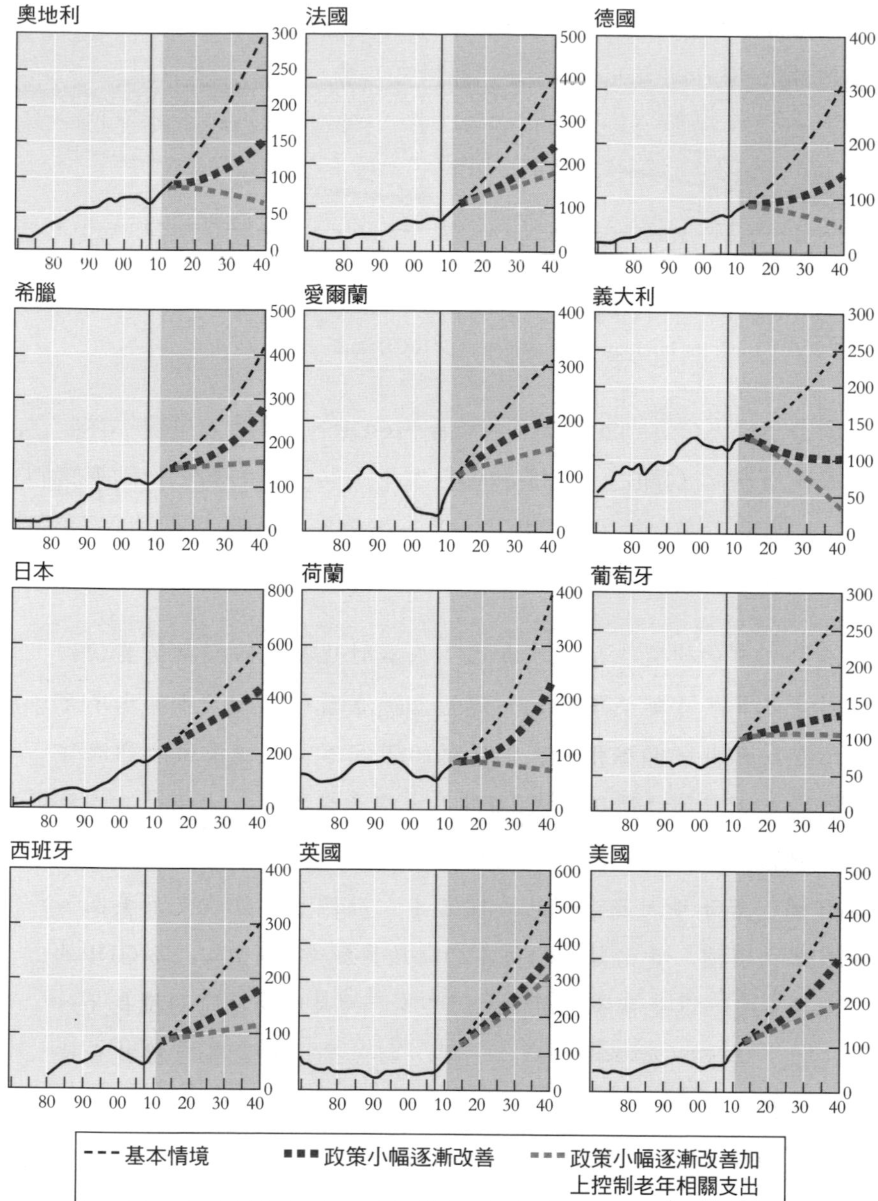


**圖6.1　公共債務／GDP的模擬**

資料來源：Bank for International Settlements.

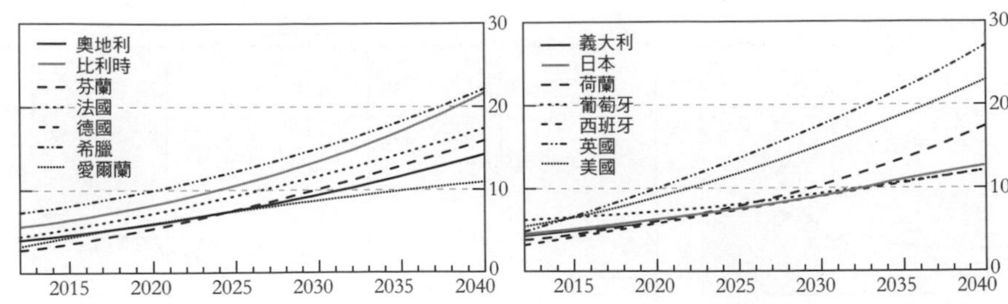


**圖6.2　利息支出／GDP的模擬**

資料來源：Bank for International Settlements, OECD, authors' projections.

債券市場不會等到2020年利息支出占GDP的10%才會驚覺，在此之前恐怕早已反應。（**圖6.2**）這是一張根本不應該出現的圖，我們應該捫心自問，一旦財政赤字失去控制會是一番什麼景象。國際清算銀行的報告這麼寫的：

> 這些所有的研究在問我們自己：基本財政收支餘額應該要回到什麼水準，才能使債務比例回到金融海嘯前，2007年的水準？當然，那些一開始債務比例就低的國家不需要這麼做，然而這仍是一個有趣的問題。**表6.1**計算出在未來五年、十年、二十年要讓債務比例回到2007年的前提下，平均每年的財政預算盈餘目標。若五年內要達成此目標需要大幅調整財政收支，美國、日本、英國、愛爾蘭平均每年的財政盈餘要有8%至12% GDP的水準才行，其他國家大約在5%至7%。如果傾向把時間拉長（好比二十年），調整幅度和緩一些，每年的財政盈餘目標就會降低，但代價是政府的高負債比曝露在短期和中期風險中。

你能想像美國可能會有GDP 2.4%的預算盈餘嗎？一年要3,500億美元？這相當於將目前的預算幅度擺盪在足足有GDP 12%的區間。[4]

[4] 這是指目前美國預算赤字約占GDP的9.3%，意欲回到GDP2.4%的盈餘，等於是增加將近12% 的GDP水準。

**表6.1 欲使政府債務／GDP比例回到2007年，平均每年基本財政收支餘額占GDP的比例**

| | 未來五年內 | 未來十年內 | 未來二十年內 | 2011年基本財政收支餘額（預估值） |
|---|---|---|---|---|
| 奧地利 | 5.1% | 3.0% | 2.0% | -2.9% |
| 法國 | 7.3 | 4.3 | 2.8 | -5.1 |
| 德國 | 5.5 | 3.5 | 2.4 | -2.0 |
| 希臘 | 5.4 | 2.8 | 1.5 | -5.3 |
| 愛爾蘭 | 11.8 | 5.4 | 2.2 | -9.2 |
| 義大利 | 5.1 | 3.4 | 2.5 | 0.0 |
| 日本 | 10.1 | 6.4 | 4.5 | -8.0 |
| 荷蘭 | 6.7 | 3.7 | 2.3 | -3.4 |
| 葡萄牙 | 5.7 | 3.1 | 1.8 | -4.4 |
| 西班牙 | 6.1 | 2.9 | 1.3 | -6.6 |
| 英國 | 10.6 | 5.8 | 3.5 | -9.0 |
| 美國 | 8.1 | 4.3 | 2.4 | -7.1 |

資料來源：Bank for International Settlements, OECD, authors' calculations.

現在，我們回到該報告討論財政赤字風險的問題。同時，我們也該注意有二十五至二十七個歐洲國家赤字高於GDP 3%的現況。愛爾蘭赤字為14.3%、葡萄牙將近10%、希臘將近14%。

**圖6.3**為各國財政赤字的狀況。注意法國已超過8%，整個歐元區站上6%。我們稍後會討論其中的含義。

> **第一項風險**絕對是利率上揚，也就是本報告作者所稱「增加風險溢酬」（increased risk premia）。就本質上來說，投資人因為風險升高而要求較高的報酬。2010年5月希臘的五年期債券利率是15%，現在應該會更高，但十年期債券的殖利率仍維持在10%。如果利率在一年間暴漲4倍到10%至15%，希臘根本不可能解決他們的債務問題。不僅如此，歐洲周邊國家的利率也上漲了。像愛爾蘭和西班牙，只要歐洲央行（European Central Bank）不介入提供協助，他們的債券利率就會不斷上升。

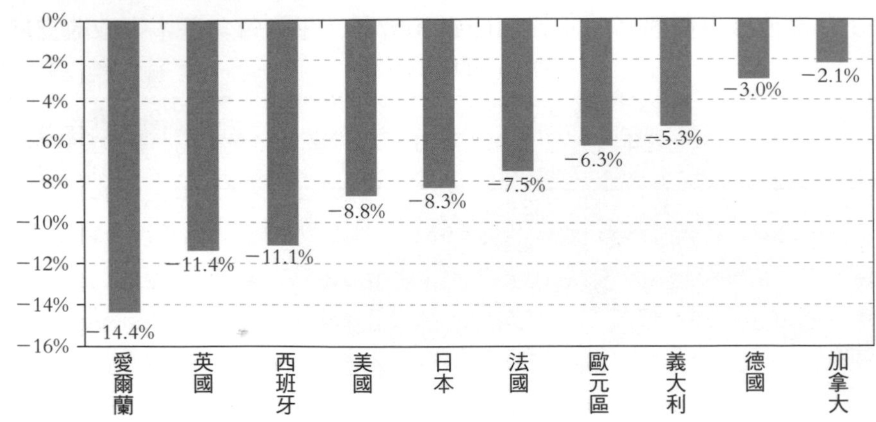


**圖6.3　政府赤字／盈餘占GDP比重**

資料來源：Bloomberg, Variant Perception.



第二項風險是高公共負債比將伴隨著一段長時間的低經濟成長。公共債務愈高，意味著更大部分的社會資源將長久支應債務需要。如果政府要維持既有的公共服務和相關支出水平，勢必得增稅以因應債務增加。稅負會扭曲資源配置，也會造成更低的經濟成長。在某些國家的稅制之下，再增稅恐怕也不會增加更多的收入。

稅負的扭曲效果通常會因排擠生產性的私人資本而進一步被放大。在一個封閉的經濟體系中，高公共債務比重最終將吸走國家的財富，推升實質利率，導致私人資本存量進一步下降。

這不止是降低生產力，新資本代表著較高生產力，資本累積速度的下降會導致經濟成長的持續放緩。在一個開放的經濟體系中，只要投資人保持對該國償債能力的信心，國際資本市場便能夠讓這種效果和緩一些。但是，即使私人資本沒有被排擠，大量向外借貸也會使國內所得減少，因為必須付給外國人利息，擴大了國內生產毛額（GDP）和國民生產毛額（GNP）之間的差距。

這與羅格夫和萊茵哈特的研究不謀而合，他們認為當政府債務達到GDP的100%時，GDP的成長率會減少1%。前面曾提到，政府債務和支出並不具有生產力，但私人資本有，如果政府債務排擠掉私人投資，成長必然下降，這在羅格夫和萊茵哈特的研究中早已清楚表明。

最後，該報告作者們特別提醒，政府企圖用增加赤字抵消危機的風險。如果政府打定主意要採用大量赤字及高負債，其結果是，財政政策將完全沒有效果。

## 中央銀行的挑戰

該報告作者們同時也擔心一個實質的問題：如果政府沒有進行財政緊縮的意圖，中央銀行將面臨蠢蠢欲動的通脹預期。就算這種意圖並不明顯，貨幣政策都有可能失去效果。

換句話說，如果美國政府不處理赤字問題，無論聯準會多麼想在這場危機當中盡一己之力，結果也可能只是做白工。該報告寫道：

> 公共債務引發通貨膨脹的第二項理由在於，貨幣政策制訂者往往基於政治和經濟的壓力，將政策引導向通貨膨脹以稀釋債券的實際價值。這樣會造成舉更多的債務、更長的平均期限（maturity）、更高的本國貨幣債務比重，以及更多的外國人持有。而且，短期忍受高通膨也有其誘因，因為稅收和移轉性支出是以名目現金流量計算，政策制訂者認為社會福利能夠幫到家庭和企業降低其實質的槓桿程度。**然而要強調的是，製造無預期的通貨膨脹幾乎肯定會造成長久性的高實質利率（以及長期高通膨所帶來的其他機制的扭曲）。**

在墨爾丁最近和理查・費雪（Richard Fisher，美國達拉斯聯邦準備銀行主席）的對談中，指出目前的聯準會領導階層心知肚明不能濫印鈔票。那國際清算銀行所指的政策導向通貨膨脹時，說的又是誰？

先映入腦中的是英格蘭銀行，過去二年通膨的確突然增加（不是英格蘭銀行的通膨預期錯誤，就是它們對此感覺良好）；日本央行；還有一些比較小的歐洲央行也是。這些國家不大在乎貨幣貶值，特別是歐元持續下跌。國際清算銀行指出，誘惑太大了。但是天下沒有白吃的午餐，這種事會失控，結果不是以淚眼收場，就是出現另一個保羅・沃克爾（Paul Volcker，前美聯儲主席）把經濟扳回嚴重的衰退。我們認為上面文字的最後一句話是警告這種政策會讓國家走向末日，甚至發生更可怕的惡夢。

現在我們來看看本報告的結論：

> 我們對未來公共債務的研究有以下幾項結論。第一，工業國家面對的財政問題遠比官方所宣稱的債務數字來得嚴重，並且隱含金融危機和財政收支的衰退。**更可怕的是，想想一旦公共債務占GDP比重超過100%，同時人口老年化危機升高，隱含債務的準備不足（unfunded liabilities）[5]日益擴大，應是目前長期財政規劃的核心問題。**
>
> **政府應該認清，別因為輕易可以融通赤字而洋洋得意。**在金融危機發生之後，產出都可能長期低於我們數年前認為應有的水準。因此，政府稅收將下降，支出將會增加，財政整頓將更加困難。**除非在財政政策上採取必要措施以維持其可持續性，否則資金成本恐怕會突然且急速飆升。**
>
> 第二，巨額的公共債務對於金融和實質生產面均會造成重大的影響。近期幾個工業國家長期債券風險溢酬的飆升，顯示出市**場不再認為主權債務是低成本的投資。**一些證據顯示，違約風險溢酬隨著債務（占GDP比重）水準升高而上升，隨著稅收（占GDP比重）和私人儲蓄的增加而下降。**財政狀況較弱以及高度依賴外國投資人融通赤字的國家，一般來說債務都會有較**

[5] 債務的準備不足通常是指未來退休金給付高於現在的提存，這個差距是未來才會發生的潛在債務。

大的利差（spread）[6]。這種市場的差異性是金融體系的一項特性，但也會讓財政疲弱的政府比原先預期的更早走回財政正軌。

第三，長期處於高公共債務水平的風險將會拖累資本累積、生產力增加，以及長期潛在的經濟成長。雖然沒有太多直接證據可供佐證，但近期研究顯示，公共債務和經濟成長間存有非線性（non-linear）關係，意思是當債務占GDP比重增加，像是接近100%時，對生產會產生負面的效果。（Reinhart and Rogoff, 2009b）

**最後，即將面臨的長期財政失衡對於未來貨幣穩定的前景構成極大的風險。**我們曾描述不穩定的債務情勢導致高通貨膨脹的兩種途徑：債務直接貨幣化（即貨幣貶值），以及降低政府債務的實際價值。以目前法人機構對貨幣政策的假定，上述兩種風險顯然還在控制當中，至少目前是如此。

如何解決財政危機，又不致於嚴重危害經濟復甦的嫩芽，是政策制訂者的重要挑戰。**雖然無法提供做法上的建議，但我們相信任何財政整頓計畫應該包括降低未來債務準備不足的可行辦法。**這些（社會福利）計畫的改革能讓政府在經濟復甦之前增加特別支出的空間，並改善短期財政負擔。處理這種未來債務一項重要原則是：任何影響今日儲蓄行為的潛在負面因素都應該降至最低。從這個觀點來看，延長退休年齡是比削減福利或增稅還要好一點的辦法。確實，它甚至會增加一點消費〔參見Burrell 等人（2009）針對英國所做的研究〕。

---

[6] 利差是指特定債務利率和同期間無風險債券利率之間的差距。過去市場大多是以美國公債殖利率為無風險債券利率，因此特定債券利率和美國公債殖利率之間的差距，代表特定債券多承受的違約風險。

## 危機真的會爆！

有一項沒人提及的風險是這些國家的外國投資者與其債務展延問題。意思是當債券到期時，你得發行新的債券替代原先的舊債券。如果原先舊債券的買家想把錢投資在別處，或只是不想再承擔你的債券風險，你就要另外找人買新債券才行。希臘很快就有一批債券到期，不只是新債，他們還需要一批人買他們的舊債。這就是為何希臘需要龐大資金的原因。

但這不只是希臘所面臨的問題而已，西班牙債務的45%是非西班牙人持有，2010年他們需要1,900億歐元去展延舊債和發新債，這比葡萄牙全國的GDP還高。西班牙無法從國內籌到資金，但是如果外國投資者不認為西班牙將執行嚴苛的撙節方案，這900億（譯者按：大約是1,900億的45%）從何而來？

聽聽前歐洲央行行長特里謝（Jean-Claude Trichet）[7]的說法：

> 就財政政策而言，我們呼籲各國政府採取行動，達成一個長久且可信的公共財政的整頓措施。最新的資料顯示，財政嚴重失衡的解決辦法一般都基於當下加緊腳步努力執行。財政整頓需要每年進行結構調整，其程度遠高於「穩定與增長公約」[8]所訂的每年GDP 0.5%的最低要求。
>
> 財政改革時間拖得愈長，需要調整的幅度也就愈大，同時國家

[7] 特里謝為歐洲央行的第二任行長，於2011年11月卸任。現任行長為德拉吉（Mario Draghi）。

[8]「穩定與增長公約」是歐元區為了保證歐元的穩定，防止通貨膨脹而制定的。1997年6月17日在阿姆斯特丹首腦會議上通過，規定歐元區各國政府的財政赤字不得超過當年GDP的3%、公共債務不得超過GDP的60%。一國財政赤字若連續三年超過該國GDP的3%，將被處以最高相當於其GDP 0.5%的罰款。然而因經濟情勢丕變，多數國家均難以達成目標，公約的罰則形同具文。2011年9月因應歐債危機，歐盟財長會議修改部分條款，以增加金融穩定基金EFSF的靈活性，並對於不遵守「公約」的國家做出嚴厲懲罰。

聲譽和信心流失的風險也愈高。早期且全面、快速實行整頓計畫，結合支出面及結構調整，將會強化公眾重拾對政府公共融資能力的信心，減少利率的風險溢酬，以及支持可持續性的成長[2]。

特里謝主張嚴格的撙節方案，而不是一般小規模的刪減。這也是問題的核心，**圖6.3**描繪一些國家的財政赤字，如果真的嚴格執行撙節方案，許多國家將被推進到衰退的境地，其他國家的成長也會大幅減少，像希臘就只能陷入所謂的蕭條（depression）了。

本書出版之時，整個歐元區若沒有進入衰退的第二階段，就有可能淪入另一種嚴重的衰退之中。一個接著一個的國家必須說服外國投資者去買他們的債券，但如果他們真的削減赤字，GDP就會下降；諷刺的是，如此一來債務占GDP比重反而上升，投資人會要求更高的利率，而這些情況將變成一種惡性循環。

再引用一次萊茵哈特和羅格夫的話：「高負債的政府、銀行，或企業看起來能一直這樣運作下去，一旦突然『爆』了——信心崩潰、金主四散、危機將隨之而來。」[3]

## 中央政府Hold不住

主權債券（sovereign debt）不久前還是銀行良好的投資標的，借便宜的資金，用一些槓桿，就能穩賺很好的利差。現在這再也不是個好主意了，整個歐洲的信用利差都在擴大，歐洲邊緣國家的利率都在上揚。

我們再次發現自己從明斯基旅程（Minsky journey）[9]，朝向一個痛

---

[9] 明斯基旅程是由PIMCO前執行董事保羅．麥卡利（Paul McCulley）引用著名經濟學家海曼．明斯基的理論加以說明。該文描述明斯基著名的金融不穩定理論，該理論將經濟單元根據收入－債務關係，清晰地分為三種不同的類型，分別是對沖型、投機型和龐氏型。

苦的明斯基時刻（Minsky moment）[10]。海曼・明斯基（Hyman Minsky）教導我們穩定本身會孕育不穩定。愈多的事情看起來一樣，我們就愈覺得自滿，直到「爆」掉！我們已進入明斯基時刻。我們一直以為這次不一樣，但這次從來沒有不一樣。

明斯基旅程是形容投資行為從避險型、套利型，最後到龐氏型的過程。避險型投資行為可以自籌所需資金；套利型僅就利息部分進行收付；龐氏型唯有在投資標的價且上漲時才還得起債。旅程的結局永遠是動盪和劇烈波動的明斯基時刻。

我們在2008年曾經歷過明斯基旅程和明斯基時刻，當時全球金融體系幾近崩潰。沒有人要買美國房地產抵押債（mortgage debt），每一家金融機構都在擔心其他銀行的資產負債表有沒有問題。銀行間拆款市場完全凍結。

希臘正處於其融資的龐氏過程，如同約翰・海斯曼（John Hussman）[11]所言，當展延債務利率高達15%時，基本上你的國家是不可能會成長的，也不可能付得起債務本息。這樣，當金融市場遠離，明斯基時刻來臨，「轟」！

海斯曼的信中寫道：

> 希臘的根本問題在於沒有足夠的經濟成長，大量的（財政）赤字（約占GDP的14%），既有債務（占GDP 120%）成為沉重的負擔，加上高利率（約8%），應付的幣別又無法貶值。這違反

[10] 明斯基時刻是一種經濟現象，來自於著名經濟學家海曼・明斯基的理論。大意是說，在繁榮的時期往往會導致大量的套利和借貸，一旦高負債投資人要將資產變現以還債，市場買家反而不會開高價購買，因為大家都知道此時負債者有資金需求，所以只會開低價買進，這樣負債者無法籌到足夠的資金，就必須賣出其他資產，形成惡性循環。最後導致市場甚至急凍，完全失去流動性。

[11] 約翰・海斯曼為美國股市分析師及共同基金創辦人，曾任密西根大學經濟及國際金融教授。他大力批評美國政府及聯準會放任債務擴張及實施印鈔政策。

了經濟學家所謂的「邊界性」（transversality）[12]或「非龐氏」情境。為了債務償還的可靠性，債券必須要有一個明確的現值（技術上來說，如果你看得夠長遠，希臘未來債務的現值應該為零）。

缺乏邊界性條件（transversality condition），有價證券的價格變得可以隨投資人所好。然而無論價格是多麼任人決定，投資人在一段時間內總可以讓資產上升，但價格卻會因為實際支付現金而逐漸減少。有時候，握有資產的唯一原因是期望可以把它賣給別人，即使得到的款項無法與價格等值。

除非希臘實行大規模的財政撙節，否則它的債務增加的速度將比投資人用來計算現值使用的折現利率還快。而且，短期紓困希臘必須改變遊戲規則，允許超過馬斯垂克條約協議下的預算赤字比例。[4]

如果希臘有進一步的問題，市場就會開始關注西班牙（以及葡萄牙和愛爾蘭）。西班牙若要繼續在市場上融資，市場必須相信他們將致力於撙節方案。因為他們需要大量的外國資金，時間可能比我們想像得要快，因為債務展延風險相當大。如果西班牙倒了，誰是下一個？

## 誰來認賠？

是有一些國家憑一己之力走出困境，同時避免債務違約的例子。但是在這些例子中，總會出現貨幣貶值和高通膨，但歐元區國家無法讓它們的貨幣貶值。整個歐洲的風險在於，撙節方案會造成通貨緊縮，這會使債務負擔的壓力更大。

債務大到無法承受之後的問題就是，有人得出來承擔損失。摩根史丹

[12] 邊界性或稱邊界性條件，是研究動態經濟模型的一個假設條件。簡單來說是描述無限期的狀況，以確保到無限期時，債券能完全清償。希臘面臨的問題讓它已不可能清償其債務，因此違反了邊界性條件。

利（Morgan Stanley）證券的阿諾・馬烈斯（Arnaud Marès）對此問題作了很好的註解：

> 債務占GDP比重都是事後得知，往往大幅低估了先進國家面臨的財政挑戰。在目前的政策下，大多數的政府均已進入負資產（negative equity）[13]的現象。
>
> 在我們看來，這意思就是政府要把虧損由一些股東來承擔。問題不在於他們會不會違背承諾，而是他們要違背哪一些承諾，以及要用哪一種型式違約。
>
> 自大蕭條至今，主權（及銀行）的優先無擔保債券持有人是唯一受到完全保護，沒有承擔損失的一批人。
>
> 假設這種現象會永遠下去就太過樂觀了。目前債券持有人和其他政府既得利益者之間的衝突勝過以往所有時刻，而且和具影響力的政治人物之間的利益也擺不平。[5]

本報告的作者特別標示出，大多數的國家將義務交由國內退休和年老的公民承擔。當然，政府可以刪減社會福利或醫療保險，以及減少未來的給付義務，但在政治上卻很難行得通。困難在於每個國家都走向高齡化，每個選民也總有一天變老。**圖6.4**摘自該篇報告，在美國和歐洲，2020年老人選民就會成為選票的主力。政治上，政府調整退休和醫療給付的時間已經不多。

如果政府不能違背對年長者的承諾，也無法還得起債，那他們該怎麼辦？馬烈斯提到，有一個為人熟知的政府做法，稱作「**金融抑制**」（financial oppression）：

> 有一個違約以外的選項：「金融抑制」（將債權人的實質報酬率強制訂為負或是非常低），在歷史上的類似情況被多次使

---

[13] 正常情況下，一個企業的資產價值會高於負債，差額即為股東權益。負資產的意思是資產價值低於負債，股東權益成為負值，形同破產。

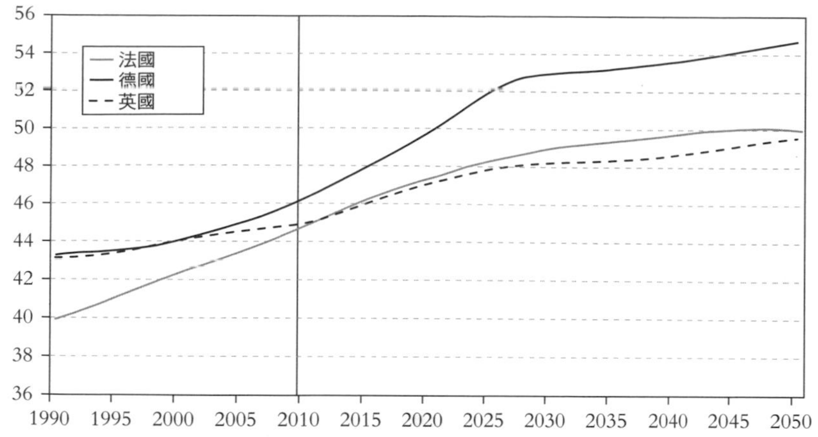


**圖6.4　選民年齡的中位數**

註：基於最近一次國會選舉，假設每個年齡層的投票率穩定不變。
資料來源：UN, Bundeswahlleiter, INSEE, Ipsos-Mori, Morgan Stanley Research.

用。

投資人應準備面對金融抑制，在難以達到目前的殖利率的報酬水準下，這是可能出現的威脅。

金融抑制在過去被一些視為主權債務零缺點的國家拿來作為替代違約的方案。例如羅斯福總統在1934年廢止了債券合約當中的黃金條款；1946至1947年間，英國財政大臣休・道頓（Hugh Dalton）發行了無到期日，利率低到2.5%的永久債券（perpetual debt）[14]；戰後通膨時期，特別是（兩次大戰後的）法國、英國和（第二次大戰後的）美國。每當對政府有限資源的需求過高，和當權者的政治勢力出現衝突時就會看到。[6]

目前，我們看到一些金融抑制的跡象在已開發國家當中出現。在美國、英國及歐洲，政府開始強迫社會安全基金只能買政府債券。

[14] 永久債券也稱為無限期債券，是指沒有到期日，債權人也不能要求收回本金，但可永久按期獲得利息的一種債券。

例如在美國，社會安全信託基金歸財政部管理，而財政部為此特別發行一種所謂的債券，而稱它為債券其實不太對，因為它只算是借據。信託基金買了這種債券，卻不能賣給其他人，只能賣給財政部。真正的債券是能在公開市場上交易的，但這種發行給社會安全信託基金的債券卻不能在市場上販售，只能由美國政府買回。即使財政部收到這些錢，也只是列為稅收而非聯邦赤字，而這掩飾了問題的嚴重性。

在日本，政府控制的機構長期以來大量買進政府債券（JGBs）。前三大的債券持有者為日本郵政銀行（Japan Post Bank）、日本郵政保險（Japan Post Insurance），以及政府退休投資基金（Government Pension Investment Fund, GPIF）。然而，這些被如此濫用在買公債上的公共資產是有限的。日本郵政保險已不大可能再買，因為在當前日本的人口結構下，以及日本債券年復一年幾乎是零成長的情況下，保險準備金已逐漸下降。在未來不知何時，不會再有傻子去買政府債券。

唯一可確定的是，我們將會看到金融抑制的出現，但在此之前，會看到愈來愈多的赤字貨幣化，以及經由通膨降低未來債務的價值。而這絕對不會是好事。

CHAPTER 7

# 通貨緊縮的元素

> 如果美國人民一旦讓銀行控制貨幣發行，銀行就會以一次又一次的通貨膨脹和通貨緊縮來剝奪人民的資產，直到他們的子孫有一天醒來發現無家可歸為止。
>
> ——湯瑪斯・傑佛遜（Thomas Jefferson）
>
> 美國獨立宣言起草人之一，為美國第三任總統

有鑑於目前全球債務水平之高，以及政府進行大量支出，現在出現了一個重要的問題：我們會不會面臨通貨膨脹或通貨緊縮。簡單回答這個問題，就是：Yes。

幾乎不必作深入的研究就可以知道，多數已開發國家有可能兩個問題都會面臨到，所以關鍵應該是釐清它們先來後到的順序。接下來的兩章我們會先看通貨緊縮，再看通貨膨脹（以及惡性通貨膨脹！）。我們將會探討這兩種經濟現象發生的原因。

通貨緊縮的正統定義是：一般物價水準在一段期間內實際下跌，並且以經濟環境的總合需求不足為其特徵。

美國、英國、日本和歐洲周邊國家正因為大量的借貸和濫發鈔票，同時經歷著強大的通貨緊縮力量。當整個國家的資產價格泡沫破滅之後，大部分私人企業留下了負債大於資產的報表，造成了典型的資產負債表衰退。為了因應這項變化，中央銀行和財政當局同時大幅膨脹其資產負債表與支出，以填補私人部門的撙節。即便如此，他們也只是減緩了去槓桿化（deleveraging）和通膨下降（disinflation）的速度而已，然而我們將看到

情勢可能會改觀。

## 拼湊大趨勢

我（墨爾丁）喜歡各種各樣的智力遊戲，特別是拼圖。我喜歡分析這些小圖塊怎麼拼在一起，並且看著整個圖拼起來，也曾花了很多時間趴在桌上找尋那關鍵的一塊拼圖。

也許這可以解釋為何我對經濟學和投資如此著迷，因為沒有更複雜的難題可以比得上（也許除了神學的難題和女人的心思之外，但這兩項我都沒轍）。

經濟拼圖的問題在於，每一片拼圖的形狀都可以因其他拼圖的變化而跟著改變。我們經常發現把兩片拼起來之後，其他你以為早已拼好的部分竟也跟著出現變化，當然這也讓他們相鄰的拼圖再出現變化。突然間，你整個經濟版圖已不像真實的世界[1]。

經濟拼圖有兩種主要的類型。

第一種是趨勢性的，本身不會改變，要改變速度也相當緩慢，但會讓每一片碰上他們的拼圖跟著改變形狀，因為趨勢的力量相當強大。長時間的人口結構改變和科技進步是這種類型拼圖的例證。

第二種我稱之為平衡型，這種型態並不必然發生，然而一旦發生就代表重大的含義。如果你在拼圖中放進這樣一片，它就會改變周遭所有拼圖的形狀。在經濟大趨勢的拼圖中，平衡型會以低調的方式改變其他拼圖的形狀。

通貨緊縮和通貨膨脹是屬於第二種，他們幾乎改變了所有變數的行為模式。

通貨緊縮和通貨膨脹是一體的兩面，有些人會因而受惠，其他人則受害，中間沒有灰色地帶。溫和的通貨膨脹對借款人有利但會傷害債權人，而溫和的通貨緊縮則傷害了借款人有利債權人（高通膨和高通縮會傷

---

[1] 原註：這個比喻解釋為何數學模型對變數作了假設之後可以運作，只是模型的結論和真實世界脫節，因為真實世界是由動態和非靜態變數所組成的。

害所有人，因為沒有人要借款或放款）。因為通貨膨脹吃掉債務價值，等於是懲罰存款者和放款者；然而，當通貨緊縮發生，人們會改變其消費、存錢、投資和生活方式。

如果你是聯準會主席，你會被帶到密室做基因改造，讓你先天上就反對通貨緊縮。通縮是經濟遊戲規則中主要的變數。

通縮有兩種：好的通縮和壞的通縮。因為生產力增加而形成好的通縮是比較受歡迎的。在1800年代末期，美國經歷過將近三十年的通貨緊縮，起因於農業生產的改良（像是麥克米克割稻機），以及生產者將產品經由鐵路運往市場。事實上，當時建了太多的鐵路，許多鐵路工程公司都倒閉了。就像是近期光纖網路的建造一樣，鐵路的運量大增，運費大跌。對公司股東來說是糟糕透頂，但對消費者而言卻不賴。當時是經濟快速成長的時代。

我們都能直覺地理解好的通貨緊縮，因為我們才經歷過科技時代，電腦價格逐漸下跌是正常現象，即使品質不斷上升也是一樣。說實在的，如果我們手中的iPad在未來十年功能大幅精進但售價沒有下降，反而會讓人覺得奇怪。這就是大家都能接受的通貨緊縮。事實上，任何產業的生產力上升都會使價格下跌。

即使1800年代末期的好通縮沒有帶來什麼大問題，仍有許多農夫身受價格下跌之害，造成了不小的社會動盪。他們貸款買地，借錢買種子和機具，我們知道通縮對放款人有利，對借款人不利。價格下跌，但要還的債還是不變，這成了農人的夢魘。毫不意外地，因為通縮，19世紀的最後三十年，金權政治的代表，總統候選人威廉‧堅尼斯‧布萊恩（William Jennings Bryan）甚至建議更激進的通貨膨脹政策，以取代硬性的金本位制。

壞的通貨緊縮是來自定價能力下滑及最終需求低迷。它對雇主和員工的所得都是威脅，企業家增加產能和就業都是無用的。這就是大蕭條時所看到的現象，當時物價下跌25%；同時日本1989年泡沫破滅後也有這樣的現象。一旦通縮循環啟動，人們對持續通縮形成預期心理，預期物價會不斷走跌。因為商品價格會下降，延遲支出更顯得具有誘因。

我們大多數的成長經驗都是通貨膨脹，許多人都曾親眼見過1970年代猖獗的通貨膨脹問題，通貨緊縮的威脅對大多數的讀者來說都很新鮮。但是通縮的風險是真實的，並且難以消除。美國目前的失業率在10%上下[2]（歐洲也相當高），幾乎是過去二十年平均的2倍，產能利用率也在相當低的水準。經濟看起來開始好轉，但二次衰退或經濟再度探底很容易讓物價出現負成長，啟動了通縮循環，我們都會身受通縮之苦。

現在的物價膨脹率已經非常低了，我們如果在2011年或稍晚面臨二次衰退，就很有機會進入通縮，因此我們必須要開始認識它。

## 通貨緊縮的元素：通縮看起來像什麼？

每個學生都知道水是由兩種基本元素：氫和氧，以非常簡單的比例所構成，也就是我們熟知的$H_2O$。同樣地，通縮也有其組成元素，我們下面一一介紹（沒有先後順序）。

### 超額產能及失業

第一，通縮會發生是因為經濟出現嚴重的停滯，大量閒置產能出現。當你的競爭對手也有過多的產能時，就會把價格儘量壓低只求賣得出去，即使蠅頭小利也行，這樣產品就失去了定價權。目前全世界被過多的產能淹沒，最終經濟不是再次成長以消化這些產能，就是企業經由破產、減產（裁員），或是直接退出這個行業重新啟動。當經濟體有閒置產能時，長期的高失業率就會發生。這會減少最終需求，因為人們沒有錢去買東西。

**圖7.1**顯示，即使在雷曼兄弟破產後的低點，經濟出現強勁的反彈，產能利用率仍然低於過去的衰退時期的水準。

**圖7.2**顯示，美國和歐洲的失業率在2009年均接近10%。

[2] 2009年美國失業率一度接近10%，2012年底則略降為7.8%，2013年底約為7.39%。

**圖7.1　美國和歐盟的產能利用率**

資料來源：Bloomberg, Variant Perception.

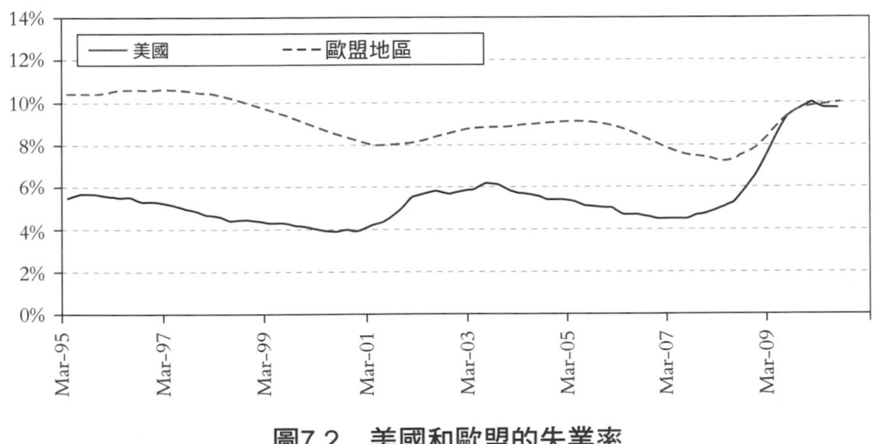


**圖7.2　美國和歐盟的失業率**

資料來源：Bloomberg, Variant Perception.



## 負向的財富效果

通貨緊縮通常和大量的財富減損有關，2007年的市場下跌說明了這個元素的存在。許多國家的房屋價格下跌，除了少數地區如加拿大和澳洲（也許它們也有房市泡沫！），數兆美元的財富就此蒸發無法運用。同樣地，已開發國家進入熊市也讓股票憑空消失數兆美元的價值，導致消費者開始增加儲蓄，特別是那些接近退休的一批人，試圖去修補殘破不堪的資產負債表。

增加儲蓄對個人而言並不壞，但它卻陷入了凱因斯所謂的節儉的矛盾❸。意思是，當每個人都做對個人有利的儲蓄時，整體的消費支出卻下降了。消費支出的減少（或用經濟學上的名詞，最終需求的減少）意味著企業的議價能力降低，形成另一種形式的通貨緊縮。

## 房屋價格崩盤

房價下跌和疲弱的房市是通縮的一個重要元素。不只在美國，多數的歐洲國家也身受不動產危機之害。日本的一些城市，不動產的名目價格相較1989年下跌了90%，這也是他們陷入長達二十年的就業零成長，名目GDP仍停留在十七年前的原因。

## 去槓桿化

通縮的另一個元素是信用危機導致的大量去槓桿化。不止是消費者和企業減少他們的債務，銀行也減少放款。銀行的損失金額（目前看到的最新數據）超過2兆美元，並且還在上升當中。通貨緊縮導致違約、破產和重整，最後形成金融災難。通縮也造成抵押資產的名目價值下降，減少了企業信用額度，迫使企業在價格下跌時還得變賣資產求現。

順便一提，歐洲銀行的壓力測試其實是個笑話。他們假設沒有主權債務違約發生，顯然地，希臘已無法償還其債務並不在他們的思考範圍內。這個測試還有其他的缺陷，但這是最明顯的。除非歐洲央行出面買下銀行所有的主權債，清空他們的資產負債表，否則歐洲銀行仍坐立難安。

艾文・費雪（Irving Fisher），偉大的古典經濟學家，告訴我們所謂的**債務通縮**（debt deflation）是指，當市場上每個人都要減債，整個債市就會出現災難性的賣壓。銀行的放款被大量償還，貨幣供給因而收縮。

---

❸有關節儉的矛盾請見本書第三章譯者註釋⓫，見第81頁。

同時資產價格也會下跌，公司淨值可能會跌得更多，還有破產、利潤下滑、產出、貿易、就業同步減少。然後就是信心喪失、大量存錢、名目利率下滑但通縮調整後（deflation-adjusted）的實質利率上升[4]。這會是一個自我實現的過程，通縮變成了惡性循環。

### 貨幣和放款體系的崩潰

當貨幣供給隨著貨幣流速的放緩而下降，就會造成嚴重的通貨緊縮問題。不止在美國，全球的貨幣增長幾近於零（見**圖7.3**）。通縮壓力在已開發國家已是普遍現象（除了英國，他們的通膨問題仍然存在）。

### 政府撙節開支

本書前面章節曾提到，短期內政府削減支出（像是美國的地方政

**圖7.3　美國和歐盟廣義的貨幣成長率**

資料來源：Bloomberg, Variant Perception.

---

[4] 一般的觀念為：名目利率=物價年增率+實質利率。例如名目利率為3%，物價年增率為2%，實質利率即為3%-2%=1%。若在通縮環境下，物價年增率為負值，即使降低名目利率，實質利率反而有可能會上升。如上例，若物價年增率為-2%，名目利率由3%降為1%，但此時實質利率反而為1%-(2%)=3%，較原先為高，對存款者更有吸引力。

府、州政府、聯邦政府）將助長通貨緊縮。《金融時報》的評論員馬丁‧沃夫（Martin Wolf）在2010年7月曾寫道（對財政緊縮的要求並不是好事）：

> 在我們面前有二大威脅，第一是未能認清通貨緊縮巨大壓力……
>
> 過早的財政和貨幣緊縮會讓剛萌芽的全球經濟重回衰退，即使最大的新興經濟體（指中國）能全身而退，危機也不可謂不小。第二個威脅是：未能針對財政狀況、金融業管理，以及出口依存度做出中期結構調整。這些對於全球復甦的持續性和健全性都是有必要的。

我們正面臨著蕭條時期的通縮，全世界的中央銀行組成聯合陣線來對抗。2010年春天我問保羅‧麥卡利是否擔心刺激方案和印鈔行動會造成通貨膨脹時，他回答：「約翰，你最好祈禱他們能創造出一點通膨來。」他是對的，如果我們將來沒有出現通膨問題，那就會有另一個更棘手的問題要處理。

經濟學的聖者米爾頓‧傅利曼（Milton Friedman）[5]告訴我們，通貨膨脹不論何時何地都是一種貨幣現象。在其他條件不變之下，中央銀行印了過多的鈔票就會帶來通膨，損害貨幣價值。然而弔詭的是，其他條件會改變。拼圖的形狀會變化，當通貨緊縮的元素以某種型式排列組合，中央銀行印了滿缸子鈔票也不會引起通貨膨脹。我們已經在許多國家當中看到這種現象。

我的朋友，Hoisington資產管理公司的蘭西‧杭特（Lacy Hunt）指出，傅利曼並不認為增加貨幣供給一定會引起通膨。他認為過多的貨幣增加會引起通膨，而貨幣增加不足則會引起通縮。因此，傅利曼主張聯

[5] 米爾頓‧傅利曼（1912-2006），美國經濟學家，貨幣學派的創始者，主張自由放任資本主義，反對政府干預，以控制貨幣供給作為控制物價的手段，為20世紀最具影響力的經濟學家之一。

準會應有一套貨幣規則，讓貨幣增長維持在一個穩定的水準，正好能夠補足勞動力和生產力的增加。這對理解傅利曼認為何謂過多和不足的貨幣供給，導致通膨或通縮十分重要，因為他基本上相信貨幣的流通速度（velocity）是穩定的。在傅利曼實證研究的期間（1950至1980年間）的確如此，但在1980年後，貨幣流通速度快速增加，至1997年達到巔峰，甚至超過了1918年的高點。

## 貨幣流通速度

當傅利曼說通貨膨脹是個貨幣現象時，他忽略掉的哪一塊經濟拼圖其實是會變形的？答案是貨幣流通速度。如果你印的鈔票哪兒也用不著，根本就不會有通貨膨脹的可能。

直覺上我們的經驗是：過多的鈔票追逐較少的商品，價格就會上揚。如果鈔票數量太少，價格反而下跌。

在第二次世界大戰期間的戰俘營裡，物品和藥品均來自紅十字會發的補給包，裡面有餅乾、巧克力、糖果、果醬、奶油及其他補給品。還有香煙，在當時幾乎每個人都會抽煙。同時人與人之間也有貿易，例如用果醬換巧克力，或是香煙換餅乾等等。

這是典型的以物易物，例如一個果醬罐頭可換半磅乳瑪琳，一根香煙值幾片巧克力。以物易物是沒有效率的，當時供需交換量最大的是一根根香煙，香煙居然像是貨幣，具有計價單位和交易媒介的功能（它沒有儲藏價值功能，因為人們最後還是把它抽掉了）。

當紅十字會的補給包送來時，交易的「貨幣」數量就變多，自然而然「價格」就上揚。當香煙數量變少時，「價格」就會下跌。有時候紅十字會的補給因為戰爭情勢變得不固定，戰俘營裡的香煙數量就少了。有些香煙被抽掉，用來交易的香煙變少了，其他商品的「價格」也就下跌了。這就是通貨緊縮[1]。

這是典型的貨幣數量理論。如果增加香煙（也就是貨幣）的數量，價格就會上升；如果減少香煙（貨幣）的數量，價格就會下跌。到目前為止十分單純。但是有一個因素會讓事情複雜化，那就是貨幣流通速度。

現在讓我們深入一點探討貨幣流通速度的概念。所謂貨幣流通速度是指每一單位的貨幣平均被使用的次數。例如，假設經濟體小到只有你和我二個人，外加一張百元現鈔。我拿這100元向你買花，你拿同樣這張100元向我買書。在貨幣供給為100的情況下，我們二人創造了價值200元的國內生產毛額（GDP）。如果我們二人每個月就像這樣來回交易一次，全年的GDP就是12x$200=$2,400，而貨幣供給還是只有100元。

上面的例子說明了，GDP不止是貨幣數量的函數，也是貨幣在經濟體中流動速度的函數。用數學式表示就是P=MV，P是用物價表示的GDP（名目GDP，未經通膨調整），M是貨幣供給，V就是貨幣流通速度。

如果覺得難，請忍耐一下，因為它十分重要。

現在，讓我們稍微複雜一點，但還是基本的觀念，基本到你們可能都會抱怨太簡單了，不過請忍耐個幾頁吧。假設一個島嶼上有10家公司，貨幣供給有100萬元。如果1家公司每一季可以做10萬元的生意，這個島嶼全年的GDP會有400萬元[6]（貨幣供給的4倍），貨幣的流通速度為4。

如果這些公司生產力提高了呢？我們引進像是金融工具、銀行、新的產能、電腦、技術創新、機器人等，每家公司每個月就能做10萬元的生意了，GDP就成了1,200萬元[7]，貨幣流通速度是12。但是我們沒有增加貨幣供給，整個島嶼還是用同樣數量的錢在交易。假設所有公司都處於靜態平衡，每個月買賣數量完全相同，換句話說沒有人賺錢或賠錢。

現在更複雜一些。假設其中2家公司老闆各有一名子女長大，決定自己出來創業。由於從父母那兒學得一身本領，很快地功成名就，每個人一個月就能做出10萬元的生意。這時GDP增加到1,440萬元了，而且因為每個人維持相同的所得水準，貨幣流通速度必須增為14.4倍才行[8]。

---

[6] $100,000×4×10=$4,000,000。

[7] $100,000×12×10=$12,000,000。

[8] P（GDP）=M×V，1,440萬=100萬×14.4倍流通速度。

重要的來了。目前為止這個島嶼的例子當中，貨幣數量始終不變，變的只是貨幣流通速度，但是如果流通速度不會增加呢？

如果流通速度不再增加，表示每家公司每個月用貨幣計算的買賣金額要減少。回想一下GDP是貨幣數量（M）乘上流通速度（V），如果流通速度不變，貨幣數量不變，GDP也就會保持不變。因此平均每家公司（這時已有12家）每年的營收將從120萬元降回100萬元[9]。

這時每家公司每個月就只能做8萬元左右的生意了，但其實整體生產力並沒有減少，只是被較多的公司瓜分了。對每一家公司來說就像是衰退，因為賺到的錢變少了，他們也會開始少買東西，物價因此就下跌了。這就是通貨緊縮的環境。在現實世界中，一個地區的中央銀行都會瞭解，在相同的貨幣流通速度下，應該增加貨幣供給，以維持貨幣需求的中立性。

在本例中，如果島上的中央銀行發行太多的貨幣，就會形成過多的錢追逐較少的產品，通貨膨脹就會出現其猙獰的面目。（記得這是非常簡單的例子，假設每家公司產量相同，也都處於產能滿載的狀況）

我們試著看看中央銀行高估產量，把貨幣供給加倍到200萬元，情況會變得如何。如果貨幣流通速度仍為12，此時GDP就會變成2,400萬元[10]。這不是很好嗎？

錯，因為整個島嶼只多了2家新公司，增加了20%的產量，產量和價格之間是有關聯的。如今每家公司一個月能做20萬元的生意，是過去的2倍，而他們實際上的產出與消費的商品和服務只增加了20%。因此，商品和服務價格必定上升，通貨膨脹開始。想想1970年代就是如此。

那麼，貨幣流通速度呢？諾貝爾桂冠傅利曼告訴我們，通貨膨脹不論何時何地都是一種貨幣現象。也就是說，當通貨膨脹出現時，表示中央銀

---

[9] 假設貨幣流通速度為12，不會增加到14.4，而且整個島嶼的貨幣數量維持在100萬元，GDP也維持在1,200萬元，12家公司各有100萬元營收。

[10] 200萬×12倍流通速度=2,400萬元。

行印了太多鈔票。傅利曼在他的研究中假定貨幣流速是固定常數，這在他研究的1950至1978年是成立的，但之後有了變化，我們來看下面二張圖。

第一張是**圖7.4**，它描繪出過去一百零八年間的貨幣流通速度。請注意在大蕭條期間，貨幣流通速度是下降的，從1953至1980年，貨幣流通速度幾乎貼近百年來的平均值。由圖中可以看出，貨幣流通速度就長期而言具有回到均值（mean reverting）的特性，意思是能夠預期貨幣流通速度會回升或下降至平均值。

有人也許會質疑應該用較近期的平均值，好比是第二次世界大戰後。即便如此，回到均值的意思是貨幣流通速度在減緩，並且有可能低於平均值（過度反應）。不管怎麼看，貨幣流通速度確實在減緩。在以下的圖中，我們會用實證的角度解釋為何會如此。

現在，我們來看1959年以來的貨幣流通速度，但以灰色區域代表經濟

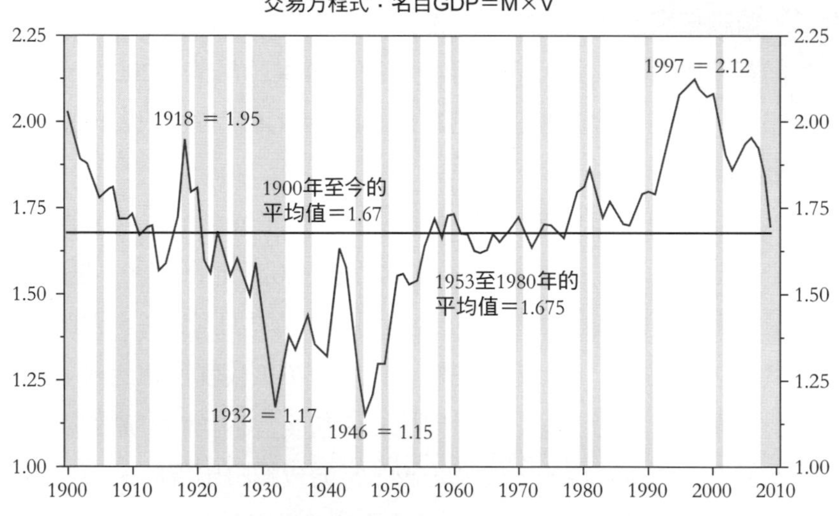


**圖7.4　美國貨幣流通速度（1900-2009）**

註：2008至2009年，GDP＝14.3兆，M2＝8.4兆，V＝GDP / M＝1.69。

資料來源：Hoisington Investment Management, Federal Reserve Board, Bureau of Economic Analysis, Bureau of the Census, Monetary Statistics of the United States.

衰退時期。請看**圖7.5**，除了1970年代之外，只要經濟衰退，貨幣流通速度就會下降。聯準會的反應是什麼？用增加貨幣供給以抵消景氣循環和衰退。如果貨幣流通速度下降，貨幣供給一定要增加，以提高名目GDP。而聯準會確實嘗試以增加貨幣來推升經濟回到成長軌道。

假設目前的GDP為14.5兆美元，M2[11]為8.5兆美元，貨幣流通速度就是1.7，較幾年前的1.95下降甚多。如果貨幣流通速度下降至平均以下，大約還有10%的降幅。我們下面就會探討其成因。

先回到交易方程式P＝MV。如果貨幣流通速度減緩10%（這很有可能），貨幣供給就要增加10%以維持經濟穩定。不過即使貨幣流通速度不變，還得考慮1%的人口增長、2%左右的生產力增加，以及2%的目標通膨率，意思是貨幣供給M（在貨幣流通速度不變）得增加5%。這還是沒有經濟趨緩下實施的特別刺激方案的狀況。

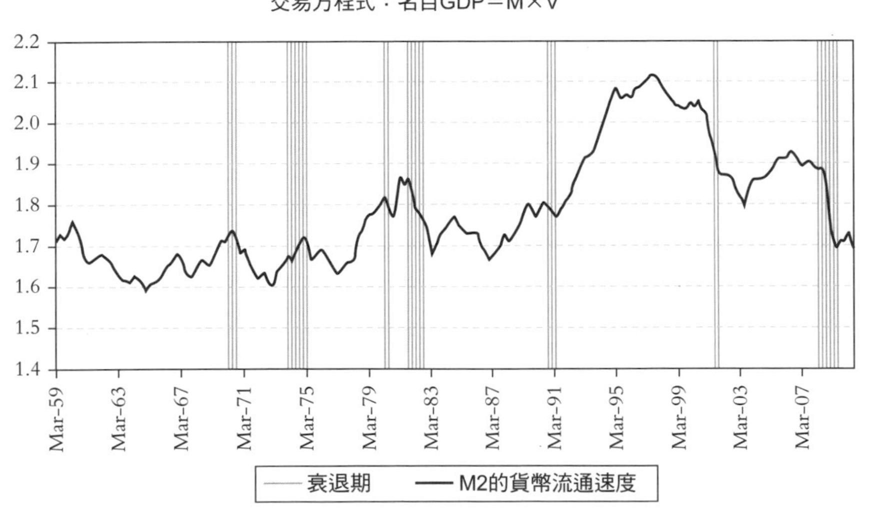


**圖7.5　美國貨幣流通速度（季資料）**

資料來源：Bloomberg, Variant Perception.

---

[11] M2為貨幣供給的定義之一，被使用來計算全社會的貨幣總量。包括現金、活期存款、定期存款、外匯存款及儲金。

## 貨幣流通速度減緩

為什麼貨幣流通速度會減緩？注意在1990至1997年間，流通速度確實增加，M2的成長率大多時候是下降的，但同時期經濟卻在成長，這表示貨幣流通速度要比平常還快。為何會有如此現象產生？主要是因為1990年代初期金融創新的出現，像是證券化商品和擔保債務（CDOs）。金融創新刺激了高於趨勢線的貨幣流通速度。

當這些金融創新產品過於泛濫，導致信用危機時，大量的金融創新被要求解約求現。理論上，擔保債務和次級資產抵押證券化是個不錯的東西。剛開始他們的確不錯。但當標準放寬，人性貪婪，華爾街便開始上下其手，最後遊戲結束。

把貨幣流通速度推向新高的金融創新不再是方程式的一部分，我們也不再會有這麼眼花繚亂的金融工具，讓貨幣在經濟體系中如此快速運轉，像是資產抵押商業票據（Asset-Backed Commercial Paper, ABCP）、結構性投資工具（Structured Investment Vehicle, SIV）、擔保債務（Collateral Debt Obligation, CDO），以及商業抵押貸款證券（Commercial Mortgage-Backed Security, CMBS）。少了這些金融創新，什麼都慢了下來。此時如果貨幣供給量所增加的不足以去彌補流通速度的減少，經濟就會進入更深沉的衰退。

聯準會並沒有控制M2的發行數量，當它調降利率時，就會讓我們願意多承擔點風險、借更多的錢以擴張經濟，因此他們實際上有間接的影響。**圖7.6**顯示，當聯準會在2008年底向市場大量傾倒流動性時，其實M2並沒有那麼明顯的增加[12]。

這樣印鈔要印到什麼時候？貨幣供給的成長已遠超過未來幾年經濟所能負荷的程度，但這夠嗎？太多？還是剛剛好？我們要很久以後才會知

[12] 基礎貨幣大量增加，卻沒有讓M2跳升，表示大量資金不是被拿去還債，就是被拿去投機。

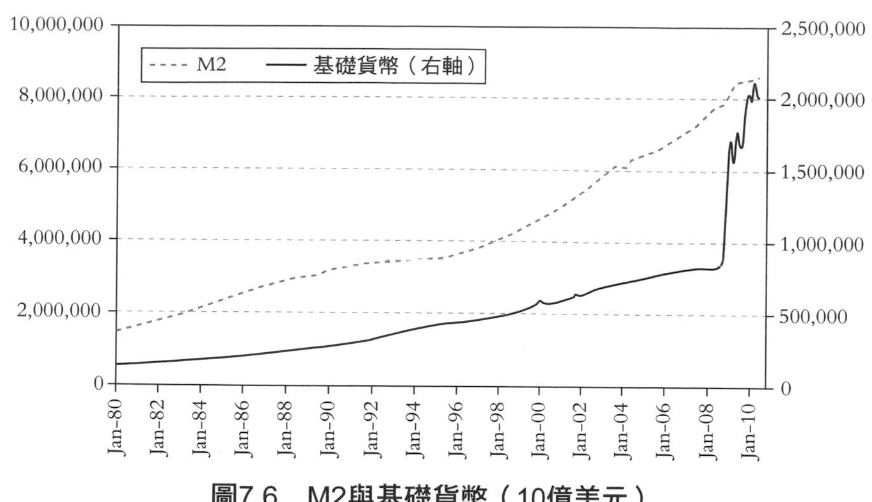


**圖7.6　M2與基礎貨幣（10億美元）**

資料來源：Bloomberg, Variant Perception.

道。這有賴那些扶手椅經濟學家（armchair economists）[13]在一旁品頭論足（我們當中很多都是），或是多年後的事後諸葛們說三道四吧。

貨幣流通速度的概念每每讓金本位制支持者（gold bug nuts）抓狂。這些人每次被問到：「我該投資什麼？」時，答案永遠是黃金，即使對天然資源的知識十分短淺。他們假設法定貨幣（紙鈔）將會走入歷史，但這在歷史上是個不切實際的假設。法定貨幣不知何時才會衰亡，也許是很久的將來，但這會讓黃金成為極為乏味的長期投資。多數的金本位支持者服膺奧地利學派的路德維希·馮·米塞斯（Ludwig von Mises），米塞斯的研究裡沒有貨幣流通速度這一選項。

當金本位支持者看到貨幣供給增加，就認為金價將會上揚，通貨膨脹也隨之而起。這種說法在貨幣流通速度不變的情況下是沒錯的。

如果假設交易次數不變，物價就單純是貨幣供給和流通速度的函數。但如果流通速度下降了，貨幣供給就得增加，也許得大量增加。如

[13] 扶手椅經濟學家（armchair economists）取自於*The Armchair Economist: Economics and Everyday Life*（1995）一書，該書由羅徹斯特大學經濟學教授史帝文·藍思博（Steven E. Landsburg）所寫。

果流通速度下降的幅度大於貨幣供給的增加，物價還是會下跌。前面說過，就是這讓金本位制支持者受不了。

這裡插一句話，我們二位作者都是黃金的擁護者，在某些國家或貨幣當中，擁有一部分黃金保障是很好的建議。對我們來說，黃金不太像是通膨的避險工具，倒像是貨幣的避險工具。雖然所有跟黃金相關的網站和書籍都把黃金當作是通膨環境下的保值工具，但至少以美元計價來看，黃金和通貨膨脹的相關性其實不大。事實上在1970年代，也是我們最近一次經歷的實際通膨時期，黃豆和木材的保值效果更好。只是黃豆和木材都不容易買賣和貯存。當人們不信任辛巴威幣或德國馬克時，也不會去囤積黃豆。

當人們對貨幣，或對中央銀行控制貨幣維持購買力的能力失去信心時，黃金就成為非常有用的工具。金價近期兌美元已上升，但從百分比來看，兌歐元和英鎊其實上漲更多。

現在，中央銀行具備控制貨幣數量、規定銀行必須持有的準備金、調整銀行向央行取得資金的成本等手段。簡言之，我們只需要知道增加放款就會增加貨幣供給就行了。

所以，貨幣供給等於所有的現金加上所有的放款和信用融資（全世界約有2兆美元的現金及50兆美元的放款和信貸）。在最近六十多年，貨幣供給總量、債務，以及槓桿都在上升，起初速度還不大快，後來愈來愈快。但是如今影子銀行體系已崩潰，所有推升債務的動力都在反向逆轉。

**圖7.7**顯示每1美元的債務所創造的GDP成長愈來愈少，一度成為拖累經濟的元兇。為什麼？回到本書第5章羅格夫和萊茵哈特的書，近期增加的債務都是政府債務，而政府債務是會拖累經濟的，也會排擠掉儲蓄和投資。

聯準會的資產負債表已經翻倍，但金融體系仍在去槓桿。個人和企業努力降低債務，減少貸款，銀行則不願意放款。這是所有已開發國家的現況，政府介入填補的債務空缺，但再大的政府也有其借款的上限。我們目

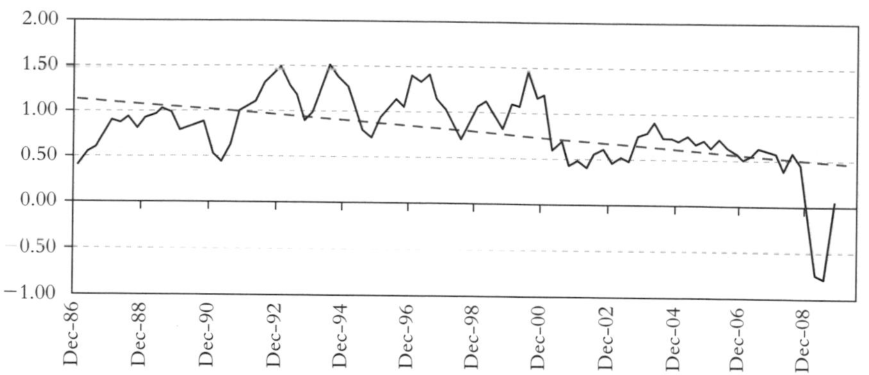


**圖7.7　美國債務對生產力的邊際貢獻在消失（單位：美元）**

資料來源：Bloomberg, Variant Perception.



前已經看到，當個人和企業去槓桿化時，貨幣流速下降。

債務超級循環結束了，盛宴也已落幕。當槓桿和債務走下舞台，貨幣供給和流通速度就面臨嚴苛的下降壓力。這是今日全世界最大的通貨緊縮壓力之一。看看下面幾個圖，部分國家的M3貨幣供給[14]已轉為負值，這是過去從沒有看到過的現象。

**圖**7.8是歐洲國家的M3。

**圖**7.9是澳洲的M3。

即使新興國家如南非，也有同樣的問題，如**圖**7.10。

## 未來藍圖：伯南克的直升機言論

目前的趨勢，如同前面所言，是低通膨低貨幣流速的環境，也是為何未來一段時間要特別關注消費者物價指數（CPI）的原因。

如果美國和歐洲進入了極端的通貨緊縮，我們預期每一家中央銀行都將擴大買進資產和政府債務貨幣化、從保險公司和退休基金手中買回國庫

[14] M3是更廣義的貨幣供給，是M2加上更不具流通性的金融債券、商業票據、大額可轉讓定期存單等。

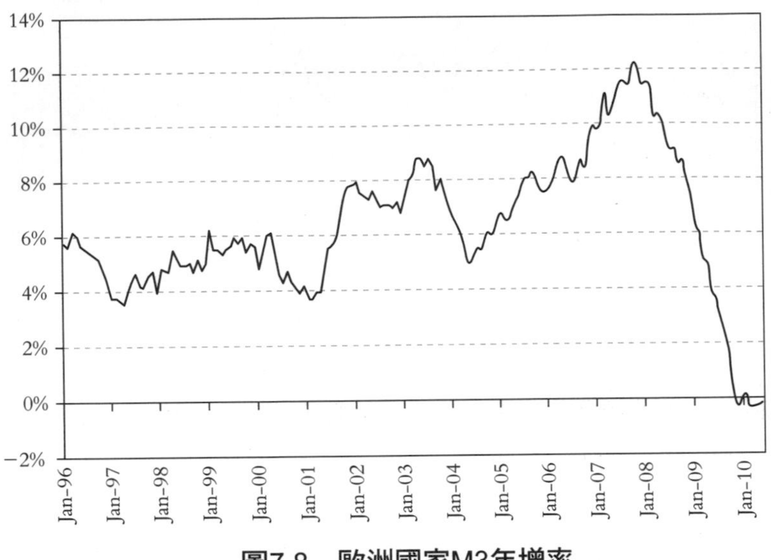


**圖7.8　歐洲國家M3年增率**

資料來源：Bloomberg, Variant Perception.

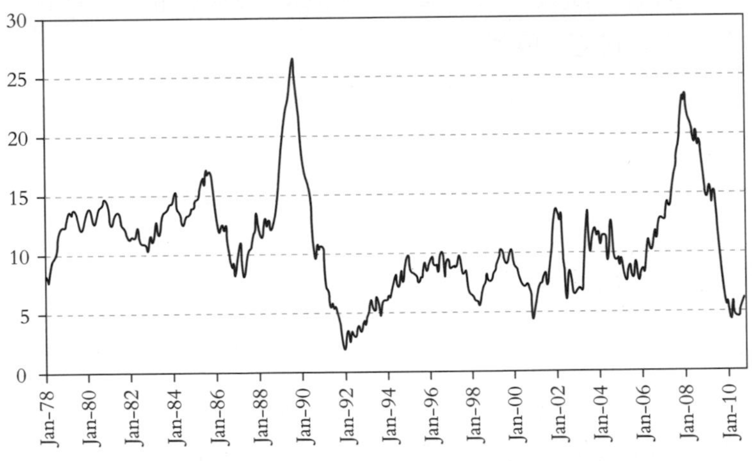


**圖7.9　澳洲M3年增率**

資料來源：Bloomberg, Variant Perception.

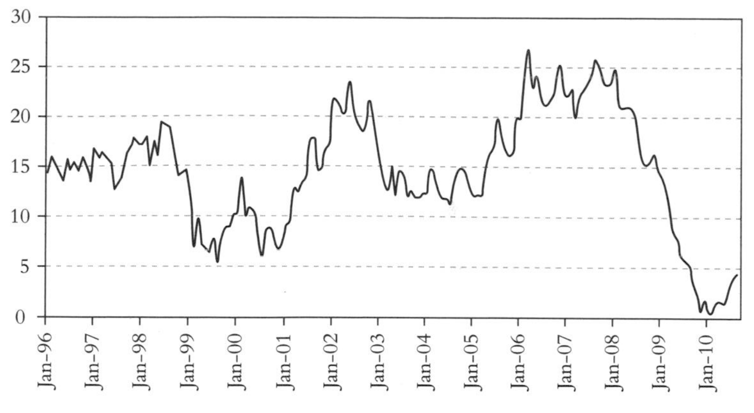


**圖7.10　南非M3年增率**

資料來源：Bloomberg, Variant Perception.



券。在銀行不願意放款時，會選擇將更多的現金注入到銀行體系中，儘管這招在通貨緊縮的擔憂下不太管用。所以，買更多的抵押債？公司債？或移動殖利率曲線？聯準會和歐洲央行必定會考慮所有可能的選項，我們必須特別留意。

所幸我們對未來仍能描繪出部分藍圖。在電影《巴頓將軍》（*Patton*）中最難忘的場景之一，當喬治・C.・史考特（George C. Scott）打敗德軍時，大喊：「隆美爾（Rommel），你這個了不起的混蛋，我看過你的書！」如果今天投資人想有樣學樣，應該去讀讀伯南克的演講。2002年11月，伯南克有一場著名的演說，後來被稱作直升機言論，主題是：「通貨緊縮：確保其不會發生在美國。」（Deflation: Making Sure "It" Doesn't Happen Here.）[2]我一直認為印鈔票和直升機的比喻是一種經濟學家不怎麼樣的幽默。這也是為什麼我們沒有得到許多喜劇演出邀約的原因。

我們總結一下直升機的言論：你可以用印鈔票來創造通貨膨脹。但這還不算是整篇演講中最有趣的部分。

我們來看看伯南克真正說的是什麼。第一，一開始他告訴我們，他相信通貨緊縮看起來離我們還很遠，但是因為在日本曾發生過，同時造成今天日本的大問題，我們不能排除它的可能。所以我們需要知道有哪些政策能避免這樣的問題。

然後他繼續表示，最重要的是在通貨緊縮發生「前」就阻止下來。他說中央銀行應該允許一些緩衝，不應該設定零通膨目標。他推測大約在1%，通常來說央行設定目標通膨率為1%至3%，而在一般時期通膨比較可能會超過目標區，衰退時期比較不會低於零。

中央銀行可以運用利率政策產生影響力，然而一旦聯邦基準利率降到零呢？不要緊，還有其他政策可供運用。伯南克說：

> 一旦目標利率、聯邦隔拆利率降到零，聯準會要作什麼？直覺的作法是沿著國庫券天期繼續現在的步驟，就是調降更長期的政府債券利率，以刺激支出。
>
> 更直接的作法，在我看來，聯準會應該明確表示較長天期國庫券的殖利率上限（像是二年內到期的債券）。聯準會可以承諾無限量購買二年內到期的債券，強迫殖利率在上限以內，以維持債券價格在目標區間內。如果這招有效，不止中期國庫券殖利率會下降，連長期的公債或私人債務（如抵押債）殖利率都會下降。（譯者按：因為它會影響對未來利率的預期）
>
> 各天期公共和私人債券的利率下跌一般而言能強化總合需求和終結通貨緊縮。當然，如果短天期國庫券的市場效率較差時，聯準會也能在長期國庫券殖利率設上限，像是三至六年期。

接著他開始描繪如果經濟陷入極端通貨緊縮的情況，並且以過去其他地區的例子作說明。從內容中我瞭解到，他是在為萬一通貨緊縮成真，列出一張聯準會可以採取的政策清單。他沒有說會用這些政策，我們也不相信他有想過有一天我們會到需要認真考慮去用。他僅僅是指出只要聯準會想做，就一定能打擊通縮。（在2010年底，這個問題愈來愈顯得真實）

有了這層背景，我們可以看看這篇演說的真正意涵是什麼。注意以下的文字，特別是我們標註粗線的部分。

中央銀行無論是否與政府機構的政策同步，均保有相當大的力量擴張總合需求和經濟活動，即使**長時間維持零利率亦然**。

防止通貨緊縮的基本方法其實很直接，用所需的貨幣和財政政策去支持總支出……（就是你能想到的凱因斯學派）

一些觀察家認為，當中央銀行的政策利率降至零——實際上最低的水位——的時候，貨幣政策就失去其進一步刺激總合需求和經濟的能力。

當短期利率降為零，聯準會必須擴大資產購買的規模，如果可能，增加購買資產的類別也行，**以刺激總支出**。

現在，我們來看看他的結論：

持續的通貨緊縮對現代經濟極具殺傷力，應該極力避免。所幸，在可見的未來中，美國發生嚴重通縮的機會甚低，主要原因是我們經濟基本面強勁，並且聯準會和其他美國政策制訂者預先採取行動以防通縮壓力。而且，如同我今日所說的，如果通貨緊縮真有徵兆，也會有不同的政策因應。當然也因對某些政策不很熟悉，會導致一些實際上執行的問題，並評估對經濟的可能影響。**因此，我想強調的是，通縮的預防勝於治療**。不過，我要對大家說的是，即使聯邦基準利率觸及到零，聯準會和其他經濟政策制訂者都不會對通縮束手無策。

今天大家應該都知道，所有數據都指向經濟在放緩，這讓我們（美國）更接近通貨緊縮。我們不應該只想著表面數字而已，應該去想想萬一我們進入二次衰退，陷入了通貨緊縮時，聯準會將要做些什麼。他們會像當初的建議那樣移動殖利率曲線？買更多或不同的資產，像是抵押債和公司債？那對金融市場和投資會產生什麼效果？

注意前文最後一段黑體字：「**因此，我想強調的是，通縮的預防勝於治療。**」如果伯南克信守他所說的，如果數據持續呈現疲弱，通縮實際成為威脅，他應該會在下次衰退前有所動作。這是我們在所有經濟數據中無法看出來的——聯準會的新動作。希望真有，像2002年通縮的陰霾，最終沒有出現。讓我們繼續看下去。

如果（經濟）因過度的負債而大量減緩將導致通貨緊縮，這時恐怕聯準會也只能暫時拖延註定會發生的通縮。量化寬鬆（QE）只有在引誘新的借貸和放款才有效，但這又會使已過度槓桿化的經濟增加更多的槓桿。因此，量化寬鬆會為經濟買到額外的成長，但為時甚短。為什麼？因為新的槓桿將導致經濟惡化、系統風險增加。所以，身陷過度舉債的經濟體，唯有時間和撙節才是根本解決之道。長期貨幣政策是無法解決的。

在結束本章有關通貨緊縮的討論前，我提出最後一個想法。經濟衰退在定義上具有通貨緊縮的特性，我們從《這次不一樣》當中學到的其中一件事是：經濟體其實非常脆弱，具有高波動性，信用危機後衰退的頻率大增。並且，削減支出比增稅更能改善信用危機後的經濟體質。

我們可以認定美國和歐洲將面臨另一次的衰退，那是事情自然發生的結果。但如果能把這無可避免的衰退愈往後延愈好，最好還有一些通貨膨脹緩衝，讓政策制定者有空間因應。2011及2012年的衰退雖非災難，也是問題重重。利率低到不能再低，高赤字的支出則是會造成嚴重後果的政治手段。如果再次面臨衰退，失業率會再度上升，各級政府收到的稅收也會減少。

這也是為何我們非常擔憂在經濟如此疲弱下還要終止小布希的減稅政策的原因。當本書出版時，國會應已做出結論。那些鼓吹應當增稅的人也許是對的，他們做過學術研究，但這些研究是有缺陷的，而且可能有資料收集的爭議（找相關的資料證明事先訂好的結論）。

麥可・波斯金（Michael Boskin）教授2010年7月在《華爾街日報》上發表文章寫道：「總統沒有說經濟學家認同高賦稅融資刺激方案會傷害經濟。〔芝加哥大學的哈洛德・烏里（Harald Uhlig）估計每增加1元的政府支出會減少3.4元的產出。〕總統也許沒有被告知其他重要看法，或是支持他觀點的才叫做重要看法，無論是哪一種，都表示身邊的人嚴重失職。」

## 沒什麼好選項

本書撰寫之時，聯準會剛宣布至2011年6月前買進6,000億美元的國庫券計畫，並且有可能買更多[15]。伯南克在演講當中提及的理論要在現實世界經濟中檢驗。

我們身處於聯準會擴張經濟的時代，至少試著去這麼做，如果堅持下去（雖然到時貨幣價值剩下多少沒人知道）最終應該會成功。就理論上大可質疑這麼做到底對不對，（我們心中的聲音告訴自己當然不對！）也許聯準會應該放手讓市場自行運作，讓銀行倒閉，金融體系自行除害。不過，我們發現這種討論與質疑既無聊且無意義。

當權者不買奧地利學派的帳，其實它是很好的經濟論證，但永遠不可能成為政策。我們更有興趣想知道，聯準會和國會未來會怎麼做，並且對自己的投資組合產生什麼影響。（同樣地，如果你住在歐洲、英國或日本也可以這麼做。）

我的一位老師有一次告訴我，市場會自行走到應走的方向，帶給最多數人最大的痛苦。其中一個方向是未來幾季或幾年之內出現通貨緊縮，對投資產生重大衝擊，通貨膨脹和停滯性通膨隨之而來，（希望）成為這段險惡旅程的終點。這也許對黃金價格是好的，如果你在這段期間堅持下來。

有沒有可能以金髮女孩經濟[16]收場？聯準會找到正確的方向，國會突然清醒過來實施財政預算控制？都有可能，只是我們沒有必要去賭。

有些人對於未來情勢相當確定，我們沒有，因為太多的變數在交互影響。告訴大家一個我們最擔憂的情境：國會沒有節制地讓未來二年的預算再多個幾兆美元；聯準會再度用了多次激進的量化寬鬆，成功地擴張了經濟；債券市場開始憂慮，長期利率開始上揚；剛起頭的復甦仍然充滿著高失業率的威脅。

[15] 此為第二次的量化寬鬆政策（QE2）。

[16] 即不太冷、不太熱，剛剛好的經濟情況，詳細說明參見本書第1章註釋❼。

聯準會將債券貨幣化的政策會不會導致實質通貨膨脹，進一步毀滅了美元？或是允許利率上揚把經濟推入衰退？（三度衰退？）和其他國家央行不同的是，聯準會面臨著雙重的任務，既要維持物價穩定，又得創造完全就業。在這一點上，他們恐怕只能二者擇一，根本沒有好的選擇。

CHAPTER 8

# 通膨與惡性通膨

整體來說，政府破產對人們的殺傷力，要比它們提高舉債能力的壞處要少得多。

——R. H. 托尼（R. H. Tawney）
《宗教與資本主義的興起》
（*Religion and the Rise of the Capitalism*, 1926）

政府可以經由持續的通貨膨脹，悄悄地，不著痕跡地，把國民的財富收歸國有。

——約翰・麥納德・凱因斯（John Maynard Keynes）
《和平的經濟後果》
（*The Economic Consequences of the Peace*, 1919）

失業的人們背個背包到農村挨家挨戶拜訪，甚至坐火車去一些好地方非法採購糧食，然後在城裡以3倍到4倍的價格賣出。一開始農夫們都很歡迎，因為白花花的鈔票送上門，可以買雞蛋和麵包改善生計……然而，當他們背著箱子進城買東西時，才赫然發現得用5倍的價錢才能買到自己生產的東西。他們想買的鐮刀、錘子、鍋子的價格早已漲了50倍。

——史蒂芬・茨威格（Stefan Zweig）
《昨日的世界》（*The World of Yesterday*, 1944）[1]

在前面一章中，我們關注在通貨緊縮，現在來看看它的另一面：通貨膨脹，甚至惡性通貨膨脹。惡性通貨膨脹是通貨膨脹的極端案例，是每一個人的夢魘。

我們知道全世界快被過多的債淹沒了，並且看起來各地的家庭或政府都不太可能還得完。還債已不可能，那就只有懲罰人們必須辛勤工作多年才能回復自由身。對政策制訂者來說，相較其他政策，通貨膨脹是個容易擺脫債務困境的辦法。

企業和家庭面對過多債務的方式通常是違約，而國家則普遍以通貨膨脹來解決。債務數字是固定的，而物價和工資則會上漲，相形之下債務負擔就會變輕。一般人不大可能經由通膨來漲價和調高工資，但政府可以創造通膨，並且早已駕輕就熟。通貨膨脹、債務貨幣化，和貨幣貶值都是老把戲，過去幾千年來它們不斷被用來擺脫債務。事實上，它們還滿管用的。

多數人認為通膨來自過度印鈔，這樣的說法只答對了一部分，許多惡性通膨的畫面仍然歷歷在目。像是1920年代德國馬克被燒掉用來取暖，1945年匈牙利的pengös[1]在大街上任人清掃。

各位不用回到那麼久以前去看惡性通貨膨脹如何成功地讓債務消失，看看巴西的例子，巴西是距離現在最近一個惡性通貨膨脹的案例，在我們有生之年即已發生。在1980年代末期至1990年，它成功地打消了絕大部分的債務。

今天，巴西的債務所剩無幾，因為都被通膨吃光了。經濟正在快速成長，人們對中央銀行重拾信心，整個國家就是一個成功的故事。很像1970年代受盡高通膨之苦的美國，出現了一個卓越的央行決策者保羅・沃克爾（Paul Volcker）。巴西新政府上台後，打擊通貨膨脹，創造強勁的實質GDP成長，締造了近二十年來最成功的經濟典範。同樣的故事在土耳其也看到過，先出現惡性通膨、再來貨幣貶值，然後實行嚴格的貨幣與財政政

[1] pengös為匈牙利舊貨幣單位，1964年被現行的福林（HUF）所代替。

策。

1993年，巴西的通貨膨脹大約是2000%。僅僅四年後，1997年只剩下7%。就像變魔術一樣，債務就不見了。想像一下美國也增加貨幣供給，目前是9,000億美元，如果加1萬倍，像巴西在1991至1996年間就這麼做。聯準會的資產負債表就會有9,000兆美元！後面的零可多了。同時一旦如此，目前13兆美元的債務瞬間會變成雞肋。反對如此擺脫債務的人士指出，如果真這麼做，不會有人願意借錢給美國，不過這不太可能，投資人都很健忘。金融市場永遠能原諒違約和通膨。只要看看今天的巴西、玻利維亞、俄羅斯，投資人不都挺樂意把錢投資在這些國家[2]？

在通膨和惡性通膨之下，最終的結局就不會太複雜。通貨緊縮無可避免，當實質經濟無法成長，至少印鈔和貨幣化債務會奏效，而這在許多新興國家中已出現過，如辛巴威、烏克蘭、塔吉克、台灣、巴西等等。我們也能用在美國，一次解決債務負擔；當然，這需要數年時間，然後也會出現一位新的聯準會主席（像沃克爾一樣）打擊通膨。結局是我們也能像巴西般，締造新的成功典範。

老實說，惡性通膨的建議不能當真。但是現在就算是難搞的經濟學家也在建議把通膨當作一個選項。在全球籠罩在一片通縮的壓力下，物價短期內將維持在低檔，這就給了那些認為可以製造通膨環境以解決部分債務問題的主流經濟學家一個藉口。國際貨幣基金的頂尖經濟學家奧利佛・布蘭查德（Olivier Blanchard）就批評中央銀行應該設定比現在更高的通膨目標，以避免通貨緊縮的可能。諾貝爾經濟學獎得主保羅・克魯曼（Paul Krugman）和布蘭查德一樣，認為中央銀行應該將通膨目標調升到4%；保羅・麥卡利（Paul McCulley）則認為中央銀行應該「有責任地不負責任」（responsible irresponsible）[3]。然而，拿通膨當作政策其實是大有問

[2] 原註：順帶一提，我們認為聯準會的QE2不太可能有效：6,000億美元實在是微不足道。如果哪天他們宣布6兆美元，我們也許會注意一下。

[3] 「有責任地不負責任」，是指中央銀行若放任通貨膨脹是種不負責任的表現，但若為了避免通貨緊縮及擺脫債務，放手通膨反而是一種負責任的事。

題的。

在本章中，我們會研究通貨膨脹和惡性通膨，說說它們分別是什麼、有什麼差別，以及惡性通膨應如何結束。

## 通貨膨脹的藥方

在前一章我們討論了在當前的危機下，如果貨幣流速下降，將出現實質通縮的風險。然而，有許多理由相信，我們不會看到通貨緊縮。

通縮論者的最大錯誤是過度看重產能過剩。中央銀行家和多數經濟學者假定，由於大量的去槓桿化，政府可以瘋狂印鈔和借錢但不會引發通貨膨脹，因為衰退造就了大量的閒置產能。

嚴重的衰退證明他們的看法錯了。在一般的不景氣下，產量下降，但閒置產能並沒有被破壞，當需求回升時能夠立刻增加供給。然而嚴重的信貸緊縮卻會導致結構性破壞，銀行放款的消失會傷及企業在既有基礎上長期產出成長的能力。

認為通膨不可能發生的原因之一是美國、英國、歐洲的高失業率。但是本書已經說明，已開發國家的失業很多屬於非技術性，或是失業太久、技術已生疏的勞工，因此他們仍將繼續失業。產能過剩其實是一種幻想。

根據2011年任賽浦勒斯（Cyprus）中央銀行行長的歐菲尼德斯（Athanasios Orphanides, 1999）的重要研究，「產能缺口的事後修正和產能缺口本身同等重要，事後修正每次都會出現，表示當時的估計存在嚴重的偏差，在景氣循環轉捩點時更為明顯，此時估計的誤差造成政策錯誤的成本往往是最大的……許多問題都歸因於對最終產出估計值的普遍缺乏信賴」[2]。這意思就是：經濟學家和中央銀行家對產出缺口的估計真是爛到極點。別感到意外！

產出缺口常常受限於大量的估計誤差，也因為實質GDP和生產力成長率的改變而跟著修正，因此即時的產出缺口和產能利用率估計幾乎沒什麼價值。不僅沒有價值，有時候修正幅度比產出缺口自己都還要大。（前面提到過，任何人都可能犯錯，但有台電腦的專家會把事情搞砸。）

聯準會官員也知道問題所在，費城聯邦準備銀行的查爾斯・布拉瑟（Charles Plosser）說：「資料的不確定性不止是理論上的怪現象，當政策基於錯誤估計的缺口時，會造成實際上的問題，導致沒必要的經濟不穩定。**一個特別慘痛的例子是1970年代美國的大通膨時代。**」[3]

我在前面章節曾寫道，當你成為聯邦準備銀行行長，你會被帶進一個密室作基因改造，讓你先天上就反對通貨緊縮。現在央行官員大多歡迎通貨膨脹，事實上他們很善於製造通膨的。

**圖8.1**顯示自1600年末起美國歷史的通貨膨脹記錄。（我們一直感到不解的是，為何這些歷史學家會知道幾個世紀前的物價水準，不過這是另一本書的有趣題材。）你可以看到當美國和世界上其他國家奉行金本位時，通貨膨脹和通貨緊縮交互出現，平均來說物價相當平穩，今年的物價膨脹會被明年的物價緊縮抵銷。不過看看圖的右邊，突然間我們再也沒有通貨緊縮了。在1948年布列頓森林會議（Bretton Woods Agreement）之後，全世界走向美元本位，只有名義上以黃金為準備。1971年以後，美元不再自由兌換黃金時，我們就只有通貨膨脹了。

**圖8.1**說明了在紙鈔世界中，通貨膨脹是常態。中央銀行和政府都有

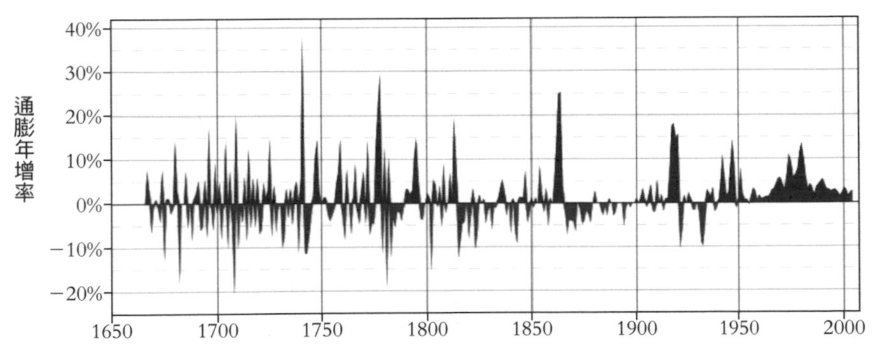


**圖8.1　美國歷史上的通貨膨脹率**

資料來源：John J. McCusker, *How Much Is That in Real Money? A Historical Price Index for Use as a Deflator of Money Values in the Economy of the United States* (Oak Knoll Press, 1992; 2nd ed., rev., 2001).

通貨膨脹的傾向。當（實質）利率為正時，貨幣政策變得相對簡單，因此他們都偏好金融體系中多少有一些通膨。事實上，只有1948和1971年後是極少數的通貨緊縮時期。

在前一章我們討論了通貨緊縮的元素。通貨緊縮會緊接著銀行危機和房地產泡沫破滅發生，例如日本在泡沫破滅及銀行開始破產後，通縮就跟著出現。同樣的情況也發生在1997年房地產泡沫破滅後，2008年愛爾蘭銀行破產後，以及同年波羅的海國家房市崩盤後。這些就是我們所知1971年以後通貨緊縮的例子，而發生的原因幾乎都是國家放棄了控制貨幣政策所致。香港、愛爾蘭、波羅的海小國都沒有控制自己的貨幣供給，他們釘住兌美元或歐元的匯率（愛爾蘭已實際上屬於歐元區）。**日本是唯一一個沒有釘住其他貨幣或加入貨幣聯盟卻發生通貨緊縮的國家**。

萊茵哈特和羅格夫已經告訴我們，典型的模式為：銀行危機造成主權債務違約，主權債務違約導致通貨膨脹。

## 銀行危機→違約→通貨膨脹

簡單來說，銀行危機釋放出強大的去槓桿化，和貨幣流通速度下降的通貨緊縮壓力。在這樣的環境下，一般人、企業、最終政府都不大可能還得清債務，以致以違約收場。政府債信違約會促使國外投資人拋售其貨幣，導致貨幣貶值。貶值使得進口物價變貴，造成通貨膨脹。同時，政府和中央銀行必須用更高的貨幣政策代價來打擊衰退，這會造成更高的通膨壓力。

前一段文字是個太過簡化的版本（但如果你是個經濟學家，這就是標準答案），但卻是事實。**圖8.2**是萊茵哈特和羅格夫的研究，十分精確地描繪出在銀行危機後發生政府債信違約，隨後跟著就是通貨膨脹的典型情況。

我們很輕易就能看出為何會這樣。每個星期我們都能看到一些備受尊敬的學者在鼓吹赤字貨幣化，好像白吃的午餐一樣。如果世界就這麼運作該有多好。下面是麻省理工學院知名教授里卡多・卡巴里歐（Ricardo

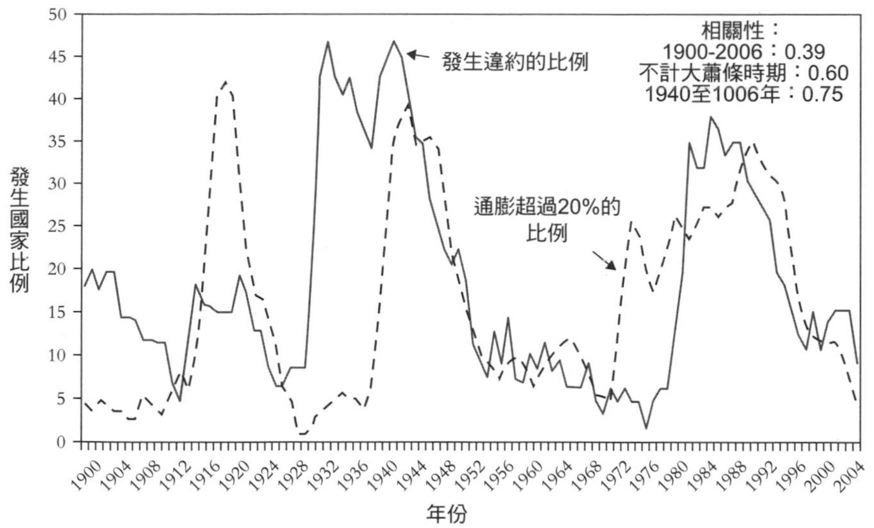


**圖8.2　通貨膨脹和外債違約（1900-2006）**

資料來源：Reinhart and Rogoff, "Banking Crises: An Equal Opportunity Menace," www.bresserpereira.org.br/terceiros/cursos/Rogoff.Banking_Crises.pdf.



Caballero）的話：

> 我們需要的是在不增加同樣公共債務的規模下進行財政擴張（例如臨時且大規模的削減銷售稅）。可以從財政部採取「直升機灑錢」的方式達成。也就是說，由聯準會送一份大禮給財政部。
>
> 批評者也許會認為，這只不過又是在會計上動手腳，事實上政府和聯準會的合併財報的債務總量還是增加了。但是這樣的批評忽略了經濟體已陷入了流動性陷阱（liquidity trap）[4]，一旦發

[4] 傳統經濟理論認為，當景氣循環向下時，降低利率能夠降低資金成本，誘使投資增加，儲蓄下降，提高消費，使經濟回春。但凱因斯認為，當經濟不景氣出現（例如通貨緊縮、總需求不足、發生戰爭），若利率水平降低到不能再低時，此時無論貨幣數量如何增加，利率再也不會下降。即使是利率低得接近於零，也不能夠使銀行貸款、商業投資、消費真正運作起來。凱因斯藉此說明貨幣政策有其侷限性。

生，整個經濟體將無限量地吸納資金（譯者按：且經濟仍無起色）。在這種情況下，經由改變政府部門間債務結構的資金流向，會讓政府有了某種程度的「免費午餐」[4]。

當然，卡巴里歐教授的解釋是他認為應該有一套機制，去釋放經濟體系內的流動性，但實際上，財政部和聯準會有這種智慧嗎？

政策引導的通貨膨脹往往不會成功的原因在於，看看那些極端的例子即可知，通貨膨脹只會引起更糟的後果，經過通膨蹂躪造成的破壞清晰可見。我們將探討惡性通膨，對讀者來說可能饒富趣味，但如果身歷其境可就不那麼好受了。

## 惡性通膨的特徵

就像萊茵哈特和羅格夫針對銀行和債務危機所書寫的傑作，談論惡性通膨也有一部聖經般的鉅作，巴塞爾大學的彼得・伯恩霍茲（Peter Bernholz）寫了一本《貨幣王朝與通貨膨脹》（*Monetary Regimes and Inflation*），回顧了過去發生的每一個通膨事件，解釋其原由和惡性通膨的特徵。如果對惡性通膨有興趣的讀者，這本書值得一讀。

伯恩霍茲教授指出，即使不印鈔票也會有通貨膨脹。在希臘羅馬時代，統治階級常常把金銀幣做小一點，或是摻合劣幣把貨幣價值作低。**不過，真正的惡性通膨只有在紙幣時代才有。**[5]

請看**表**8.1，幾乎所有的惡性通膨都發生在20世紀。（註：該書寫作時尚未發生辛巴威的惡性通膨事件）

20世紀前唯一一次的惡性通膨是在法國大革命時期，當時法國的貨幣也是以紙幣為基礎。

多數國家沒有通貨膨脹的長期資料，我們有的是英國的歷史資料，他曾有長達六百年相當溫和的通貨膨脹，直到英國進入紙幣時代後，通貨膨脹才快速增加。不幸的是，所有紙幣國家均是如此（見**圖**8.3）。**有趣的是，當國家放棄金本位，惡性通膨的例子遠高於通貨緊縮。**

**圖**8.3顯示通貨膨脹的數字，但我們必須區分通貨膨脹和惡性通膨。

## 表8.1 歷史上的惡性通膨

| 國家 | 年代 | 最高通貨膨脹率（每月%） | 國家 | 年代 | 最高通貨膨脹率（每月%） |
|---|---|---|---|---|---|
| 阿根廷 | 1989/90 | 196 | 匈牙利 | 1945/46 | $1.295*10^{16}$ |
| 亞美尼亞 | 1993/94 | 438 | 哈薩克 | 1994 | 57 |
| 奧地利 | 1921/22 | 124 | 吉爾吉斯 | 1992 | 157 |
| 亞塞拜然 | 1991/94 | 118 | 尼加拉瓜 | 1986/89 | 127 |
| 白俄羅斯 | 1994 | 53 | 秘魯 | 1921/24 | 114 |
| 玻利維亞 | 1984/86 | 120 | 波蘭 | 1989/90 | 188 |
| 巴西 | 1989/93 | 84 | 波蘭 | 1992/94 | 77 |
| 保加利亞 | 1997 | 242 | 塞爾維亞 | 1922/24 | 309,000,000 |
| 中國 | 1947/49 | 4,209 | 蘇聯 | 1945/49 | 279 |
| 剛果 | 1991/94 | 225 | 台灣 | 1995 | 399 |
| 法國 | 1789/96 | 143 | 塔吉克 | 1993/96 | 78 |
| 喬治亞 | 1993/94 | 197 | 土克曼 | 1992/94 | 63 |
| 德國 | 1920/23 | 29,500 | 烏克蘭 | 1990 | 249 |
| 希臘 | 1942/45 | 11,288 | 南斯拉夫 | | 59 |
| 匈牙利 | 1923/24 | 82 | | | |

資料來源：Peter Bernholz, *Monetary Regimes and Inflation: History, Economic and Political Relationships* (Edward Elgar Publishing, March 27, 2006).

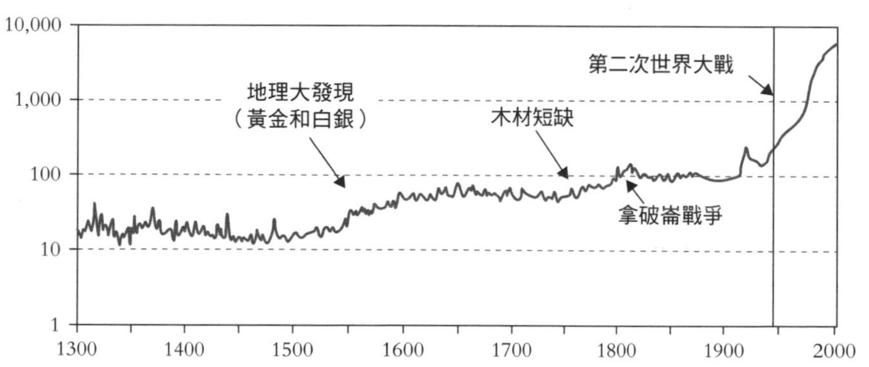


**圖8.3 英國長期通貨膨脹（以對數log表示）**

資料來源：Societe Generale, Phelps-Brown & Hopkins.

許多國家有高通膨，但惡性通膨是非常特殊的例子，通常是貨幣供給月增率在50%以上。當鈔票增加速度那麼快，物價就會是天文數字。

瘋狂的通膨一旦發生，就會像**圖8.4**德國威瑪共和時期那樣。從圖上可以看到，到了1923年底，通膨年增率已高達16萬倍！

16萬倍的通貨膨脹給你什麼感覺？當時威瑪共和的德國國家銀行發行最高面額的紙幣為100兆馬克（100,000,000,000,000）[6]。通貨膨脹最嚴重的時期，1美元可兌換4兆德國馬克。幫德國國家銀行印鈔的印刷廠開出來的發票金額為32,776,899,763,734,490,417.05（$3.28 \times 10^{19}$）馬克[7]。

什麼原因造成如此誇張的物價上漲？伯恩霍茲解釋得非常精彩。他批評政府的政策會偏向產生通貨膨脹，數據也證明他的說法，唯一能夠限制政府通膨慾望的是一個獨立的中央銀行。在檢視各國通貨膨脹和分析惡性通膨的成因後，我們得到的教訓如下：

1. 和紙幣本位（paper standard）相比，金屬本位（metallic standard）的貨幣制度如黃金或白銀幾乎沒有，或只有極小的通貨膨脹傾向。
2. 即使是紙幣本位，若中央銀行獨立於政治機構之外，要比依附在機構內有較低的通貨膨脹傾向。

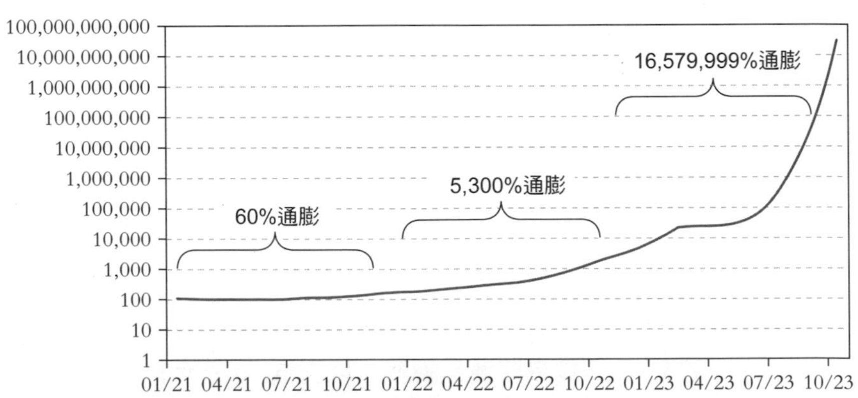


**圖8.4　威瑪共和時期的消費者物價指數（CPI）**（年化；以對數log表示）

資料來源：Societe Generale, "Popular Delusions: Some Useful Things I've Learned about Germany's Hyperinflation," Feburary 26, 2010, Bresciani-Turroni (1931), SG Cross Asset Research.

3.紙幣本位的貨幣如果緊盯另一貨幣的匯率，亦即固定匯率，只要其中央銀行具有獨立性，不論對方貨幣是金屬本位或是紙幣本位，則本身中央銀行無論是否具有獨立性，也會有較低的通貨膨脹傾向[8]。

伯恩霍茲檢驗了二十九個惡性通膨的例子中，發現有完整數據資料的十二個，其所有的惡性通膨成因都一樣。「惡性通膨永遠起因於鉅額的貨幣被創造出來，融通公共債務赤字。」但更有趣的是，伯恩霍茲還分析出債務到何種水平就會引發惡性通膨。他在總結時說：「數據清楚證明，赤字比率超過總支出的40%都是撐不下去的……」[9]。更有意思的是，即使政府赤字低一點也會引發通膨。例如，十二個例子中，有四個例子是政府赤字占支出的20%左右時發生。

讓我們繼續看下去，這很重要。多數分析師用GDP的占比來衡量政府赤字，他們說：「美國政府預算赤字占GDP的10%。」雖然這種方式有其道理，但仍無法告訴你赤字相對於政府支出有多大。美國預算赤字也許占經濟體的10%，但以整體政府支出來看占了30%，二者相比差別甚大。

**圖8.5**顯示在惡性通膨前，政府預算赤字占政府總支出的比重。

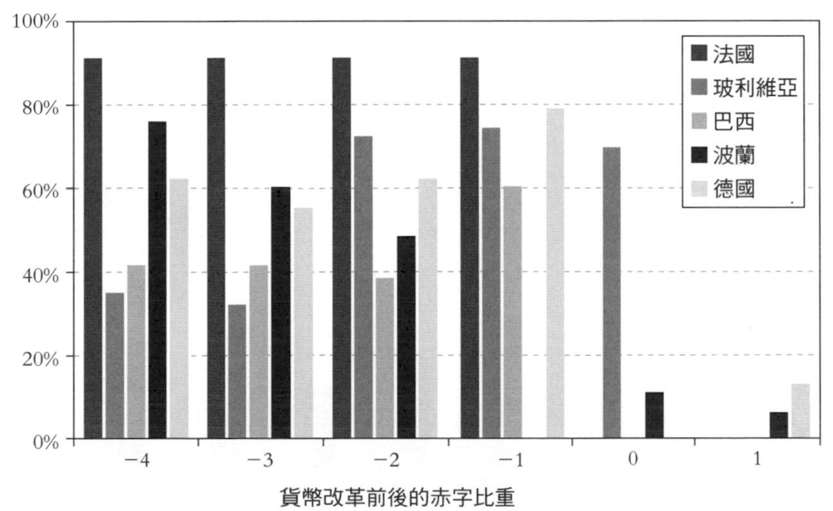


**圖8.5　惡性通膨前的預算赤字**

註：橫軸的0代表貨幣改革期間。

資料來源：Societe Generale.

好玩的是，當前的日本和美國離發生惡性通膨前赤字水準不遠，而二者和曾經發生過惡性通膨的國家不同的地方在於，中央銀行沒有將大多數赤字貨幣化。如果他們開始做，我們離數千兆美元買一張郵票或一個三明治的日子就不遠了。（見**圖8.6**）

伯恩霍茲的結論格外重要，惡性通膨並非起因於積極的中央銀行，而是不負責任、極度揮霍、決定遠超過其能力的支出的立法機關，以及向政府伸出援助之手的中央銀行。

這對今日的世界有何啟示？如果中央銀行持續把政府債務貨幣化，財政負債就是高通貨膨脹的真正威脅。在貨幣化的情形下，獨立行使職權的中央銀行不會同意用印新鈔這種便宜行事的方法來還債。政府應該用目前流通於體系內的資金來還債，或是發新債賣給大眾或中央銀行來募資；而中央銀行應該從公開市場購買債券。這樣子才能經由貨幣創造過程中增加貨幣基數。這種政府支出的融資過程稱為債務的貨幣化。債務貨幣化分作二階段，首先是政府發行債券向公開市場募資以支應其支出，然後中央銀行從公開市場買回這批債券。市場增加了貨幣供給後安然退場。

儘管已經有了第二階段的量化寬鬆（QE2），還是有人批評美國走上

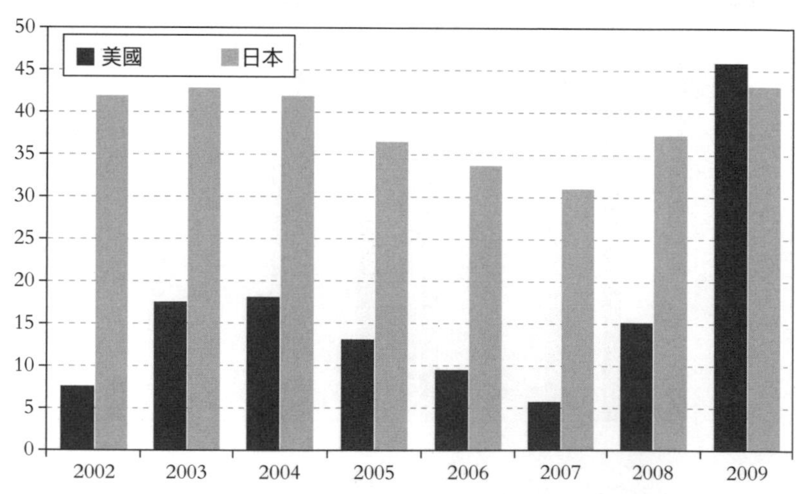


**圖8.6　美國和日本預算赤字占政府總支出比重**

資料來源：Societe Generale.

這條路。穆罕默德・伊爾—艾朗（Mohamed El-Erian）寫道：

> 不幸的是，QE2對維持美國高成長和創造就業的幫助會很有限，並且會讓其他國家情況變得複雜。當國內經濟情況再度低於政策預期時，聯準會就會再度祭出更多的措施。意思是說星期三（2010年11月3日）宣布的QE2不會是聯準會非常態政策的最後一次。

聯準會將放棄控制通貨膨脹，轉而採取美國債務全面貨幣化嗎？我想不會。但為了維持溫和的通貨膨脹，他們卻可能因為想控制通膨火苗但最後導致失控，迫使他們收回過多的貨幣準備，造成經濟進入衰退，像當年沃克爾就是這麼做。我們希望不會有這麼一天。

## 通貨膨脹的危險

如果通貨膨脹是對付債務的良方，就像前面我們介紹巴西惡性通膨的例子，為何高通膨和惡性通膨終究把情況弄得更糟？政府全年都在花錢，但它們只有在年底才有稅收，因此政府收入的真實價值始終在降低。用通貨膨脹來填補債務漏洞只會讓洞愈來愈大，這種自我陷入通膨麻煩的情況就是經濟學家所稱的「坦茨效應」（Tanzi effect）[5]，是由發現此現象的經濟學家命名。

惡性通膨的情況都很類似。最初都是劣幣驅逐良幣，在希臘羅馬時代，金幣價值貶值，一些人拿著過去高含金量的舊幣去換了含金量較低的新幣之後，舊幣就被收藏起來看不到了。這叫做格雷欣法則（Gresham's law）：劣幣驅逐良幣。

在現代的惡性通膨中金幣不復存在，但在這樣的環境下人們會以物易物，直接交換商品和服務，避免持有貶值的貨幣。這時如果他們能用到比

[5] 奧利維亞．坦茨效應（Olivera-Tanzi effect），也稱作O-T效應，是指在高通膨環境中，政府年初收到的稅收，其價值在未來一年內被通膨稀釋的現象，導致稅收價值逐漸降低，無法完全支應開銷，必須再多舉債，而使債務狀況更惡化。

較不會貶值的外國貨幣，像是美元和馬克，他們就會開始用外幣。起初會用外幣作為記帳單位，用以支付工資和進行價格談判，最後作為價值儲藏。當足夠的人使用這種硬貨幣（hard currency），格雷欣法則會出現逆循環，惡性通膨的循環結束，外幣取代了本國幣，膨脹的本國幣成了沒用的廢物。這就是所謂的法則。

這在阿根廷曾發生過。如果你在當地買一幢房子，在快簽約的時候你得提著一大袋美鈔去，一邊清點現鈔一邊審核契約。

這樣的結果其實很可怕，惡性通膨完全摧毀了公共及私人儲蓄的購買力，沒有人要持有現鈔，因而會產生過度的消費和囤積實體資產。投資人面對不確定性會暫緩投資，失業率飆升，儲蓄快速逃離。2008年表現最佳的股市是辛巴威，因為它提供了規避貨幣風險的管道，即使當地的經濟狀況倒地不起。

## 通貨膨脹的問題

大家很容易就能想到高負債國家能用通貨膨脹來解決財政問題。通貨膨脹會浸蝕債務的真實價值。債務數字是固定的，但勞工的工資、企業的獲利、政府的稅收卻會成長。

高通膨和惡性通膨的主要缺點是多數人的實質所得會縮水，變得更窮了。從實質所得角度來看高通膨的影響，例如1970年代末期和最近幾年，實質工資都是負成長。另一方面，通膨停滯（disinflation）和通貨緊縮期間實質工資則會出現正成長。總而言之，如果物價上漲的速度比工資快，你想買的東西的價格就會漲得比薪水快。（見圖8.7）

利用通貨膨脹擺脫債務實質價值的作法會有幾個主要的問題。首先，即使通膨政策悄然進行，敏感的投資人也會很快察覺，並要求提高收益率；其次，許多政府已將退休金和工資與通貨膨脹連結，因此政府支出也會隨著通膨增加而提高。

聯邦政府的支出有將近一半與通膨連結，因此高通膨就形同高赤字。約占聯邦政府支出25%的社會安全給付（social security）已立法連

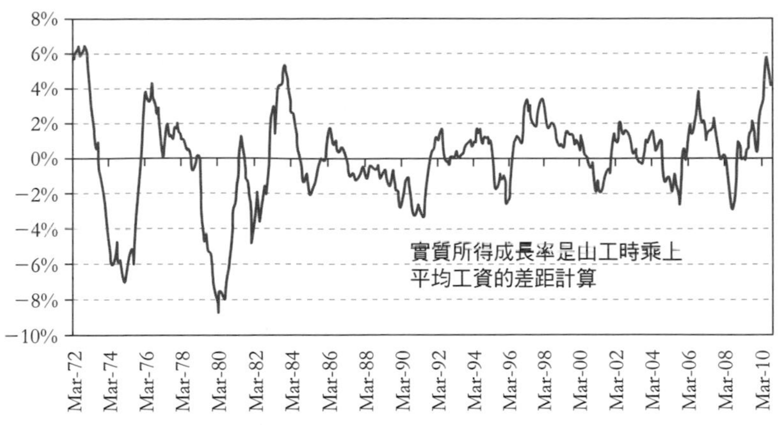


**圖8.7　實質所得年增率**

資料來源：Bloomberg, Variant Perception.

結物價指數；醫療保險（Medicare）和醫療輔助（Medicaid）則尚未這麼做。事實上，根據國會預算辦公室（Congressional Budget Office, CBO）的估計，從2009到2020年，這三項社會福利將占去聯邦政府支出成長的72%，與債務增加的比例相差不遠。在國會預算辦公室保守的假設下，他們必須依法大幅削減醫療保險當中的醫師薪酬，但是這項削減計劃自2003年以來每年都遞延。通貨膨脹當然會減損既有債務的價值，但卻會讓未來的赤字更大，並且可能會增加實質債務負擔占GDP的比例。國會預算辦公室估計，未來十年如果每年的通貨膨脹率增加1%，預算赤字將會增加大約7,000億美元[10]。

## 美國會出現惡性通膨嗎？

國會花起錢的速度可說是不比上岸度假買醉的水手來得差，聯準會解決任何問題的答案千篇一律都是提供更多的流動性。在如此糟糕的環境下，美國有沒有可能遭受高通膨和惡性通膨的襲擊？

誰能比全球研究惡性通膨的權威更有資格回答這個問題？在現今的財政困難和貨幣環境下，伯恩霍茲看到許多潛在的危機，但他認為目前美國沒有立即性的危險：

美國目前的通貨膨脹有沒有可能變成惡性通膨？我相信還不會。儘管歷史告訴我們，預算赤字占政府支出超過40%會引發惡性通膨，但在《貨幣王朝與通貨膨脹》一書中亦強調，除了信貸規模之外，其債務組成也十分關鍵。書中提到的「從十二個惡性通膨的例子中看到，原因清一色都是經由創造貨幣來融通巨額的預算赤字」清楚表示，唯有貨幣當局直接或間接提供政府無限制的信用才會創造貨幣，也就是增加貨幣基數。如果在市場上的借款沒有被轉售給聯準會，則不算是增加新的貨幣。目前在美國的赤字當中，並非全然來自於聯準會的融資。根據初步的估計，「僅」有13%的美國政府支出是以聯準會融資的形式取得。而且，討論這項議題的同時，也必須考慮約三分之二的美鈔是在國外流通，並且這些天文數字的美元資產是被中國、印度，和波斯灣國家的中央銀行持有，這恐怕會引起後續其他的危機。除非美元大量回流，或是聯準會向外國人買回美元資產，否則危機性質並不相同。未來幾年通貨膨脹也許會高一點，但目前美國並沒有惡性通膨的危險。[11]

伯恩霍茲對聯準會和國會太寬容了。他並沒有計算聯準會購買房利美（Fannie Mae）和房地美（Freddie Mac），價值7000億美元房地產抵押債券所印的鈔票。這麼說吧，如果其他國家央行拋售手中的房地產抵押債券，聯準會應該會經由購買債券的方式將政府赤字100%貨幣化。有趣的是，全世界目前唯一一個國家符合惡性通膨條件的是英國，英格蘭銀行將預算赤字100%貨幣化了。不令人意外，英國的通貨膨脹普遍超出英格蘭銀行的預估。很明顯，他們沒看出當中的關聯。

儘管目前美國、日本和其他國家沒有立即性惡性通膨的危機，但如果央行不再維持其獨立性，或開始和財政部門協調採取行動，情況就會改變。量化寬鬆已使中央銀行喪失不少獨立性，他們雖然說和立法及財政部門仍保持距離，但相信的人應該不多。英國、歐洲、美國的央行實際上已和財政部站在同一陣線，不斷對經濟體注入鈔票，不過由於私人部門大量的去槓桿化，印鈔的成效有限。他們可能會試行更大規模的注資，然而注資規模愈大，需要的協調就愈多，央行的獨立性也就愈差。如果我們進入衰退，希望央行別自作聰明的在財政危機中將政府債務貨幣化。不幸的是，他們看起來會這麼做。

聯準會過去數十年已犯了大錯，在葛林斯潘（Alan Greenspan）時代，聯準會對付所有問題的唯一一招就是提供流動性，用一招半式打天下。在伯南克時代，聯準會則有效地將政府債務和房利美、房地美持有的抵押債券貨幣化了。

如果我們進入另一次衰退，聯準會將再度揮動手中大旗，提供更多的流動性將更大量的政府債券貨幣化？希望不會。債務緊縮令人難受，但惡性通膨更糟。我們必須隨時提醒，中央銀行要維持其獨立性。

PART TWO

# 世界之旅：誰的Endgame先終結？

從貝氏（Bayesian）統計的角度來看，當X發生時，若老是觀察到一些事件接著發生，而X不發生時就不會。則只要對應的事件發生了，即使X並沒有出現，也會得出X早已發生的結論。例如，當我看到小丑在雜貨店買花生，中間廣場上有二頂大帳篷，前面放著二輛單輪車，我就會說馬戲團進城了。

——約翰·赫胥曼（John Hussman）

在本書的第二部分，我們會看世界上一些問題國家。有些國家很小，小到在地圖上找不到；有些則是有名的大國。它們共通的特點是過多債務的巨大挑戰，和亟需調整的失衡現象。

事前猜測哪個國家可能會發生危機其實並不困難。有些因素會使國家面臨債務危機時不堪一擊，也有些蛛絲馬跡告訴這個國家麻煩就在眼前。如果只是個別的原因往往不代表什麼意義，但如果多數人都有同樣情況，就會是金融危機前出現的徵兆。

為什麼一般人容易察覺到身邊發生的問題，經濟學家卻很難在泡沫破滅前感到不對勁？舉個例子，如果你看到有個鄰居老是欠卡債，或是三天二頭找鄰居調頭寸，你會不會認為他有破產的可能？常識告訴你他有麻煩了，正常人不大會借錢度日，更不會借新還舊，財務狀況良好的人不會這麼做，他可能遇上了困難。同樣地，國家如果到處向別國借錢往往也出了問題，只是經濟學家似乎事先都分辨不出來誰會「爆」掉。

為了弄清楚危機如何發生，我們來看一個近年來最慘烈的泡沫破滅（雖然這個國家很小）：冰島。

冰島的人口比美國堪薩斯州（Kansas）的威奇塔市（Wichita）人口還少（約32萬人），但它對外國銀行的債務累積高達500億歐元，大約是該國GDP的10倍。相比之下，美國的總負債（包括公共和私人債務）大約是GDP的3.5倍。

像是其他歐洲地區的小國一樣，它用極便宜的成本向國外融資，支付外幣存款極高的利息。冰島人用接近零的利率借到日圓，付給外國投資者高利息。舉例而言，冰島有一家叫Kaupthing的銀行，它在曼恩島（Isle of

Man）的分行提供7.15%的一年期英鎊存款利息，美國人在冰島存冰島克朗（Icelandic kronor），年息大約是15%。

冰島的強勢貨幣造成了極大的貿易逆差。過高的利差誘發套利交易，造成克朗快速升值。強勢的冰島克朗意味著冰島人能從國外買更多的車子、平面電視及名錶。強大的購買力造成經常帳赤字，2006年高達GDP的25%。當年美國的鉅額貿易逆差已為人垢病，相比之下僅占GDP 7%的逆差不算什麼。

貿易極度不均衡使得冰島隨時等著危機發生。只要外國資金持續湧入冰島，融通經常帳赤字和展延銀行放款，一切就相安無事。但就像其他的泡沫一樣，不久之後金流斷裂，信用潰堤，就像雷曼兄弟事件的翻版，冰島所有的銀行都破產了。

我們回頭看看，外國中央銀行家們怎麼看冰島，幾乎沒有一個人看得出來。

2006年，前聯準會經濟學家，後來擔任聯準會理事的弗烈德・米希金（Fred Mishkin）與人聯合發表一篇名為：〈冰島的金融穩定〉（Financial Stability in Iceland）的報告，該報告認為冰島的經濟基本面持續強勁：

> （冰島的）金融法規和監管機制被認為具有高品質，冰島同時具有相當良好的財政狀況，比美國、日本、歐洲好很多。冰島的金融業十年前即已高度自由化，銀行業也從專注國內市場轉為對世界各國提供金融中介服務，特別是北歐和英國。
>
> 從近期的金融危機中可以看出，傳統上有三條明顯的方式導致金融不穩定：(1)金融自由化但法規和監管機制不足；(2)嚴重的財政失衡；(3)躁進的貨幣政策。在冰島的現況中無一符合。冰島很久以前即達成金融自由化，且經濟情勢符合自由化的環境，法規和監管機制一般而言相當完備[1]。

這好像盲人騎瞎馬！米希金是伯南克極信任的朋友，二人在2006至

2008年間在聯準會共事過，他甚至與伯南克合寫過一本有關目標通膨率的書。

與這種一味說好話的態度相比，另一位的反應就截然不同。2006年芝加哥大學經濟系教授鮑伯·艾利伯（Bob Aliber）對冰島產生了興趣。引用麥可·路易斯（Michael Lewis）精彩的描述：「艾利伯自己去了倫敦商學院參加一場冰島的講座，在此之前他對冰島一無所知，但很快地他察覺到不對。進一步研究資料後發現，冰島的狀況像極了教科書中所記載，那些金融歷史上的瘋狂行為。艾利伯以『完美的泡沫』來形容冰島的金融危機，同時他也正在編寫一本教科書，將查爾斯·金德伯格（Charles Kindleberger）1978年的經典著作：《狂熱、恐慌與崩潰》（*Manias, Panics, and Crashes*）重新改版。他斷定2006年的冰島擁有當年南海泡沫和鬱金香狂熱相同的徵兆，即使當時冰島尚未崩盤，不過對他來說只是形式上的差別而已。」[2]

為何米希金完全忽略了危機，但艾利伯卻一眼看穿？為何身為聯準會理事的米希金，身負守護金融穩定的責任，沒有看出如此明顯的跡象？何況他還去過冰島！另一個連冰島都沒去過的教授卻點出了泡沫？

## 經濟透視

答案很簡單，米希金沒能透視全貌。

在醫學上，特殊影像診斷（Aunt Minnie）是一系列特定病徵症狀（pathognomonic）的方法，用來判別特殊疾病的特性（該字是源於希臘文pathognomonikos，意思是判定疾病的技術）。即使每一種單獨的徵狀都很常見，但若同時發生多種徵狀時，無疑就是罹患了某種特殊疾病。

在下面幾章中，我們會逐一檢視世界各國，指出罹患經濟病徵的徵兆。我們將關注在那些可能會發生危機的因素，哪些因素又能轉危為安。同時觀察這一波超級債務循環結束對全球的影響。

以下一段文字摘錄自麥可·派提斯（Michael Pettis）的文章，他是一位相當犀利的全球經濟評論者，而且這可能是你讀過如何事先判別問題國

家最棒的一篇文章。在這裡，我們對派提斯提出的五大因素略作修改：[3]

1. **債務水平**：最好的方式是衡量總債務占GDP、或外債占出口的比重。在一般原則下，債務負擔愈高，還債的壓力也就愈大。利息高低也是關鍵，償還低利率要比高利率來得容易。
2. **資產負債表結構**：此因素的重要性甚至超過實質債務水平。債務的性質各不相同，投資人必須分清楚逆向債務（inverted debt）和避險債務（hedged debt）。前者負債價值和資產價值是正相關的，債務負擔在景氣好的時候上升，在景氣差時下降；後者則永遠和資產價值呈負相關。

   外幣和短期借款屬於逆向債務。景氣好時債務增加同時資產價值錦上添花，景氣差時則會讓資產價值雪上加霜。長期固定利率的本國幣借款則屬於避險債務。因為在通膨環境和貨幣危機下，債務的真實價值是下降的，這讓借錢的人可能獲得喘息，但這樣的特徵反而讓情況變得更糟。（譯者按：因為債務價值愈來愈低，會讓人不自覺增加舉債）

   高度逆向債務其實非常危險，因為它強化了負面衝擊且導致放大失控。但不幸的是，逆向債務很受歡迎，因為在景氣好時，大家願意多舉債，放大了景氣更好的假象。
3. **經濟情況的波動性**：波動性低的經濟不容易產生劇烈的震盪，尤其是經濟表現與融資能力相關的時候。高度依賴商品原物料的經濟體特別會有這種問題，一般說來商品價格在不景氣時走低，嚴重影響出口獲利能力。
4. **投資人的結構**：市場氣氛的擴散並不像有些人假定是來自於恐懼，而是來自於高槓桿部位，高槓桿的策略讓投資人有了套利避險（delta hedge）的機會，在價格上漲時買進，下跌時賣出。
5. **投資人的組成**：主權債務違約一直都是個政治決定，如果債權人在國內政治的權力或影響力較低，違約就容易發生。除非外國投資人有一艘老舊過時的軍艦（譯者按：意思是以砲口對著要求不能違約），或是他們壟斷了新的融資管道（譯者按：意思是違約以後也無法重新取得融資）。一般來說對外國人違約要比對本國人容易些，經由金融緊縮對家戶違約也比對有錢人和有權人違約要來得簡單。

看得出來，投資人結構和所有權絕對比債務水平本身來得重要得多。其中的含義相當重要，在後面各國狀況中我們會逐一說明。

用本國貨幣借債比外幣好，這可是關鍵中的關鍵，例如美國和英國都能只用本國貨幣借債。這在不景氣時候可是重要的避震器，同時也有利用貶值和通膨等金融手段的誘因。貶值傷害外國投資人，通膨則會在短期內讓本國貨幣支付起來輕鬆許多。

小國比較難用本國貨幣舉債。在冰島和匈牙利的例子中，大量的外幣借貸只代表了他們陷入最終違約的惡性循環當中。大的國家像是美國，就能用自己的貨幣借錢，但當中央銀行出手拯救坐困愁城卻仍堅持揮霍的政府時，我們幾乎能肯定通貨膨脹就要來了。

世界之旅想必不會太有趣，但至少我們希望能夠傳達出一些訊息。

CHAPTER 9

# 美國：我們自己就是一團亂

我們正朝向財政崩潰的不歸路，它將會是全球債券和貨幣市場的一切禍源。

——大衛・史塔克曼（David Stockman）
雷根總統時期管理及預算辦公室主任

無法持續下去的事終將停止。

——赫伯・史坦（Herb Stein）
尼克森總統時期經濟顧問委員會主席

當我們決定寫這本書時，我們打算寫得簡單一些，甚至連政客都能輕易瞭解問題的本質。本章是專門寫給國會議員的，希望他們看得到，也希望對全民共識產生一點正面的意義。

在雷曼兄弟和AIG分別出事之後，幾乎所有美國人都痛恨華爾街。但意外的是，有一個機構的民調支持度更低。猜都不用猜，太簡單了。

基於某些原因，美國國會是美國最為人垢病的機構。根據美國「皮尤公眾與新聞中心」（Pew Center for People and the Press）[1]的調查報告，「當問到用一個字來形容對國會的印象」時，「功能不彰」（dysfunctional）、「墮落」（corrupt）、「自肥」（self-serving）以及

---

[1] Pew Center for People and the Press是美國華盛頓一個智庫機構Pew Research Center旗下七個計畫單位之一，該機構調查美國及世界各地對主要議題的態度、趨勢和走向。詳見官網：PewResearch.org

「無能」（inept）這些字眼最常出現。用一個字來形容的調查中，86%的人用的是負面字眼，只有4%的人用了正面的詞彙。僅12%的人認為共和及民主二黨面對國家重大議題時能夠彼此合作——81%的人不認為如此[1]。（有趣的是，調查國會議員是否具有民意代表性的結果通常更高。很明顯地，不滿意的聲音是來自於其他選區的笨蛋。至於看到本書的議員們，放心，不是指你們，你的選民都很挺你。）

為何國會表現令人如此失望？本章將告訴你，國會和過去歷屆總統對於解決未來我們將面臨的長期問題一點幫助也沒有。每個人都知道我們正走在財政支出已無法持續下去的道路上，但政客們卻無此遠見，更別提有勇氣去作一些事來改變它，只有極少數的例外。

不幸的是，在華盛頓政府內的爭論只是政黨鬥爭，百害而無一利。任何財政改革的努力都沒有效果，每個國會議員原則上都支持削減政府預算和福利支出，但實際上作到的人少之又少。

政治放一邊。本章不分黨派，用證據來告訴大家，如果我們再不改革，將來可有苦頭吃了。許多無黨派的獨立研究機構報告中均點出美國即將陷入痛苦的境地。本章將引用其中數篇，說明任何一個頭腦清楚的人都應該知道，美國現在好比是開著一輛時速160公里的車朝著磚牆撞過去。

這不是共和黨的議題，也不是民主黨的，更不是茶黨（Tea Party）的，這是個關乎我們所有人的議題。我們選擇如何處理的方式將決定自己老的那一天會得到什麼樣的社會安全福利，享受什麼樣的醫療服務，以及要繳多少稅。不幸地，結果很可能是繳得更多，但領得更少。

## 是的，我們搞砸了

在最近幾次的國會聽證會中，伯南克主席提到美國處於無法持續的財政困境，需要做出艱難的抉擇。他說：

> 最近幾次針對社會安全和醫療保險的模擬預測均顯示，如果不進行有計畫的改革，社會安全和醫療保險支出合計將從目前GDP的8.5%，成長到2020年的10%，以及2030年的12.5%。由

於目前債務占GDP比重已節節高升，我們不大可能無限制地舉債來因應所需。**要解決國家財政問題就必須有做出困難抉擇的誠意**。到最後，國會、行政部門，以及美國人民必須面臨的抉擇，是決定將多少比重的國家資源投入在聯邦政府的項目當中，包括強制性社會福利計畫[2]。

2010年7月，國際貨幣基金發表美國經濟政策的年度回顧報告。用了只有官僚才會用的語言寫道：「（國際貨幣基金的）委員們對於政府當局財政穩定的承諾表示歡迎，但必須要有大的預算削減才能抑制債務占GDP的比重[3]。」在官僚式的語言中，這就算是賞了一巴掌。

如果你把這篇報告讀下去，感覺就好多了。國際貨幣基金其實認為美國的債務和希臘很像。在2010年7月的精選論文集的第6節中說道：「美**國的貼現利率看似合理，但聯邦財政政策所造成的財務缺口卻已十分龐**大。」

這句話的意思是：我們可以算是破產了，我們未來不可能用收入填補支出缺口。報告中又提到：「彌補財政缺口需要相當於每年美國GDP 14%的永久性年度財政削減計畫才行。」14%可不是小數目，相當於每年得存下超過1兆美元才能達到預算平衡。

國際貨幣基金不是惟一一家指出我們搞砸了的組織。在前一章我們引用國際清算銀行（BIS）的報告中，即已說明已開發國家怎麼把自己陷入不可自拔的道路上。許多美國的觀察家也已看清這一點。例如美國財政前景委員會（the Committee on the Fiscal Future of the United States）是由美國國家科學院（the National Academy of Sciences），以及美國國家公共行政學院（the National Academy of Public Administration）共同贊助成立的，在麥克阿瑟基金會（MacArthur Foundation）的支持下，針對聯邦預算的各種可能情境進行廣泛研究，試圖找出一條未來財政穩定的道路。該研究既不是共和黨，也不是茶黨或民主黨，委員會成員是由各黨各派的專家組成。該報告指出：

委員會成員來自不同背景，對預算的觀點也大不相同。彼此之間在很多議題上意見不同，但一致同意必須立即採取強制的、甚至短期陣痛的行動來改變國家的財政現況。

當前聯邦政府的支出已遠超過其收入，如果政策持續下去——在可見的未來看來如此———長期下來三大福利計畫：醫療保險、醫療輔助、社會安全的支出成長將超過聯邦政府的收入。可見的未來中並沒有合理的經濟成長能解決這個結構性的赤字問題……

**目前聯邦預算的模擬估計是支撐不下去的。只要現況不變，這個國家遲早會面臨毀滅性財政危機的風險，風險逐年升高，導致解決這樣結構性赤字的動作不斷被拖延。**這樣拖下去，可選擇的方案變得更為極端且困難，後代子孫也會承受更大的痛苦。

聯邦政府政策及強制給付造成未來收入和支出根本上的不相稱，累積下來的效果將十分驚人，美國也因此將大量借款以融通支出。這些支出包括了增加的利息費用……除了根本上的不均衡，2008、2009年的經濟衰退造成了額外的支出增加，但收入卻減少，僅僅一年之內就增加了1.5兆美元的債務，平均每位美國居民多借了4,500美元。**這種暫時性的借款暴增當然值得擔憂，然而現行政策下，更長期的收支不平衡才更需要關注，這也是本報告的重點。**[4]

沒有未雨綢繆的準備，今日也難跨出第一步。凱因斯學派一直要求短期間提高財政支出和赤字以刺激經濟，但諷刺的是，如果我們的財務狀況良好，在經濟衰退時才會有更大的空間去增加支出。哥倫比亞大學教授、前聯準會理事米希金曾指出，如果美國現在開始採取務實的方法去解決赤字問題，政府短期間反而會有更多的赤字空間。他寫道：「國會真的需要嚴肅面對長期財政持續性的問題。」[5]

另外一篇超越黨派並針對美國財政狀況的獨立研究，是國會預算辦公室（the Congressional Budget Office, CBO）負責研究日後提交給國會的預算報告。CBO描繪出相當可怕的場景：首先，它認為這結果是在一般情境（baseline scenario）下，也就是較為樂觀、所有事情都順利發展的情況下會發生。結果如**圖9.1**。

上圖同時也有另一種情境，也許更有可能會發生。圖中看得出來，我們有可能像日本，未來二十年債務占GDP的比重達到200%以上。

這個情境的假設是：「2001和2003年的減稅方案大多數被展延（而非依照現行法規於2010年底結束）[2]；給付給醫師的醫療保險支出增加（現行法律無此項）；稅收占GDP比重維持在19%的水準；其他相關法規在未來數年將進行調整。」

美國潛在的債務問題實在很難讓人放心：

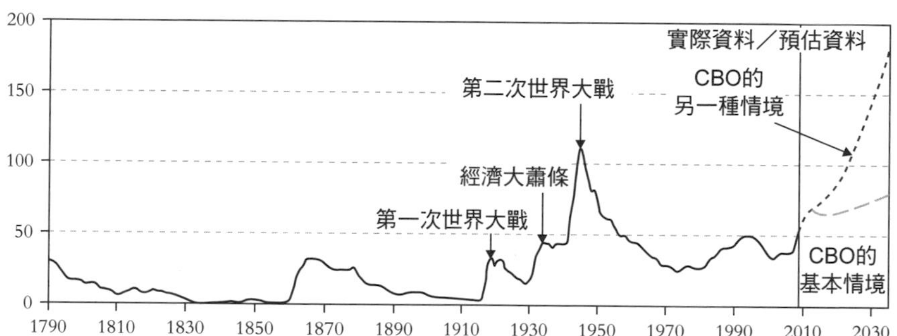


**圖9.1　1790至2035年持有聯邦政府公債的情形（占GDP的百分比）**

資料來源：Congressional Budget Office, *The Long-Term Budget Outlook* (June 2010) and *Historical Data on Federal Debt Held by the Public* (July 2010).

---

[2] 小布希總統的各項減稅方案原由2001年提出，為期十年，原應於2010年到期，但因金融海嘯造成經濟衰退，失業率上升，歐巴馬總統於2010年12月宣布減稅方案展延二年至2012年底。2012年底因應財政懸崖，12月31日國會通過恢復薪資稅、個人年收入40萬，家庭年收入45萬美元以上恢復原先的稅率等措施，減稅方案正式結束。

除了這些逐漸顯現的問題之外，聯邦債務水準的增加也會提高突如其來的財務危機的發生機率，投資人屆時可能對政府控管預算的能力失去信心，政府也將會喪失以便宜的利率融資的能力。當投資人的信心降低，利率就會升高，即使在此之前立法機構已警告狀況將變差，並且有足夠的時間作政策決策以避免危機發生。但其他國家的經驗顯示，投資人可能突然失去信心，政府債務的利率會急劇上升。美國什麼時候會發生這樣的危機沒人知道，一方面是因為聯邦債務占GDP比重已高到前所未有的境地，另一方面則是危機的成因來自於多個因素，包括政府長期預算展望、短期借款需要及經濟的榮枯等。通常在經濟衰退期間，財政危機才會真的發生，並且強化調整財政政策的難度。[6]

國會預算辦公室指出一件相當重要的事，也跟前面所提到的「堆沙堆」和「顫抖的手指」（見本書第2章）有關：崩盤會突然且無預警的發生。原因是本身的不穩定，容易被極小的事件引爆。

我（作者墨爾丁）的一位好友尼爾・弗格森（Naill Ferguson）❸曾寫過一篇文章，講述無預警和非線性的崩盤如何發生：

> 事實是，崩盤的發生會比許多歷史學家想像的更為突然。財政赤字和過度軍事擴張會使美國可能成為下一個沉淪的帝國。
>
> 如果一個結構複雜的帝國都不免會突然毀滅，而不是經過世外桃源→攀上高峰→末日毀滅（Arcadia to Apogee to Armageddon）的穩定循環，今日美國的現狀又代表什麼意義？首先，美國是否已走下坡的爭論只是在浪費時間——無預警、自由落體般的墜落才是政策制定者和一般人應該關心的。第二，實務上大多數的崩盤都跟財政危機有關。任何例子都指向收入和支出的失

❸ 尼爾・弗格森，哈佛大學歷史系教授，為《貨幣崛起》（*The Ascent of Money*）一書的作者。

> 衡，以及公共債務融資的困境。當美國在2009年赤字超過1.4兆美元——大約是GDP的11.2%，六十年來最高——而2010年赤字也沒有比這個數字小，警鈴就會大作。並且公共債務在未來十年恐怕會增加1倍多，從2008年的5.8兆美元增加到2019年的14.3兆美元[4]。照此速度，債務利息支出預期將從聯邦收入的8%跳升至17%……
>
> 這數字實在不好看，但在當前的政治氛圍下，自我覺醒才是最關鍵的。實務上造成危機的，往往不是實質上發生什麼問題，而是對未來的預期出了問題。數字本身不會傷害美國的實力，但卻會削弱美國面對任何危機處理能力的長期信任感。如今，全世界仍預期美國經濟仍是不冷不熱，最終仍須面對自己的問題。如同邱吉爾的名言：「所有選項均已消失。」（all the alternatives have been exhausted.）從歷史的鏡頭來看，過去有關赤字的警示似乎過於誇大，而2080年——可能美國到那時才會遇上麻煩——看來還很久，有足夠的時間去填補財政漏洞。但突然有一天，一件看似很小的壞消息——也許是一篇信評機構的降評報告——在一片平靜的新聞版面中上了頭條。此時美國財政政策的持續性不再是少數幾個政策書呆子所擔憂的，而是廣大的群眾，更不用說外國投資人。這種轉變相當重要：當組成分子對其系統的運作能力失去信心，整個複雜系統就會有大麻煩。[7]

當人們突然且無預警對美國債券失去信心，我們不會看到利率緩慢上升，美元緩慢貶值，也不大可能有充裕的時間去想每一步。到那時，一切都已晚了，崩跌會突然且無預警的發生。

---

[4] 本書寫作時間2010年，事實上2012年底，美國公債餘額已達到16.4兆美元。

## 國會：盲目、無知和冷漠

或許你會認為，結合國會預算辦公室、國際清算銀行、美國財政前景委員會，以及其他機構評比的智慧，足以讓國會正視當前的財政困境。但你錯了。也許有些國會議員讀過這些報告，我們知道有些人很關心，但最後的結果卻一事無成。碰觸社會安全、醫療保險、健康保險等議題就是政治上的第三導電軌[5]（third rail）。只要不碰這個議題才有可能贏得選戰，也因為如此，我們根本談不上改革。

國會對於財政控制的意願根本付之闕如，我們看到聯邦薪資成長居然快過民間部門，聯邦政府員工福利擴張速度也快得多。一般勞工所得幾乎沒成長，聯邦政府雇員平均薪酬居然已較民間勞工成長2倍多（我可沒寫錯字！）。這種不負責任的態度並不是今天才發生，過去九年，聯邦政府員工平均薪酬和福利均高過一般勞工。因為不斷成長，過去十年政府和民間勞工的收入差距已達1倍之多。

根據經濟分析局（Bureau of Economic Analysis）的資料，聯邦政府公務人員2009年平均薪資加上福利可拿$123,049美元，一般勞工僅有$61,051美元（見圖9.2）。差距達$61,998美元，2000年時這個差距只有$30,415美元[8]。

美國財政問題並非僅限於聯邦政府內而已，2011年至少有四十六個州陷入了預算短缺的大麻煩中（見圖9.3），四十八個州在2009及2010年面臨了最為嚴重的預算缺口。[9]

從圖9.4可以看出，預算缺口實在大得驚人，有些州的缺口居然到達支出的40%至50%。如果這些州算是國家，恐怕是破產和惡性通膨的第一順位。

不幸地，極大的預算缺口不僅是因為經濟衰退，在大蕭條之前，幾乎

[5] 第三導電軌，指沿著電車軌導上獨立的導電軌，用來形容政治上不能碰觸的話題，通常是指伸手向選民要錢的政策。在美國，third rail通常是指社會安全（social security），在加拿大則是指健康保險（health care）。

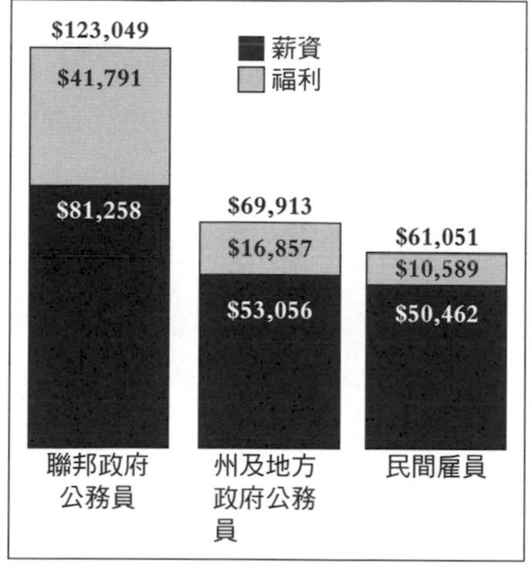


**圖9.2　美國平均薪酬（2009）**

資料來源：Bureau of Economic Analysis (Julie Snider, *USA Today*).

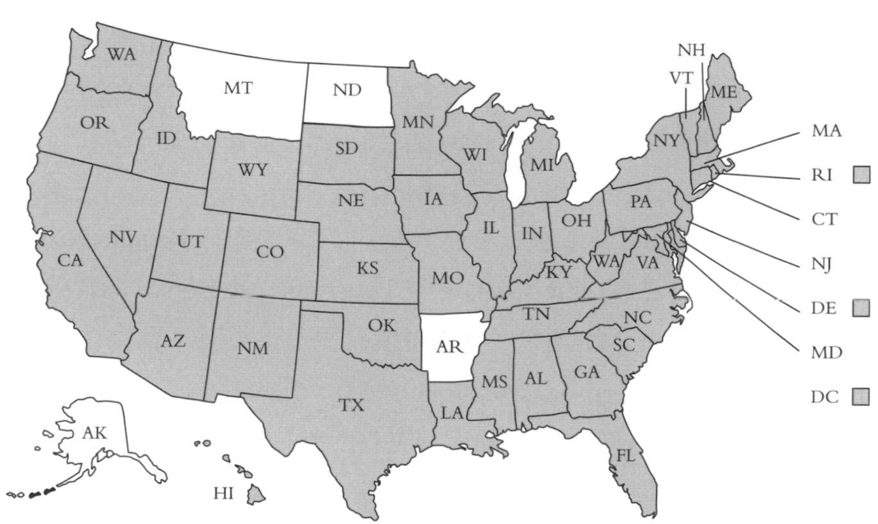


**圖9.3　2011年美國有46個州面臨預算短缺**

註：包括2010年有短缺的州。

資料來源：Center on Budget and Policy Priorities survey (cbpp.org).

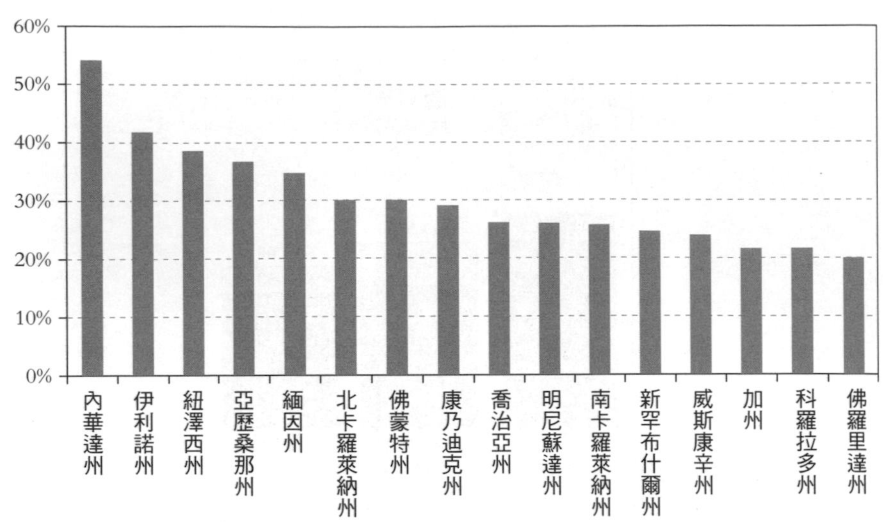


**圖9.4　2011年州預算缺口占預算支出的百分比**

資料來源：Center on Budget and Policy Priorities.

所有的州都有大量的預算赤字，金融市場的興盛讓他們有膽這麼做。經濟衰退只是讓事情更加惡化，而在未來一段時間內情勢並不會好轉。

我們不知道每一州如何通過下一年度的預算，但估計得出來每一州的缺口有多少。**圖9.5**顯示，內華達州和伊利諾州仍將會有40%以上的預算缺口。

這些誇張的高預算缺口根本撐不下去。尼克森總統（Richard Nixon）時代的經濟顧問委員會（the Council of Economic Advisers）主席赫伯・史坦（Herbert Stein）曾說：「有些事情發展不下去時，就會停止。」（Something that can't go on, will stop.）總有一天州及地方政府財政完全失控的狀況會結束，只有時間問題，沒有會不會的問題，而且到了那一天恐怕危機也會隨之而來。

短期內因為聯邦政府對州政府補助，危機不會立即發生，**圖9.6**是聯邦政府對州政府及地方政府的支付款增加狀況，也就是熟知的援助撥款（grants-in-aid）。根據彭博社的報導：

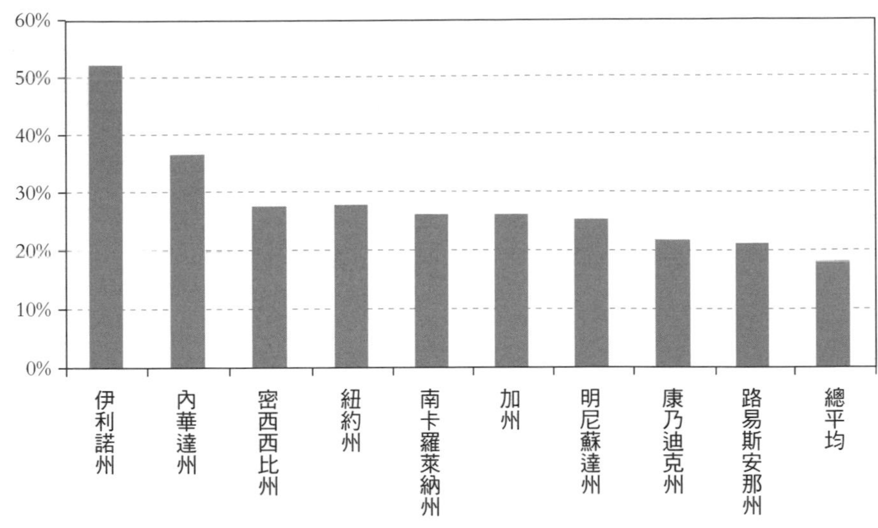


**圖9.5　2012年州預算缺口占2011年預算支出的百分比**

資料來源：Center on Budget and Policy Priorities.

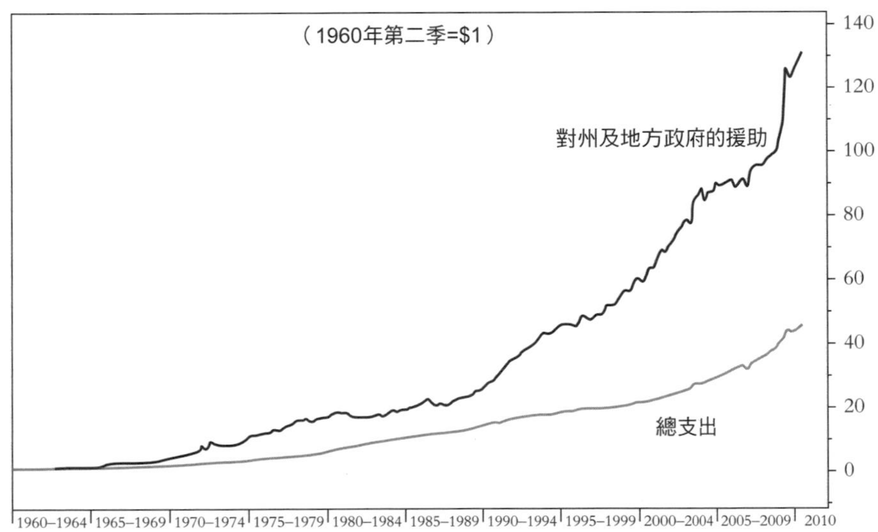


**圖9.6　援助撥款和總支出的成長**

資料來源：Bloomberg Chart of the Day, Commerce Department.

> 根據美國商業部的資料統計，過去一段時間（援助撥款）的增幅是總支出的3倍，（2010年）第二季年化增加了5,250億，較二年前增加33%。大多數的款項都用來支付醫療補助（Medicaid）計畫下的健康照護費用，以及支應教育成本……
>
> 五十年前州政府和地方政府花的每一塊錢，到了2010年第二季聯邦政府得補助131.25美元。同樣的情形放在聯邦政府總支出上，這個數字只有45.75美元……[10]

簡單來說，州政府就像個恣意揮霍的孩子，而他的父親，聯邦政府，必須介入提供援助，這不會永遠行得通的。在某些時候，父母親應該讓孩子們為他們自己的行為付出代價。事實上，國家的父母就是納稅人自己。財務良好的州應該援助有困難的州，而納稅人最終要為過度浪費的政府買單。

有趣的是，這種危機並不是平均在各州發生。事實上，財政狀況好的州和納稅人到頭來還得援助那些揮霍的人。**表9.1**真令人大開眼界，有些州的選民認為政府應該多為他們花點錢，有些州則相信小政府即可。前者到頭來債務滿身，後者通常負債少得可憐。投給約翰・麥肯（John McCain）[6]的州通常有較低的債務占GDP比重，投給歐巴馬的州債務比重就高得多。

這其中的問題恐怕比表面數字來得大。在美國，每個州都隱藏了大量的負債。加州的負債看起來只有經濟規模的8%，管理起來並不難，但如果加上退休基金缺口的公平市價，總負債會跳升到加州GDP的37%！

先前我們討論過希臘和歐洲周邊國家的問題，其實許多美國的州也是一樣。根據美國企業研究院（American Enterprise Institute, AEI）的經濟學家安德・比格斯（Andrew Biggs）的研究，如果這些州也是歐洲國家的話，他們的退休給付將會超過GDP的60%，60%是馬斯垂克條約

[6] 約翰．麥肯，共和黨亞歷桑那州參議員，2008年代表共和黨與民主黨的歐巴馬角逐美國總統失利。

## 表9.1　美國各州平均每人債務

| 選出麥肯的州 | 平均每人的州負債 | 選出歐巴馬的州 | 平均每人的州負債 |
|---|---|---|---|
| 肯塔基州 | $1,685 | 康乃迪克州 | $4,859 |
| 密西西比州 | $1,478 | 麻州 | $4,606 |
| 阿拉斯加州 | $1,345 | 夏威夷州 | $3,996 |
| 路易斯安那州 | $1,271 | 紐澤西州 | $3,669 |
| 堪薩斯州 | $1,140 | 紐約州 | $3,135 |
| 喬治亞州 | $1,120 | 德拉瓦州 | $2,489 |
| 西維吉尼亞州 | $1,079 | 加州 | $2,362 |
| 猶他州 | $ 957 | 華盛頓州 | $2,226 |
| 南卡羅萊納州 | $ 917 | 羅德島 | $2,127 |
| 阿拉巴馬州 | $ 796 | 奧勒岡州 | $1,859 |
| 密蘇里州 | $ 780 | 伊利諾州 | $1,856 |
| 亞歷桑那州 | $ 736 | 威斯康辛州 | $1,720 |
| 奧克拉荷馬州 | $ 570 | 馬里蘭州 | $1,608 |
| 愛達荷州 | $ 532 | 新墨西哥州 | $1,398 |
| 德州 | $ 520 | 佛羅里達州 | $1,123 |
| 蒙大拿州 | $ 358 | 明尼蘇達州 | $1,037 |
| 北達科他州 | $ 327 | 賓州 | $ 938 |
| 田納西州 | $ 318 | 俄亥俄州 | $ 933 |
| 阿肯色州 | $ 312 | 內華達州 | $ 925 |
| 南達科他州 | $ 135 | 維吉尼亞州 | $ 895 |
| 懷俄明州 | $ 77 | 北卡羅萊納州 | $ 765 |
| 內布拉斯加州 | $ 15 | 緬因州 | $ 760 |
| | | 密西根州 | $ 748 |
| | | 佛蒙特州 | $ 709 |
| | | 新罕布什爾州 | $ 665 |
| | | 印第安那州 | $ 493 |
| | | 科羅拉多州 | $ 400 |
| | | 愛荷華州 | $ 73 |
| 平均每人州負債 | $749 | 平均每人州負債 | $1,728 |

資料來源：Marc Faber, Gloom Boom & Doom Report; Chuck Devore, Big Government, http://biggovernment.com

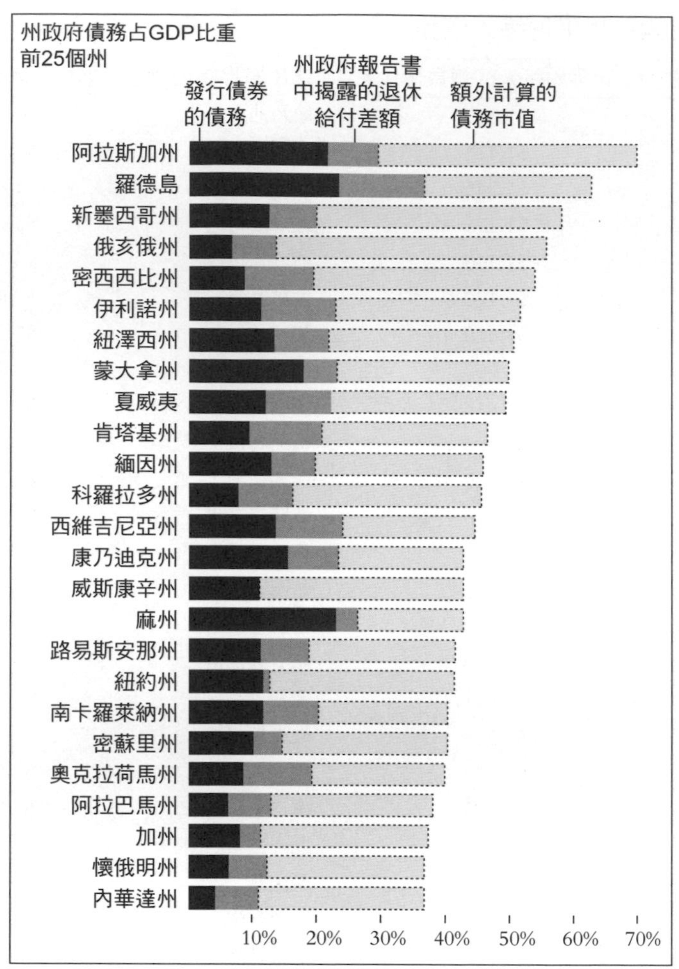


## 圖9.7　看不見的沉重負債

註：州政府外在的債務數字，也就是發行在外的債務價值，看起來還能控制，但這些債務並未計入退休給付的缺口。目前公辦退休基金並未要求以市值方式揭露，雖然多數人認為市值較有意義。除此之外，州政府還得分攤國債，這將進一步膨脹州政府的總債務。

資料來源：©Andrew G. Biggs. Reprinted with permission of the American Enterprise Institute for Public Policy Research, Washington, DC.

（Maastricht Treaty）[7]規定歐洲國家債務占GDP比重的上限。

有些經濟學家認為，壓垮州政府及市政府的最後一根稻草會是退休給付的隱藏債務。**圖**9.7顯示，即使退休給付並沒有在州政府預算報告中揭露，給付的義務卻是真實的，當把其他的實質債務加上去，實際上州政府的財務負擔將暴增3至4倍。

根據《紐約時報》的報導，西北大學經濟學教授喬舒亞·勞（Joshua Rauh）以及芝加哥大學的諾維—馬克斯（Robert Novy-Marx），最近用債券評價的方式，重新計算全美五十個州退休給付的價值，結果高達5.17兆美元。扣除各州退休基金總額的1.94兆美元，差額達3.23兆美元，比州政府欠債券投資人的債務多3倍[11]。其他兩項研究，用了不同的方法，得出來的差額也是3兆美元左右。

美國有許多未揭露的債務，雖然表面上債務較GDP還低一點，但長期的債務可高得多。波士頓大學的經濟學教授勞倫斯·克特里考夫（Laurence Kotlikoff）指出：

> 官方的債務數字和實質負債之間的巨大差額一點也不令人意外，它反應了經濟學家所稱的標籤（labeling）問題。國會多年來很小心地把許多債務標示為「非官方」，不列入預算報告中也不計入未來……財政缺口則不受到財政標籤的影響，它是唯一在理論上衡量長期財政情況的正確方法，它考慮到所有的支出，包括長期和短期，不管有沒有被標籤。[12]

美國官方的赤字和債務數字是以現金基礎（cash accounting）計帳，也就是以現金何時流入和流出為基準。一般來說，現金基礎用來計算今天帳單付了多少沒什麼問題，但用來衡量整體財務狀況，像是信用卡債、汽

[7] 馬斯垂克條約，亦稱「歐洲聯盟條約」，1991年12月9日至10日在荷蘭的馬斯垂克舉行的第四十六屆歐洲共同體首腦會議上簽訂。內容包括了「歐洲經濟與貨幣聯盟條約」和「政治聯盟條約」兩大部分，為歐洲共同體建立政治聯盟和經濟與貨幣聯盟確立了目標與步驟，目前使用的歐元即源自於此條約。

車貸款、房貸、還沒付的電費單等就不是好方法了。企業及其他機構因為如此，而以應計基礎（accrual accounting）記帳，它不看你的支票帳戶，而是看收入和支出什麼時候發生而定。應計基礎能讓你比較清楚地認識你的財務狀況。

極端諷刺的是，聯邦法律要求營收超過100萬美元以上的企業必須採用應計基礎記帳，如果用現金基礎記帳，負責人可是會被政府告上法院的。企業採用和政府一樣的記帳方法是非法的，政府隱藏長期給付義務的作法如同向選民隱瞞其負債一樣。

## 這意味著什麼？

我們最有可能出現的結果是增稅。有些稅增加是好的，它能夠扭轉現今許多利用政府補貼造成的特殊利益輸送的現象。然而有些稅的增加卻會對成長造成負面衝擊。

如同馬丁・費德斯坦（Martin Feldstein）[8]所寫的：

> 除了社會安全和醫療保險之外，聯邦政府許多非國防支出，早已採用特別稅制而非直接支付現金……因為它造成了政府其他收入的減少，這種特別稅制就如同政府支出一樣……根據國會的聯合稅務委員會（Joint Committee on Taxation），2010年這種稅制的支出使得聯邦政府赤字增加約1兆美元。如果國會認真削減政府支出，同時還得減免許多稅賦……[13]

確實，和世界上許多國家相比，美國的稅務負擔的確較輕。從**圖9.8**看得出來，美國稅收比主要國家都來得低。

[8] 馬丁・費德斯坦，哈佛大學經濟系教授，也是國立經濟研究局（National Bureau of Economic Research）的榮譽主席。費德斯坦早年曾擔任雷根總統時代的經濟顧問委員會主席，參與雷根總統重大經濟政策的制訂，是美國當代重要的經濟學者之一。

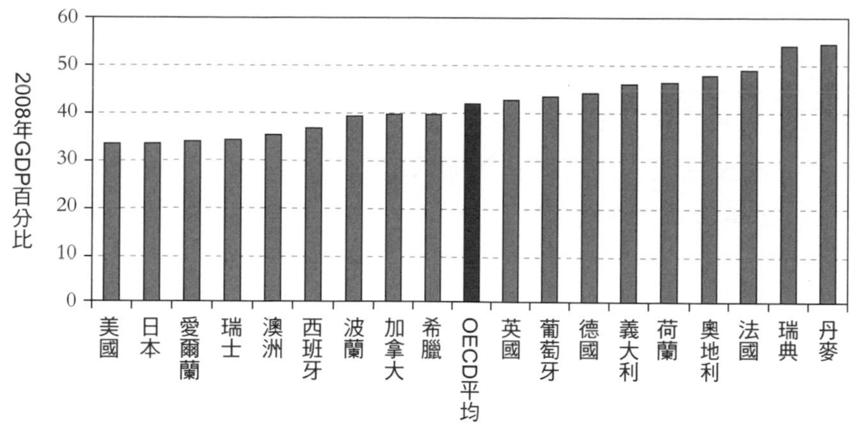


**圖9.8　EOCD國家稅負作GDP比重**

資料來源："Choosing the Nation's Fiscal Future," Committee on the Fiscal Future of the United States, National Research Council and National Academy of Public Administration.

## 陌生人的好意

美國相當依賴外國人大量購買其債務，最大的幾個買家像是中國、日本、俄羅斯以及沙烏地阿拉伯。中國和日本的錢是流回美國的。美國買它們的商品，但他們並不是把手中賺到的美元賣掉，而是回頭買美國債券，以防止人民幣和日圓升值。沙烏地阿拉伯和俄羅斯也很類似，美國向他們買的是石油。這是一種另類的供應商融資（vendor financing）現象[9]。

然而，外國人對於購買美國債券這回事是愈來愈覺得不對勁。他們知道美國的財政狀況難以維持。下面是一則實例，看看外國人怎麼看待美國的債務。

英國《每日電訊報》（*Telegraph*）報導美國財政部長蓋特納（Tim Geithner）首次訪問中國時有一段話：「在擔任財政部長後首次訪問中國時，蓋特納部長告訴北京的政界和學界仍然支持強勢美元政策，強調中國

[9] 供應商融資是一種由供應商向其客戶提供貸款，再由客戶下單購買自家產品的型式。如此一來供應商帳面上有營收，但實際上卻是自己花錢買自己的產品。

投資的數兆美元並不會因為經濟危機受到過度傷害。在北京大學的演說中，蓋特納說道：『中國的資產相當安全。』這句話引起了在場學生一陣大笑[14]。」即使中國學生也曉得美國不太可能進行財政改革。

雷根總統時代的管理暨預算辦公室主任大衛・史塔克曼（David Stockman）曾說：

> 不久之前，蓋特納告訴北京一群學生說，美國政府未來五年內將整頓財政支出時，引來一陣大笑。無疑的，今天美國經濟是由高齡、負債累累的人所組成，在現今產能過剩的全球經濟中，他們生產出來的東西沒什麼競爭力。事實上，美國1.5億名勞工中，商品製造業的工作已降到僅800萬個。這樣的經濟狀況勢必得削減支出並增加儲蓄，把資源重新投資在更健全的基礎上。也就是說，公共部門要出現預算盈餘，家庭儲蓄要比過去幾十年前曾出現過的還要高。[15]

就在蓋特納訪問北京後不久，中國的信用評級機構「大公全球信用評等公司」，首次針對主權債券進行評等，吹皺全球主權債信評級一池春水。它在「財富創造能力」和「外匯儲備」增加權重，比例較惠譽（Fitch）、標普（Standard & Poor's）或穆迪（Moody's）還要高。美國的評級因此降為AA[⑩]，英國和法國遽降為AA-。比利時、西班牙和義大利則為A-，與馬來西亞相同。**表9.2**列出主要國家的評級，美國僅名列第十三。

讓我們看一下他們用有點糟糕的英文陳述其理由：

> 在一般的信用和債務關係上，債務人（debtor）新創造出來，而非新借來的現金流量，才是債務償還的基本條件。基於此原

---

⑩ 大公國際信評公司2010年以來多次調降美國主權債務評等，2010年11月從AA調降至A+，2011年8月再下調至A。數日之後標普（S&P）首次調降美國主權債信，成為西方第一家調降美國債信的機構，引爆股匯市一陣恐慌。

**表9.2　大公國際信評公司各國主權債信評等**

| 編號 | 國家 | 本國貨幣 | | 外國貨幣 | |
|---|---|---|---|---|---|
| | | 評等 | 展望 | 評等 | 展望 |
| 1 | 挪威 | AAA | 穩定 | AAA | 穩定 |
| 2 | 丹麥 | AAA | 穩定 | AAA | 穩定 |
| 3 | 盧森堡 | AAA | 穩定 | AAA | 穩定 |
| 4 | 瑞士 | AAA | 穩定 | AAA | 穩定 |
| 5 | 新加坡 | AAA | 穩定 | AAA | 穩定 |
| 6 | 澳洲 | AAA | 穩定 | AA+ | 穩定 |
| 7 | 紐西蘭 | AAA | 穩定 | AA+ | 穩定 |
| 8 | 加拿大 | AA+ | 穩定 | AA+ | 穩定 |
| 9 | 荷蘭 | AA+ | 穩定 | AA+ | 穩定 |
| 10 | 中國 | AA+ | 穩定 | AAA | 穩定 |
| 11 | 德國 | AA+ | 穩定 | AA+ | 穩定 |
| 12 | 沙烏地阿拉伯 | AA | 穩定 | AA | 穩定 |
| 13 | 美國 | AA | 負向 | AA | 負向 |
| 14 | 南韓 | AA- | 穩定 | AA- | 穩定 |
| 15 | 日本 | AA- | 負向 | AA | 穩定 |
| 16 | 英國 | AA- | 負向 | AA- | 負向 |
| 17 | 法國 | AA- | 負向 | AA- | 負向 |
| 18 | 比利時 | A+ | 穩定 | A+ | 穩定 |
| 19 | 智利 | A+ | 穩定 | A+ | 穩定 |
| 20 | 南非 | A | 穩定 | A | 穩定 |

資料來源：Sovereign Credit Rating Report of 50 Countries in 2010, Dagong Credit Rating Company.

則，信用關係才能建立並維持。過度依賴融資和債務展延最終將引發債券市場的極度反應，當借貸成本和困難度同時增加，信用風險也會急遽升高。

因此，在同樣的環境下，本機構認為財政收入足以支應債務的國家，會比依賴融資來還債的國家來得健全，即使短期內那些融資國家看起來也很穩健。[16]

簡單來說，因為美國債務在短期內仍不停增加，我們還不起債，只有展延一途。我們發新債還舊債，而且每次都多借一點。我們前面曾提過，這違反了「邊界性」和「非龐氏」情境[11]。在缺乏有效的財政改革下，持有政府債券的唯一理由只是其他人會用更高的價格買你手中的債券而已；也就是說，有個比你更笨的笨蛋在那兒等著買。問題是總有一天市場上再也找不到笨蛋。

大公國際信評公司因此被美國政府禁止進入美國市場一點也不令人驚訝。原因也許是該公司總部設在北京，在美國沒有分支機構，也沒有參與美國公司的信用評等，在美國也沒有任何人在用它。簡單來說，找替死鬼總比收拾殘局要容易得多。

## 美國盛宴的結束

萊茵哈特和羅格夫指出，當各種危機自四面八方而來，分辨已開發國家或新興國家就沒多大差別，尤其是危機所帶來的影響。已開發國家也沒有特別的管道或特殊的智慧來防止危機發生，或是比較快復甦。事實上，因為過度自信——他們自認為有比較卓越的體制——已開發國家造成的問題恐怕比新興國家更大，這就是美國現在發生的事。自滿的心態讓我們疏於必要的財政整頓，如果我們不希望像許多新興國家面臨債務和貨幣危機，眼前能做的就只有困難的選擇。

再說一次，當個人背負太多的債務時，通常會選擇違約。當國家背負太多的債務時，則會有三種選擇：

1.用通貨膨脹讓債務消失。
2.直接宣布債務違約。
3.藉由貨幣貶值損及持有債務的外國人。

## 現在即是未來

我們回顧一下，過去十年的美國政府就像是乳臭未乾的青少年，做了許多錯誤的選擇：我們允許銀行過去使用槓桿，像是AIG（以及其他銀

[11] 請見本書第6章，引用約翰・海斯曼（John Hussman）的比喻。

行），賣出內容其實是**裸部位買權**（naked call option）[12]的**信用違約交換**（Credit Default Swap, CDS）[13]，以財務報表為基礎，賣出遠超過其資產淨值所能負荷的部位，讓整個金融體系曝露在風險之中；我們將大量的抵押貸款借給那些根本還不起的人，再一次讓全球金融體系陷入只有緩慢成長的稅收才能挽救的絕望邊緣；我們曾假設房價沒有呈現泡沫，而是永久固定的成長，再用我們的房子去借到錢，過著看似完美的生活型態；我們並沒有去規範抵押債市場；我們讓政府赤字爆量且快速成長，同時也沒有足夠的儲蓄；我們允許信評機構自毀其誠信，直到它們的評等根本不值一看……。能列出來的可比這個還多得多，但我想讀者應該瞭解箇中含義。

現在，我們面臨著持續性的危機和數個泡沫破滅後的景象，只剩下大量的政府赤字和成長中的公共債務、一度創紀錄的失業率，及極度絕望，與只能試著修補資產負債的消費者。

過去幾個章節中曾經提到，如果目前的趨勢繼續下去，未來十年我們將需要15兆美元的現金，以支付美國政府的債務，這還不包括州、郡、縣，以及市政府的債務。也許一些企業放款也會倒帳，抵押債也需要錢。這麼多錢要打哪兒來？答案是根本找不到。不用等到2019年，債券市場就會開始恐慌，面臨不太愉快的變局。

---

[12] 賣出裸部位買權，是選擇權交易型態的一種。如果只買入或賣出單一種選擇權，稱為裸部位（naked position），未來價格走勢為單一方向時才能獲利。賣出裸部位買權則是賭價格盤整或下跌；相對而言，買進此裸部位買權的買方則是賭價格上揚。

[13] 信用違約交換，是指針對債券發行者的違約風險所設計出來將風險移轉的金融衍生性商品。傳統債券投資人投資債券必須同時承擔發行者可能違約的風險，於是金融機構設計出一個將違約風險移轉的商品，由債券投資人購買並支付權利金，將原本承擔的違約風險「交換」出去；金融機構一方面收取權利金，另一方面將原先由投資人承擔的違約風險承接過來。若債券發行者沒有違約，投資人獲得本金加利息收益，金融機構獲得權利金，雙方皆大歡喜；若發行者違約，金融機構必須賠償投資人的損失。

我們沒有多餘的選擇，只剩下艱難的和壞的兩種。情勢已經造成，問題已不是會不會痛，而是時間與方式而已。一路上絕不輕鬆，但有些壞選項比較不那麼壞。我們來看一看一些可能的選項吧！（我們的問題還算一般）

## 阿根廷病

有一種處理赤字的方式就是學學阿根廷和一些國家做過的：不斷印鈔票去支應赤字。當然，最終必定是惡性通膨和貨幣崩壞，但債務也會因而消失。分析師認為這樣的結果必定出現，但他們也想問的是：能夠這樣處理債務嗎？要有多強的政治意志力才行？

巴西有一個大型避險基金經理人戲稱阿根廷是一個二分法（binomial）的國家。當有兩個選項出現時，他們永遠會選壞的那一個。這在美國會出現嗎？

前面討論過，惡性通膨不僅僅是個經濟現象，還是個政治選項。當前的政治氣氛，選民已開始關注需要做些什麼，而非僅只口頭上說要改變。愈來愈多人對於赤字感到不安，再者，聯準會也必須會處理惡性通膨的問題，我們認為惡性通膨出現的機率非常小（幾乎是零）。國會能修法取代聯準會嗎？當然沒什麼不可能，但我高度懷疑這個頭腦清楚的小圈圈會讓它發生。

我們認為美國發生惡性通膨的機會甚低，即使有了量化寬鬆，也很難想像聯準會真的將債務貨幣化，同時允許美國政府持續擴大赤字，假惺惺地宣稱要打擊通縮。這恐怕是壞選擇當中最差的了。

## 奧地利模式

接下來我要介紹一下奧地利學派的理論，以米塞斯（Ludwig von Mises）和海耶克（Friedrich Hayek）的研究作藍本。當時在奧地利學派許多人主張要廢除聯準會，回到金本位制；讓現在大到不能倒的銀行，以及一些管理不善的企業真的倒〔像是通用（GM）和克萊斯勒（Chrysler）〕；把優勢給那些新的、更適合的企業和銀行享有。

在他們的模型中，政府支出要砍到見骨，（在大多數的情況下）稅收也是如此。理論上這種方法的優點是，一次痛到底才能從最壞和最深的衰退中復甦。但缺點是你必須承受高達30%的失業率，並且可能會有另一次衰退，需要極長時間才能恢復。

我們對於奧地利學派做了相當簡單的介紹，如果你有興趣可以上www.mises.org網址找到更多資訊，這是介紹奧地利學派相當好的網站。我們都不是奧地利學派的人，但花了很多時間去研讀他們的文章，對他們的觀點也心有戚戚焉。

同樣地，這個學派的主張也幾乎不可能被應用。在國會，只有我（墨爾丁）的朋友榮・保羅（Ron Paul）[14]是此理論的提倡者，他兒子蘭德（Rand）目前也在參議院。多數的奧地利學派天生就是自由主義者，這在未來都不太可能在政治上實現。

## 東歐模式

2010年春天尼爾・弗格森（Niall Ferguson）在達拉斯發表演說，我（墨爾丁）有幸獲邀在場。演說結束後舉辦簽書會，隨後我們在當地享受潛水。晚上他點了威士忌，我點了龍舌蘭，接著繼續談論全球經濟問題，遠超過預訂的時間，直到深夜。他是一位非常風趣且知識淵博的人。

我們論及未來可能的走向時，他提出一個我從未想過的方案。他談到柏林圍牆倒塌的那段時間，東歐國家陸續脫離前蘇聯，在極端貧弱的基礎上，儘管步調並不一致，也得在短時間內重建他們的政府和經濟體制、私有化、低稅率等一些當時最重要的做法。

現在在美國到處都在談論要改革，我們需要健保改革、教育改革、能源政策改革。在東歐，他們沒有用「改革」這二個字。在許多地方，他們就只是從頭開始建立新制度。他們的優勢在於對於過去的失敗有共識，因

[14] 榮，保羅（1935　），為美國德州共和黨籍眾議員，2008和2012年分別曾角逐共和黨總統候選人，但均失利。

此有較大的空間做改變。

今天在美國，仍然有許多選民抗拒改變。目前我們僅僅在危機邊緣做了些修補，實質結構的改變仍然需要。不幸地是，我們並沒有太大的機會做大規模的改變，甚至無法進行金融法規的必要修正。

## 日本病

在本書後面的章節中，我們會討論日本長期面臨的問題，在這兒做一點預告。他們的人口在萎縮，勞動力在減少；他們長期運用大量的政府赤字超過二十年，政府債務占GDP的比重已超過200%，在幾年內就會超過220%。在第一個失落的十年間，他們的儲蓄率是16%，現在則剩下2%；老年人口把儲蓄花費在退休支出上；他們二十年來沒有創造新的工作機會，名目GDP和十七年前差不多。

跟美國的問題相差不遠，不過日本泡沫規模要大得多，商用不動產價值跌掉了87%！二十年後的股票市場相較最高點仍然跌了70%；日本銀行槓桿占GDP比重是美國的2倍（想像一下美國銀行放款多了1倍，並且有更高的違約和資本短缺的情況會有多壞）。

沒錯，他們的經濟維持不冷不熱，生產力維持了高生活水準，就在最近，出口也變得強勁。但全球交易市場仍充斥著放空日本國債的交易商，原因是他們相信遲早有一天會爆。只要日本仍舊走這條老路，我們也相信會有這麼一天。日本是高度民主的社會，事情的演變往往比我們想像得還要久。

辜朝明（東京野村證券首席經濟學家）熱切地認為日本要解決其資產負債表的問題，唯一的方法是擴大赤字。但銀行不再放款，企業不再借錢，它們都得修補泡沫破滅後殘破的資產負債表。位於東京的日本皇宮，其地價一度超過整個加州。無疑地，這讓我們的房市泡沫相形失色。

我們瞭解日本和美國的不同之處，但彼此間也有相似的地方。我們也有資產負債表式的衰退，雖然大部分要撙節和修補資產負債表的是個人和金融機構。

日本選擇大量的赤字和增稅。本書後面的章節會引用一些文獻，說明政府刺激和赤字長期而言對GDP並沒有效果。

本書第3章中我們曾提到一旦增加政府支出（方程式中的G），短期內對GDP是具有正面效果的，但長期而言就不是了。基本上，G的增加勢必要從消費者、企業和外國人的儲蓄中彌補回來。

G的增加也不會提升生產力。政府支出可能是必要的，但並非具有生產力，生產力的增加來自於私人企業的投資、創造就業和產出，如果政府吸收了部分資本，私人企業能分到的就會減少。

這就是日本病的病因。政府進行大量赤字，將可用資金都吸光了，然後再增稅，把錢從具有生產力的企業手中拿走、降低消費者儲蓄的能力，換來的是二十年經濟和就業幾無成長。

這是我們目前看似走上的路。日本的經驗告訴我們，可能得花上更長的時間才會發覺自已走投無路。如果像現在，美國的儲蓄率上升、銀行不把錢貸放出去而是存回聯準會（以修補其資產負債表），美國就有能力持續大量的赤字，長過所有觀察家（我們也是其中之一）難以相信的那麼久。

未來五年我們需要1,500萬至1,800萬個新工作，才能回到過去幾年那樣的情景，但沒有創造出新的產業不足以成形。美國有將近20%的人繳的稅遠不及幾年前的水準，至少有1,000萬人領取各式的失業救濟和福利。

工作並不是來自於政府的移轉性支出，我們提過，唯有來自私人企業才具有價值。實際上就是需要新興企業的誕生，也就是投資，才能實質上產生新的工作機會。如果把投資的資金拿去買政府債券，對企業投資和新興企業的資本課稅，只會延遲成長的到來。

大量的赤字並不會減少我們經歷的痛苦，只會看起來減少短痛，但會增加未來潛在的經濟動盪，尤其是當債券市場利率飆高時。這條路不是個好選擇，但不幸地，現實上恐怕是唯一能夠避免大量削減聯邦政府支出的方法。

日本未來很可能步上希臘的後塵，如果美國也繼續大量赤字這條路，不久也會面臨同樣的結局。就是飆升的利率、更大的赤字、更糟的失業率，以及生活水準的下降。總之，這也不是個好主意。

## 軟著陸之道

所謂滑翔路徑（glide path）是指飛機降落前最後一段的飛行路徑[15]。在這兒，我們要為可持續的預算赤字打造一條軟著陸之道——有機會出現盈餘嗎？因為有些時候債券市場會以主動或是被動的方式讓我們知道，長期的大量赤字是持續不下去的。

如果國會和總統決定籌劃一個真的（並且可信的）計畫，在一段時間內降低赤字，比如說五到六年內，把債務降到名目GDP以下，我相信債券市場將正常運作。藉由降低成長和支出，每年減少1,500億美元的赤字，五年內就可以達到目標。

問題是這個選項在短時間內必定會有陣痛。記得第3章提到的方程式嗎？

國民生產毛額（GDP）＝消費（C）＋投資（I）＋政府支出（G）＋淨出口（Net Export）（出口減去進口）

或是：

GDP＝C＋I＋G＋（E－I）

在缺乏私人部分的成長下，一旦減少G（政府支出），GDP在短期內必然下降，這是今天必須承擔的短痛。但因此可以避免未來更大的痛苦：大量聯邦債務泡沫破滅的痛苦。

軟著陸同時意味著結構性失業升高（實際上所有選項都會造成這個結果），同時稅率也會提高，自然也會拖累成長。當然，我們最後還必須處理資產負債表外，大約70兆美元的醫療保險、社會安全以及退休金的債務。我們可以討論增稅，如果要維持醫療保險，短期之內就有可能開徵加

[15]在此指的是緩慢降落的軟著陸。

值稅（VAT）了。我們相信一定幅度的增稅不利於經濟成長，但卻是必須的。

簡單好用的配套不會存在，只能試試提高加值稅時，同步降低公司營業稅，讓公司在全球市場上較有競爭力，以增加就業。

我們能做的就這麼多了，無疑地未來幾年很難再成長。洞是我們自己挖的，這可不是一般的衰退，也不會出現V型反轉，必須自己面對痛苦。痛苦來自於股票市場的投資報酬降低、美元價值較多數貨幣貶值（除了兌歐元、英鎊和日圓之外）、債券市場收益減少、歐洲式的高失業、企業面對長期低利潤，以及極緩慢的經濟成長環境。但如果選擇這條路，我們最終將渡過難關。

我們能修補資產負債表，也能用時間讓赤字獲得控制。我們經歷過困難的1970年代，未來也將出現全新的產業和科技能夠增加就業。

最後，再補充一點想法：雖然覺得很難，我們仍假設政治上展開某種程度的軟著陸，這表示這段過程當中最重要的選舉不是2012年11月的總統大選，而會是2014年的選舉。[16]

如果未來情勢的發展如同本書中所言，幾年內要看到失業率降到5%，或是經濟有顯著的成長都是不太可能的。這對在位者都不會是好事。如果選民的反應是希望再一輪的刺激方案和國會通過赤字預算，就等於在告訴政客們：我們沒有足夠的修養去堅持應有的態度，同時允許他們不去做些困難的決定。

領導者必須對美國人民坦誠，沒有魔法、沒有速成的辦法。互相指責並不能解決問題，我們必須著眼於經濟的永續發展，創造過去曾經出現，未來子孫仍將享有的就業和機會。會有幾年的難關要過，而如果持續下去就會克服。

如果我們不謹慎以對，更大的危機就會降臨，但願我們能勇敢面對。

[16] 這裡指的是國會期中選舉。

## 政策建議

本書並不會做出特定的政策建議，像是如何去刪減支出和提高稅收。不過原則上美國必須讓財政赤字降到名目GDP以下，最好能試著做到財政盈餘。最近各總統委員會的主席們對赤字所提出的建言很有意思，他們可能不算是政治上的先鋒，但提出來的想法倒是符合需要。為了達到合理的赤字水準，有時必須要做些困難的決定和取捨。

一般來說，重點應該在減支而非增稅。過去幾章我們談過，增稅是以成長為代價，而成長正是我們需要的。因此在修改稅法時，應以企業競爭力為主要的考量。尤其是要降低海外所得稅，企業才會將境外所得回流，投資在創造就業上，而不是貢獻在國外。

有時候，一點跳脫框架的思維反而有幫助。

### 移民政策

每年美國會有100萬外國人移入，這些人通常是在美人士的親屬，並不是有學位或是有錢的人。為何不學學加拿大考慮幾年內讓有錢及有教育背景的人移入？

特別是以現金買房同時提前支付二年的醫療保險費用，就能獲得一張臨時綠卡。如果持續四年，就能獲得正式的綠卡。以每年25萬人（還有1到2位家人）到美國來買房子計算，幾年內就可以消化過多的餘屋。這能讓房屋市場重新站起來，讓營建業很快回春，並提供就業。也會讓GDP回到正確的方向。

同時，每個到美國的新移民還得買傢俱、食物、衣服、車輛等東西，這對經濟是多大的助益！也能夠支撐美元匯率。以每間房屋平均20萬美元計算，那就是500億美元的產值，再加上至少100億美元購買其他物品，全部都會由外幣轉換成美元，對經濟會產生直接的助益。這沒有一分錢來自稅收，除了新的屋主必須開始繳稅。

這些新移民必須開始在此謀生，因為靠社會福利維生將失去綠卡資格。因此許多人會開始創業（並且雇用人），或是成為具生產性的勞工。

請記住，這並沒有引進比現在更多的移民人數，只不過是在幾年內將移民的成分做了變化。在本書第3章中，經濟成長的方法只能靠人口增加或是生產力提高，這就是了。我們可以經由篩選需要的移民讓經濟更好，而非只是讓親屬關係決定。（我們也不是主張放棄現有政策，只是在一段時間裡將數字降下來而已。）

照這個想法推論，我們為何不給予擁有高等學位，特別是自然科學（所謂硬科學，hard science）的外國學生一張臨時綠卡？難道我們只是訓練這些學生，然後把他們送回國去提高生產力？我們需要這些人。要不是外來移民，今天的矽谷恐怕還是一灘死水。再次強調，我們需要考慮接納那些能幫助我們重回經濟生產力榮景的新移民。

如果幾年後，不僅美國，其他已開發國家都意識到正在全世界的舞台上競爭，而真正的競爭是吸引最好的人才，並且把人民留在國內時，那才是莫大的諷刺！

## 能源政策

在前面章節曾提到，消費者和企業（泛指私部門）的去槓桿化、政府（公部門）降低赤字、貿易逆差的擴大都是可行的，但你僅能同時做到其中兩件。（我們討論過，這是會計上的恆等式，沒什麼置喙的餘地。）如果我們認真看待控制財政赤字，則必須同時處理貿易赤字問題，也就是要正視依賴外國油源的政策。在沒有把亞伯達省（Alberta）[17]變成第五十一州之前，我們需要一些實質的改變。

我們每年（淨）進口2,040億美元的石油相關產品，超過2009年全年的貿易赤字3,800億美元的一半以上，2008年的貿易赤字則高達7,000億美元。

許多經濟學家（包括我們）都認為高漲的油價相當於課美國消費者的

[17] 亞伯達省為加拿大西部的一省，位於卑詩省和曼尼托巴省之間，面積66萬1,190平方公里，人口約291萬人，首府是艾德蒙頓。境內洛磯山脈貫穿，具世界級的自然景觀，另富含石油及油砂（oil sand），是加拿大最富裕的省份之一。

稅，把原本能去買其他商品和服務的錢送到國外去。要是我們能把這些稅留下來並用於國內消費呢？

我們在本書中曾建議每年每加侖課徵3毛錢的汽油稅，直到不再依賴外國石油為止（每個月增加2.5美分）。一旦我們成為石油淨出口國，這汽油稅就要下降。像歐洲，人們開始適應較小、較省油的汽車。我們還要很久才能達到歐洲國家的每加侖油耗標準，這說明了距離能源獨立還很遠，也許得一直這麼走下去。

美國一年消耗1,400億加侖的汽油，占美國石油總消費的72%。如果汽油稅實行下去，第一年將會有400億美元的稅收，第二年會有800億，以此類推。這將是很大一筆錢。

這些稅金當然不會回到聯邦政府的金庫中，我們建議用這筆錢重建殘破不堪的基礎建設，像是橋樑、道路、供水系統、智能電網、自給自足的公共交通系統等等。（無須補貼！）在哪兒課稅就用於哪兒，只有一小部分拿來用作全國性的計畫。

更值得一提的是，這些計畫將提供大量的就業，這些稅收用於改善基礎建設，也能加惠後代子孫。

我們要認清，這是真正的稅賦移轉。經由改變消費者偏好，把原本要送給石油輸出國家的錢留在當地使用。

下面我們要仿效皮肯斯（T. Boone Pickens）的建議，將全國的卡車轉換成使用美國蘊藏豐富的天然氣[18]。我們能用部分的稅收投資並進行必要的基礎建設，然後租給業者逐步回收成本。

當美國汽油消費下降，油價開始下跌。將有助於控制財政赤字和對外國能源的依賴。

由於最終目標是在2020年之後實現電動車，我們必須思考如何增加發

[18] 皮肯斯，美國著名的石油大亨，曾大量購併石油公司並預測油價飆升獲得巨富，因而有「油神」之稱。2007年皮肯斯宣布轉戰新能源，稱之為「皮肯斯計畫」，起先以風力發電為主，2009年轉而開發天然氣。將天然氣計畫的目標從小型車輛轉向大型商務車、公共汽車和貨車。

電量的問題。煤當然還是其中一項來源，核能是更乾淨及有效率的現代電力來源。我們應該蓋50、75或100座核電廠，搭配智能電網的建立，降低我們對石化能源的依賴。

## 就業政策

那些民選官員和公僕每天清晨醒來都應該先問問自己：「在我的責任範圍能做些什麼，更輕易地創造就業機會？」眼看著人民和企業從高稅收和高法規管制的州出走，流向低稅收和低管制的州，每個人都不應忽視，重點是這些州仍難以籌到足夠的稅收來提供服務。

當然我們需要一些管制，但是這些法規應該減到最少，讓新企業的進入門檻儘可能降低。維持社會治安的法規是一回事，成立小型企業需要填數十張表格且雇用許多律師則是另一回事。經營一間企業已經夠困難了，就算沒有這些紙上作業，政府官員們也只要適時做出必要的回應即可。

就業政策始自教育機會，學校教育的工作就是教導孩子。我（墨爾丁）有七個子女（其中五個是收養的），他們各自需要的教育天差地遠，我曾經找尋不同的學校只為了適合某一個孩子的成長需要。在現代的世界中，一體適用（one size fits all）或僅有少數選項的教育已經過時，以教師工會福利為核心建構的學校不會專注在教育本職上。我們需要重新建構迎合孩子多樣化學習型態所需的學校。

我們需要建立的是和中國、印度、印尼、德國（以及其他許多國家）競爭的教育體系，曾經一度做得很好，但近年來落後許多。我們要建立年輕美國創業家所需的獨特精神，努力去訓練並發掘他們。這才是我們需要找到的啟蒙之地，為明日就業做準備的學校。

## 稅務政策

如果沒有創造就業和降低失業率，就必須承受更大的痛苦才能讓財政回歸正軌。經濟上第一件事是創造新的就業機會，因為新興產業是新工作機會的真正來源，我們應著眼於如何鼓勵創業。能不能設定未來三年內創業的人，在創造一定數量的工作機會後，五年內可以用零資本收益率（zero capital gains）把公司出售？我們認為這具有一定的誘因。

在與全球工作的競爭上，我們可以提供跨國公司十年內極低的公司稅率，讓它們在美國設廠並雇用員工，十年後再逐步調升。為何不用12%的稅率和愛爾蘭競爭？當然，相對國內企業而言，跨國企業具有極大的優勢，為何不降低公司稅以與國際競爭？

稅收是必要的，但我們可以思考重建稅法的架構。本書付梓之時，厄斯金・鮑爾斯（Erskine Bowles）和阿蘭・辛普森（Alan Simpson）[19]將聯名提出稅法修正草案，把最高稅率定為23%，但對資本利得和股利課徵相同稅率。他們設計一個很有意思的表格，列出一些特定免稅額的成本。例如，如果決定保留扶養孩童和所得的免稅額，將造成每人稅率提高1%；抵押利息的免稅額將造成每人增加4%的稅率。因為美國有將近40%的人沒有自用住宅，並且許多擁有房子的人並沒有、或是只有少部分貸款，這些或許值得考慮（取消抵押利息的免稅額）。[20]

另一個跨黨派的組織是由前參議員杜曼尼奇（Pete Domenici）和柯林頓總統任內的管理暨預算辦公室主任艾麗絲・瑞福林（Alice Rivlin）領軍，提出了15%和27%的雙稅制，以及6.5%銷售稅的提案。

我們希望更多的提案，設計者能依照鮑爾斯的模式，告訴我們每個課稅項目的成本，讓我們決定用稅收投資哪些是好的，哪些是不好的。

因為未來會有更多的計畫會提出，在此不會討論每項計畫的細節。稅制改革的實質討論之初衷，應在於鼓勵儲蓄、創新產業，同時控制政府赤字，這樣才能令人耳目一新。

我們正面對著過去十年間第三個泡沫破滅後的餘波，這次是發生在政

[19] 鮑爾斯和辛普森是歐巴馬政府減赤委員會（Obama administration's deficit reduction committee）的聯合主席。長期主張應增稅以改善赤字。屬於減赤的鷹派代表。

[20] 原註：我的女兒蒂芬妮和兒子亨利（Henry）剛貸款買房子，很可能會大力反對！

府身上，也是我們要處理的問題中最大的。我們得試著精簡（各級）政府到能夠承擔規模、同時不會排擠掉新的產業和私人投資。這一點都不容易，但現在我們看到一些跨黨派的提案（像是二股力量合而為一），實在令人振奮。表示終於有人要開始做事了。

最後，我們對於解決方案始終保持樂觀。隨著時間推移，新的工作機會將隨著新一代的美國企業家出現，創造新的產業，提供我們所需的商品及服務。如同我們過去擁有的個人電腦和網際網路一樣，我們期待能在生物科技、無線通訊（現在還沒出現，不久即將看到）、機器人、電動汽車、智慧型的基礎建設，以及更多的項目上看到革命。

回顧1970年代後期，當日本人取代了我們的地位，當時物價高得嚇人，利率衝上20%，失業率將近10%，各行各業皆蕭條時，被問到：「工作在哪兒？」時，最佳答案應是：「我不知道，但會有的。」

這正是我們該做的。

CHAPTER 10

# 歐洲周邊國家：現代版的金本位制

歐洲是個不適宜實行共同貨幣的例子。它是由多個各自獨立的國家組成，說著不同的語言，民情也不同，人民對自己國家的忠誠和歸屬感遠超過共同市場和歐洲這個概念。

——傅利曼教授（Milton Friedman）

《泰晤士報》（1997年11月19日）

一個未與單一國家聯結的貨幣聯盟能夠持續，在歷史上沒有先例。

——伊辛（Otmar Issuing），

德國中央銀行首席經濟學家（1991）

歐洲周邊國家因為大量債務，像骨牌一樣倒下。2010年5月開始希臘需要歐盟和國際貨幣基金的紓困；愛爾蘭則是在2010年11月。當本書在撰寫時，葡萄牙和西班牙正成為觀察家的下個目標。就像美國的次貸危機，首先搞垮抵押債的債權人，然後是貝爾斯登（Bear Stearns）和雷曼兄弟（Lehman Brothers），大量債務的威脅搞垮了歐洲國家。

在多頭時期，葡萄牙、愛爾蘭、義大利，以及希臘享受著歐元帶來的好處，如今這段時間所造成的失衡需要調整。本章討論這些國家如何走到這一步田地，目前的問題在哪兒，以及可能的解決方向。

## 歐元：一個次佳的貨幣聯盟

歐洲不是一個國家，這是再明顯不過的事。歐洲有許多代表性，地理上它是一片大陸，對許多非洲和中東地區的移民而言，來到歐洲是個比較好的主意。它也是個單一貨幣區域，但這不見得是個好主意了。

大多數人認為持有本國貨幣是件十分自然的事，並且假定會一直持有美元、英鎊、日圓或是歐元。事實上古早以前，個別銀行曾發行票據，允許持有者持票兌換黃金。這種貨幣即代表國家領域的概念一直延續至近代。

早在歐元成立之前，經濟學家羅伯特·孟岱爾（Robert Mundell）曾為文主張最適（optimal）貨幣區域。他的文章曾獲諾貝爾經濟學獎，重要性不言可喻。他認為最適貨幣區域的條件包括：

1.資本和勞力的流動。
2.彈性的工資和物價。
3.類似的景氣循環周期。
4.藉由財政移轉到其他區域，減緩經濟衰退衝擊的能力。

歐洲幾乎不符合上述任何一項條件。坦白地說，這並不是一個好的貨幣區域。

美國算是一個好的貨幣區域。從阿拉斯加到佛羅里達，從加州到緬因州，都使用著同一種硬幣和紙鈔，而談到經濟衝擊，美國也能自行吸收。在1990年代初期的南加州因為冷戰結束造成國防工業裁減，或是1980年代初期的德州因為石油工業榮景破滅，你都能打包行李去其他成長的州發展，這也真實發生了，但同樣情況沒有在歐洲出現。希臘人並沒有打包行李去芬蘭，希臘人也沒有在說芬蘭語（芬蘭以外的人幾乎沒人說）。在南加州和德州的美國人能夠獲得來自中央政府的財政補助以減緩景氣衝擊，歐洲卻沒有這種中央政府能夠做的這種財政移轉。美國能夠運作單一貨幣是因為具有勞動和資本的流動性，以及吸收財政及經濟衝擊的能力。

現代歐元就像是金本位制。當然，歐元無法兌換黃金，但在許多方面的運作卻十分類似。例如歐元區內國家是以實際物價和工資來調整彼此間的差異，而不是用匯率（因為都用歐元，無法用匯率調整）。和金本位制更接近的是，歐元也會造成**偏斜性衰退**（recessionary bias）[1]，由弱勢國家承擔失衡的調整，而非強勢國家。

在古典金本位制下，面臨貶值壓力的國家被迫面臨經濟衰退，因為工資無法像需求那樣下降那麼快，最後只會造成失業率上升。有趣的是，金本位制並沒有在另一個方向發生反作用，它並不要求有升值壓力的國家做出任何調整。這種單向的調整機制只會對面臨衰退的國家造成通貨緊縮壓力，這種不正常的傾斜在歷史上發生過，奧地利人曾因此大肆抱怨美國。

經濟學家巴里・艾肯格林（Barry Eichengreen）是金本位制的重要批評者，也是名著《金腳鐐》（*Golden Fetters*）的作者。他認為堅持金本位抑制了政府採取許多行動來抵禦大蕭條的能力。在金本位制下，1929年崩盤後原本可能只是小規模的衰退卻演變成大蕭條，那些沒有採用金本位制的國家能夠很快擺脫大蕭條，經濟產出也沒有因此下降許多。

在正式開始之前，我們必須先清楚定義一個觀念：在歐洲，所謂的核心國家是指德國、法國、荷蘭和比利時，這些國家一般來說比較富裕，物價較穩定，經濟整合的程度也較高。周邊國家則是指葡萄牙、愛爾蘭、義大利、希臘和西班牙（也就是大家熟知的歐豬五國PIIGS）。這些國家（或所在區域）自古以來相對較為貧窮，物價較不穩定，經濟整合也不如德法二國，景氣循環也不一致。本章將解釋核心與周邊國家的差異是所有問題的根源。

在過去十年間，周邊國家工資和物價上漲大幅超越了核心國家。在德

[1] 偏斜性衰退在此是指歐元區內國家彼此原本具有差異性，但同時使用歐元，匯率無法發揮調整的功能，造成經濟弱勢國家無法利用匯率貶值提高出口競爭力，結果變成政府及民間大量舉債以平衡逆差。整個歐元區的調整變成由弱勢國家承擔，衰退的國家更衰退，強勢國家反而以逸待勞的偏差現象。

國，物價和工資幾乎停滯，但周邊國家則是快速上漲，這造成了周邊國家相較於德國和其他核心國家的競爭力大減。結果呢？周邊國家的進口遠高於出口，造成了極大的貿易逆差。唯一的解決辦法是刪減工資和降低物價，造成內部的貶值（internal devaluation），也就是通貨緊縮。這種大規模的緊縮會造成難以收拾的後果。

在低利率環境下，物價快速上升造成了周邊國家的負實質利率（negative real interest rates）問題。簡單來說，如果借款利率是3%，而通貨膨脹是4%，就等於是以比通貨膨脹還低1%來借錢，借錢反而賺到了。既然借錢有甜頭，歐洲周邊國家於是大量舉債借歐元，反正它們也沒辦法印鈔。

美國、英國、瑞士利用提供銀行流動性來將債務貨幣化，紓解財政擴張的壓力，壓低長期利率，並且讓貨幣貶值。歐洲周邊國家（以歐豬五國為例）則沒有這個選項。歷史上唯一能類比的情形是金本位制下蒙受通貨緊縮的國家：債務必須要用錢──也就是黃金──來還，這些國家沒辦法印鈔。（譯者按：如同金本位制下的國家沒辦法變出黃金）

德國不願意降低大量的貿易順差，提高國內消費以平衡歐洲的情勢，協助弱勢國家渡過難關。記得嗎，一個地方出現赤字，就會有另一個地方出現盈餘。德國忙著刪減支出，降低國內需求，幅度就像周邊國家舉債一樣多。因為歐元就像金本位制，存在相當嚴重的偏斜性衰退。調整的負擔落在周邊的赤字國家，而這些國家正蒙受著通縮之苦。

但有一點和金本位制不同，歐元區國家幾乎不可能離開歐元。馬斯垂克條約[2]非常明確規定進入歐元區的門檻，但卻沒有說怎麼樣才能離開。事實上，要脫離歐元區的程序麻煩至極，雖然長遠來看是對的（指弱勢國家脫離歐元），但短期內所有的政客和企業家都會跳出來反對。看看下面有關義大利脫離歐元區的爭論：

> 市場參與者很快就會發現，（脫離歐元後）家庭和企業的國內

---

[2]有關馬斯垂克條約，請見本書第9章譯者註[7]。

存款將會被里拉（lira，原義大利幣別）重新計價，因為兌歐元會貶值，人們就會將存款轉到其他歐元區銀行，系統性的銀行擠兌就會隨之而來。投資人預期手中的義大利債券也會被里拉重新定價，同樣也會把資金轉往其他歐元區債券，這將引發債券市場危機。如果債券市場危機的起因是國會爭論是否要放棄里拉，歐洲央行也不大可能作為最終貸款人（lender of the last resort），提供大規模的資金去支援。如果政府財政已經相當脆弱，也不大可能借到錢來紓困銀行或是買回自家債券。這將引爆全面的金融危機[1]。（這和希臘的處境別無二致！）

由於結局極為悲慘，多數政客想都不敢想。這也是為什麼歐元仍會緩慢地走下去，政客們費盡心思要留住它的原因。這對歐元區的經濟成長、通貨緊縮，以及金融市場發展影響甚鉅。

歐元從來就不是一種經濟上的貨幣，它是政治的產物，只要政治上意義還在，它就會繼續存活。諷刺的是，富裕國家如德國或荷蘭不需要任何內部的危機就能夠脫離歐元，但它們都不會這麼做，因為這些國家的銀行手中都握有大量周邊國家的債券。

目前為止哪些證據顯示通貨緊縮和經濟衰退？歐洲的物價膨脹率較大多數其他國家來得低，這麼說吧！那些能將債務貨幣化的國家比較容易有通貨膨脹，不能貨幣化的國家則會有通貨緊縮。這並不令人感到驚訝，**圖10.1**顯示在美國和英國有較高的通貨膨脹率，歐洲國家和日本則陷入了通縮。

值得一提的是，歐洲周邊國家可能會面臨長期的通貨緊縮壓力。（見**圖10.2**）

過去一年間投資人和新聞媒體一再談到的一個主題，就是已經浮上枱面的希臘和歐洲周邊國家情勢。**圖10.3**明白顯示，這早就不是新聞，但市場如今才瞭解問題有多大。

下面讓我們看看2010年9月出版的《浮華世界》（*Vanity Fair*）雜誌當中，由麥可·路易士（Michael Lewis）所寫的一篇文章的片段[2]：

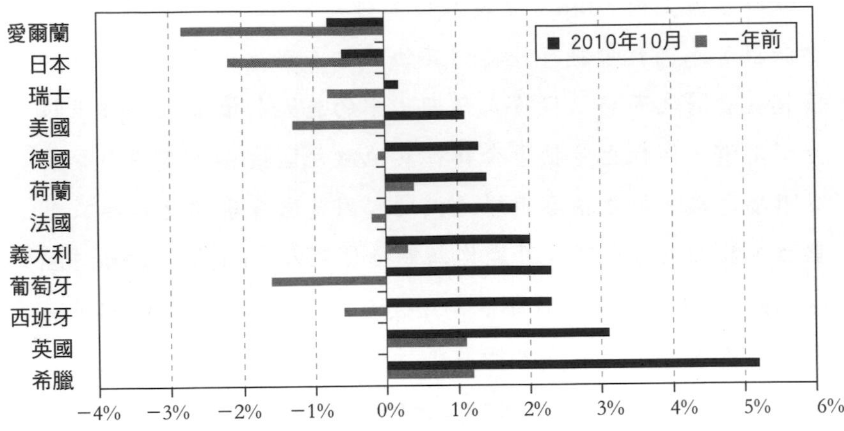


**圖10.1 部分國家核心通膨**

資料來源：Bloomberg, Variant Perception.

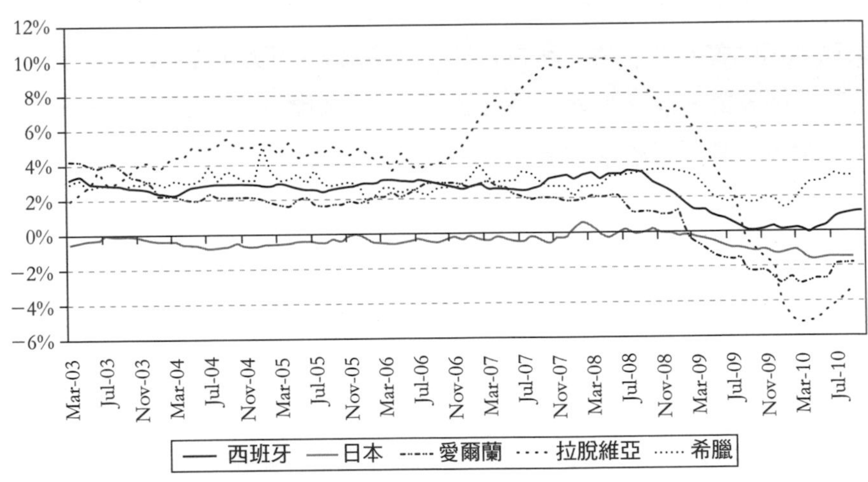


**圖10.2 核心消費者物價指數：西班牙、拉脫維亞、愛爾蘭、希臘、日本**

資料來源：Bloomberg, Variant Perception.

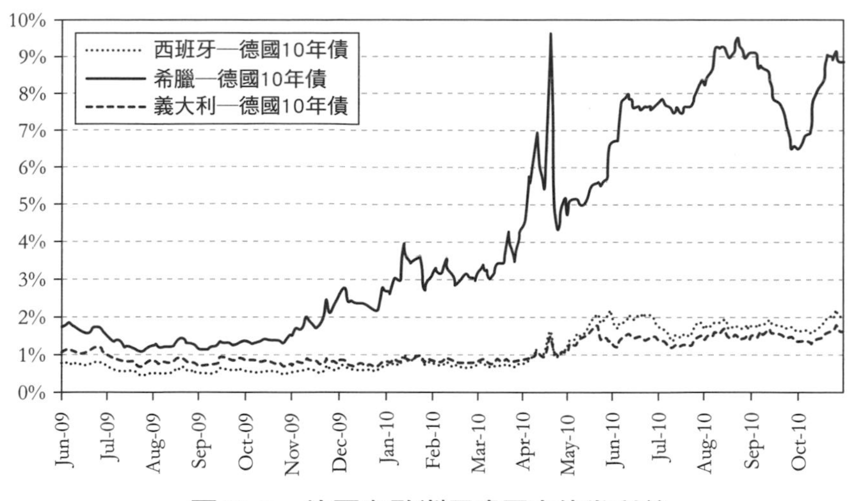


**圖10.3　德國與歐洲周邊國家債券利差**

資料來源：Bloomberg, Variant Perception.

事實證明，債台高築的希臘一旦走進黑暗的深淵，他們最想做的就是把政府變成皮納塔（piñata）玩偶[3]，裝滿了神奇的數字讓人民盡情打破。近十年來，希臘公務人員的實質薪資成長1倍，這還沒有算進政府官員的賄賂。政府部門職位的工資平均是一般民營企業的3倍。

國營的鐵路公司年營業額為1億歐元，但薪資支出卻達4億，外加3億的其他支出，鐵路員工平均年收入達65,000歐元。二十年前商人出身的財政部長馬諾斯（Stefanos Manos）就指出，用計程車搭載希臘鐵路的乘客應該會更便宜，這也是事實。「我們的鐵路公司居然破產了，」馬諾斯對我說。「在希臘沒有一家民營企業出得起那樣的平均薪資。」

[3] 皮納塔是一種源自墨西哥阿爾科曼的民間遊戲。在重大節慶尤其是聖誕節時，將一個裝滿糖果和小禮物的容器吊在空中，遊戲者矇住眼睛拿著棍子輪流朝著容器揮打，直到把糖果和禮物打出來為止，由所有人分享。這個小容器就稱為piñata。

> 希臘公立學校系統的效率更是令人瞠目結舌：它是歐洲排名最差之一，每名學生分配的教師人數是排名最佳芬蘭的4倍。把子女送到公立學校的希臘人基本上得另請家教，才能確保能學到點東西。希臘政府有三家國防企業，總共有數十億歐元的負債，並且呈現虧損。
>
> 在希臘，屬於辛勞（arduous）級工作的退休年齡，男性是五十五歲，女性是五十歲。員工退休之日，政府便開始慷慨支付退休金。希臘約有六百項職業被列為辛勞級，像是髮型師、播音員、侍者、音樂家等等。希臘的公立健康保險系統的給付遠高於歐洲平均水準——這並不奇怪，一些希臘人告訴我，親眼看到下班的醫生和護士滿手提著紙巾和尿布，以及所有可以從儲藏室裡拿走的東西。
>
> 希臘人從沒有繳稅的習慣……因為沒有人被罰。好像一位從不幫女士開門的紳士。
>
> 這樣的盜竊行為怎麼開始，這種浪費怎麼結束似乎一點也不重要，大家都是這樣互相包庇，這就像是假定一旦成為公務人員就一定會收受賄賂一樣。人們去公立醫院看病也必須要行賄醫生才能獲得比較好的照顧。政府首長終其一生花在公家單位服務上，因此理應在退休時買得起數百萬元的豪宅，和2、3間的鄉村別墅。

希臘需要一定程度的改變似乎不言可喻，就像路易士所指出，這不僅要平衡部分預算和刪減部分支出而已，這需要改變國民的習性——每個希臘人已經習慣的做事方式。

歐洲領導人發出了強硬的聲明，絕對不允許歐盟成員出現違約現象，一定會有解決辦法。然而現實是，解決希臘的問題必須要再借更多的錢，而他們根本無力償還。違約已不是可能，而幾乎已成定局。

希臘本身是個災難，但這只是小咖的，好比在大象背後的小昆蟲。希臘的GDP只占整體歐元區的2%，西班牙則超過12%。

西班牙正經歷嚴重的房地產泡沫。類比來看，儘管美國的經濟規模比西班牙大上6倍，但西班牙未出售的空屋居然和美國一樣多。西班牙大約占歐盟GDP的12%，2000年以來的新建房屋位全歐盟的三成。大多數的新屋是向國外融資興建的，因此西班牙的房地產危機和金融危機息息相關。

銀行業首當其衝。試想：對西班牙地產開發商的放款從2000年的335億歐元，膨脹到2008年的3,180億歐元，八年間暴增8.5倍。如果再加上營建業者的債務，總計放款規模達到4,700億歐元，幾乎是西班牙GDP的50%。

西班牙的問題大到動搖國本，足以吃掉全部銀行的動態準備金（dynamic provisioning）。根據西班牙住房部2008年12月的資料，西班牙全國有613,512戶已完成但未售出的成屋。另外還有626,691戶興建中的住宅，其中有250,000戶已售出（但交易有可能被取消），其餘房屋仍將湧入房市。保守估計，西班牙還有100多萬戶未售的住宅。不幸地，許多住宅興建在海邊，賣給也已舉債累累的英國觀光客，一旦他們不再回來，這些房子又會變成待售空屋。西班牙的房子都蓋錯了地方。

西班牙營建類股的泡沫和美國及其它典型的泡沫十分相像，暴漲10倍後跌掉90%，用數學算起來十分簡單。

在這種悲慘的情況下，你可能會猜西班牙的房價也會像美國一樣直直落。事實卻有點出入，**圖10.4**根據官方統計資料繪出，西班牙房價只比高峰跌了大約10%多一點。[4]

在房市泡沫和缺乏競爭力下，西班牙很可能會面臨長期衰退和高額預算赤字。西班牙的失業率是核心國家平均（如法國）的2倍，如**圖10.5**，即使近期提出的勞動市場改革，結構性的問題仍然存在。

核心和周邊國家的差異問題不會消退。就算不考慮希臘的危機，歐洲國家間的利差也應比2000至2010年承平時期要大。在2010年底，周邊國家

[4] 截至2012年12月底，該指數已跌至91.6，距離最高點跌幅已超過20%。

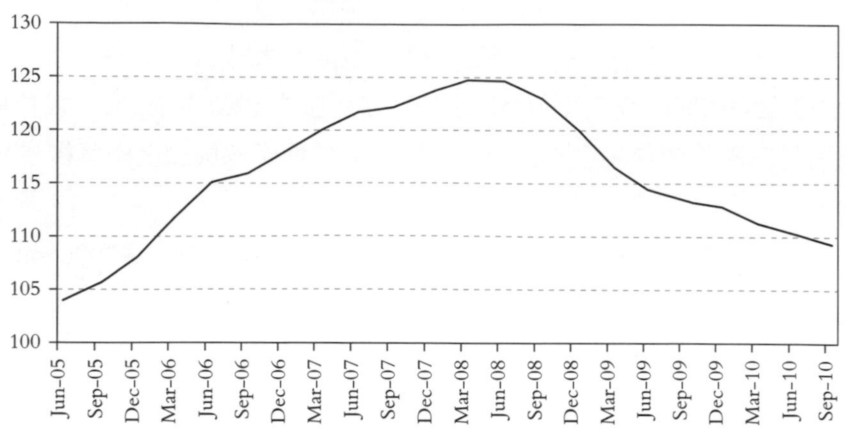


**圖10.4　西班牙房價指數（住房部資料）**

資料來源：Bloomberg, Variant Perception.

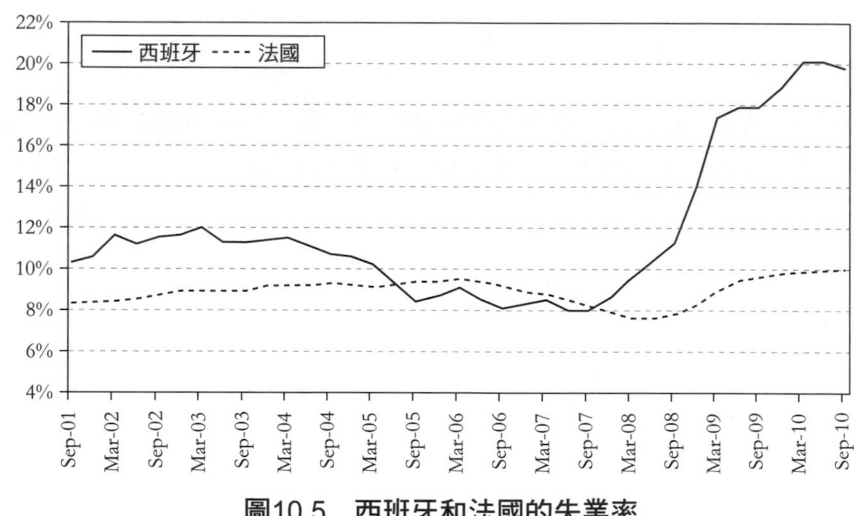


**圖10.5　西班牙和法國的失業率**

資料來源：Bloomberg, Variant Perception.

利差又回到金融海嘯時的水準，主權債務危機一觸即發。投資人長期樂於用不合理的利率借錢給這些國家，即使它們的財政信用極差、過度消費，以及過著超出人們能力的生活方式。

周邊國家的前景如何？有可能步上愛爾蘭的後塵。在歐洲所有的國家

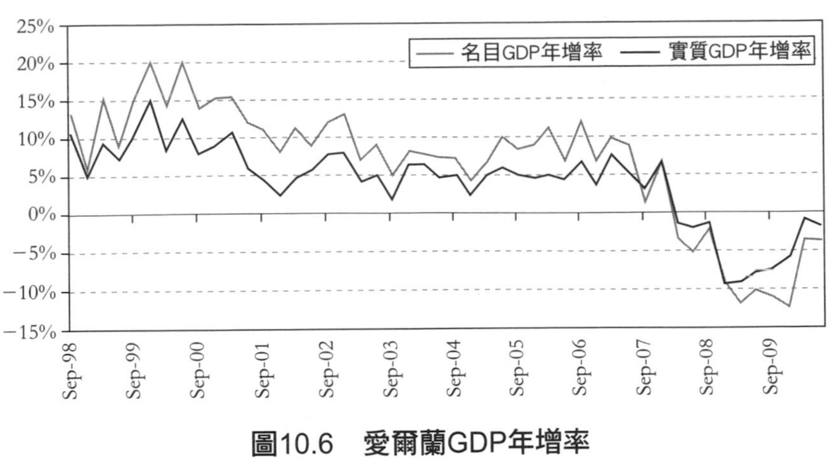


**圖10.6　愛爾蘭GDP年增率**

資料來源：Bloomberg, Variant Perception.

中，愛爾蘭正上演著嚴重通貨緊縮的戲碼，即使經濟成長逐季回升，名目上仍然身陷通貨緊縮。（見**圖10.6**）

長期來看，通貨緊縮將使政府赤字惡化，因為一般的稅收是用名目數字，而非實質數字計算。（在通縮環境下，實質稅收將隨時間增加，相對而言名目稅收隨時間減少。）

周邊國家將大幅刪減政府支出以防金融市場波動干擾，短期內將造成緊縮的效應。長期的緊縮則來自被高估的實質有效匯率（real effective exchange rates）以及缺乏競爭力，這只有經過長期的通貨緊縮才能調整。

並非所有國家都能靠出口來重返經濟榮景，包括希臘、西班牙及葡萄牙。由於周邊國家需要降低赤字，要怎麼做才能維持均衡？不是歐洲順差國家要減少其貿易順差，就是整體歐洲要減少其貿易順差，不管哪一種狀況，中國都必須減少其順差，或是美國要增加其逆差才行。

弱勢歐元無法幫助歐洲周邊國家。如**圖10.7**所示，希臘、西班牙，以及葡萄牙三個國家對歐元區以外的出口占GDP的比重低得可憐。除了愛爾蘭之外，歐豬五國經濟對外開放程度都不高，大多數的出口都是運到其他歐洲國家。

唯有內部實行更具彈性的工資和物價措施，並改善勞動市場及提高技

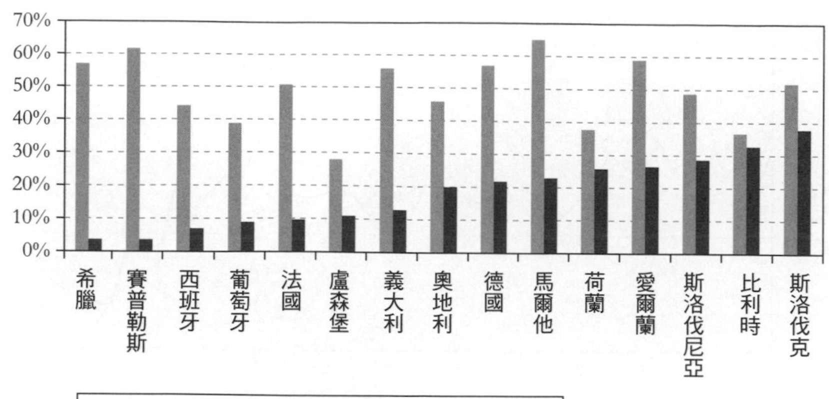


**圖10.7　歐洲國家歐元區以外出口**

資料來源：Jacob Funk Kirkegaard, "The Role of External Demand in the Eurozone," Peterson Institute for International Economics, May 27, 2010, www.petersoninstitute.org/realtime/index.cfm?p=1595.



術，才能有所成效，但這並非一蹴可幾。

歐洲周邊國家將面臨一段時間的債務緊縮期。如同前面提到的，一個國家不可能做到公部門和私部門去槓桿，同時又不影響貿易數字。（問題在於德國和中國不會讓貿易出現逆差。）這在數學上成立，實際上也無法避免。稍早我們曾介紹過它們之間的關係：

國內私部門投資餘額＋政府財政餘額＋對外貿易餘額＝0

這是經濟上的恆等式，無法違背。簡單來說，個別餘額的變化無法單獨存在。如果政府要達到預算盈餘，私人部門就要減少支出，同時讓公私部門去槓桿化的唯一方式就是出現大量的貿易順差。換句話說，需求必須來自其他國家。

**圖**10.8清楚表現出這個關係。

這對歐洲而言有何意義？歐洲各國政府依條約無法讓赤字超過GDP的3%（雖然他們常常超過）。如果看看馬斯垂克條約的赤字門檻，像**圖**10.9中的虛線，會發現能操作的空間極為有限[3]。

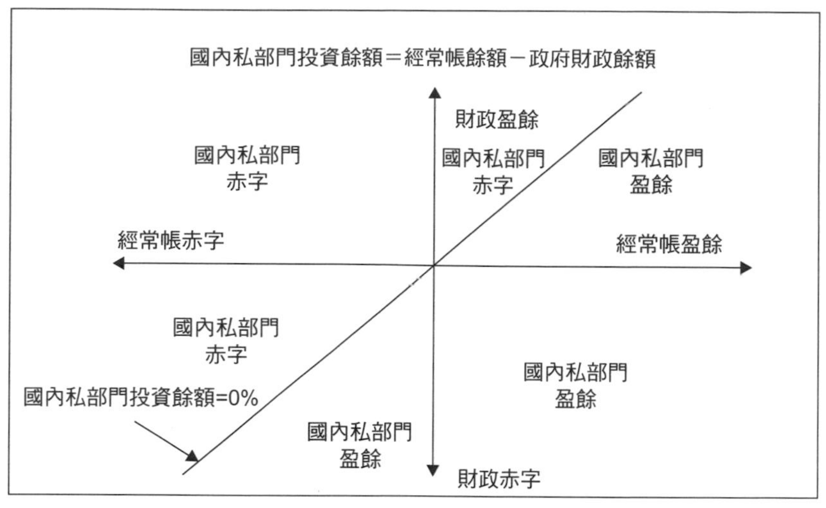


## 圖10.8　三部門餘額圖

資料來源：Rob Parenteau, MacroStrategy Edge, www.creditwritedowns.com/2010/03/leading-piigs-to-slaughter.html.

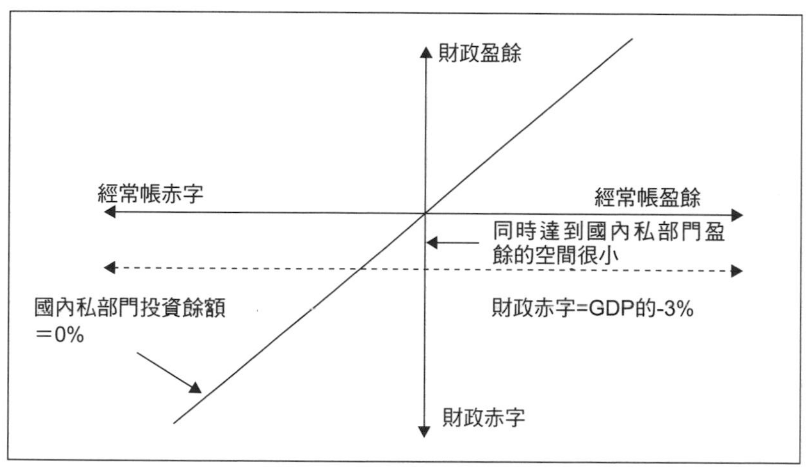


## 圖10.9　歐洲貨幣聯盟（EMU）三角形：在匯率限制下經常帳盈餘幾乎不可能

資料來源：Rob Parenteau, MacroStrategy Edge, www.creditwritedowns.com/2010/03/leading-piigs-to-slaughter.html.

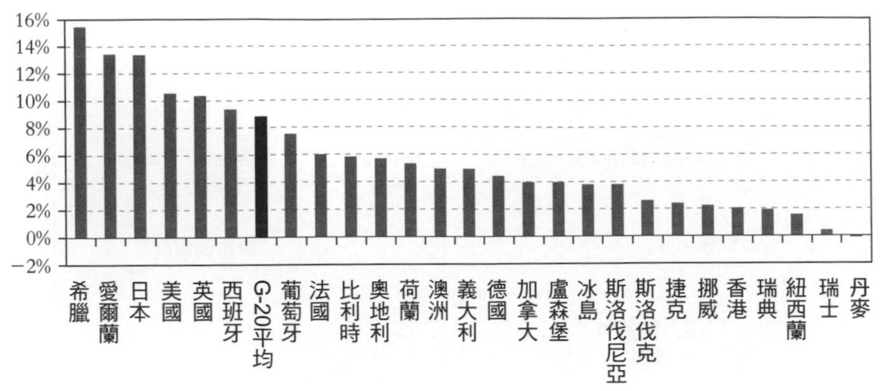


**圖10.10　2010至2020年需要進行財政整頓的國家（IMF資料）**

資料來源：Bloomberg, Variant Perception.

能調整的空間太小了。**圖10.10**說明了多數歐洲國家都需要大規模進行財政整頓。周邊國家（除了義大利，只要政治上有決心還是有出路）幾乎沒有機會遵守馬斯垂克條約的規範，同時又能去槓桿化。要做到等於是要這些國家降低足夠的貿易赤字，這會導致一段時間的經濟蕭條。也就是所得和工資縮水、稅收下降，這會是一幅淒慘的景象。

市場早就反應如此低的成功機率，投資人開始相信政府遲早還不出錢，對政府債的興趣大減。公司債交易的利差（spread）都比同等級的主權政府債要低。**圖10.11**描繪出頭一遭，公司債的CDS（Credit Default Swap，用以規避債券風險的工具）要比主權政府債的CDS來得更窄的現象。

## 有些國家會復甦，有些則不會

如今，全世界都被通縮和通膨的拉鋸籠罩著。經濟上通縮的壓力和政府主導的通膨政策旗鼓相當，不同地方、不同資產的結果不會一樣。有些地方會經歷高通貨膨脹，有些地方則會陷入通貨緊縮的漩渦；有些資產價格會上揚，有些則停滯不前，甚至可能下跌。

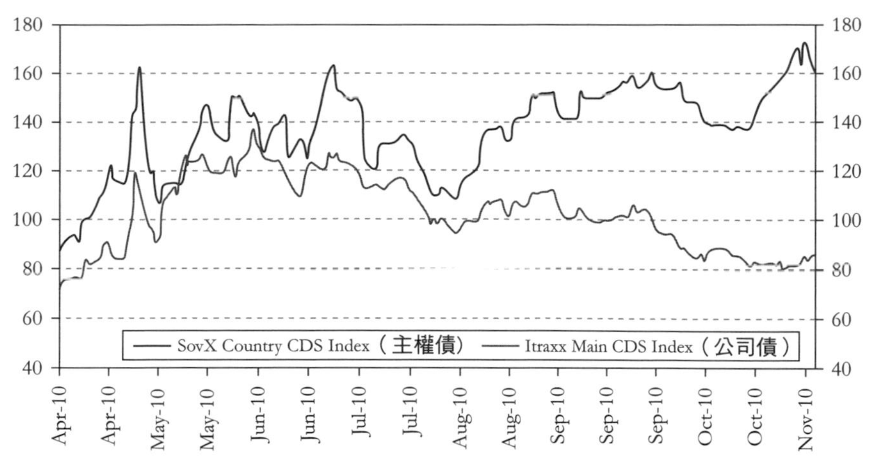


**圖10.11　公司債和主權債CDS（利差）**

資料來源：Bloomberg, Variant Perception.

有趣的是，目前僅日本面臨負核心通膨（core inflation）[5]，其他如美國、英國、德國、法國都有較高的核心通膨，如**圖**10.12。

另一方面，剛要開始嘗到長期通縮苦果的，像是西班牙、愛爾蘭、希臘、日本，以及波羅的海國家，如拉脫維亞（見**圖**10.13）。這些國家已出現嚴重的財政失衡，而且到目前為止，沒有看到提出什麼有建樹的改革。

中央銀行對於通縮的恐懼遠高於通膨，也因為這種恐懼心態——恐懼流動性陷阱——讓中央銀行極度寬鬆貨幣。中央銀行擔心貨幣流動速度的下降；正因如此，他們會繼續向全世界印鈔直到流動速度回升為止。目前的低物價——衡量通膨的唯一方式——讓他們以為找到了解決問題的「甜蜜點」（sweet spot），可以大肆印鈔卻不會引起通膨。

最後的結果會是什麼？我們預期在某個時間希臘將會宣布違約。原本

[5] 核心通膨是指通膨當中去除食物和能源價格波動後的通貨膨脹率，因為食品價格由天然條件和外部因素決定，能源價格更受到國際情勢影響，無法由一國貨幣當局決定。

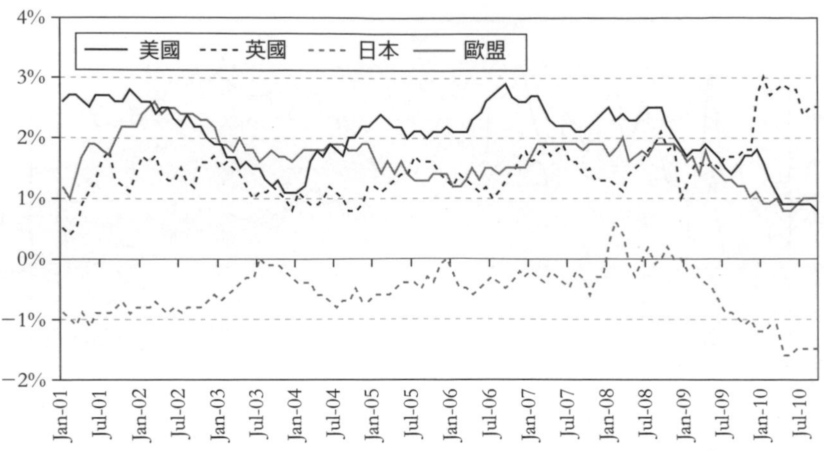


**圖10.12　核心CPI：英國、美國、日本、歐盟**

資料來源：National Statistics, Variant Perception.

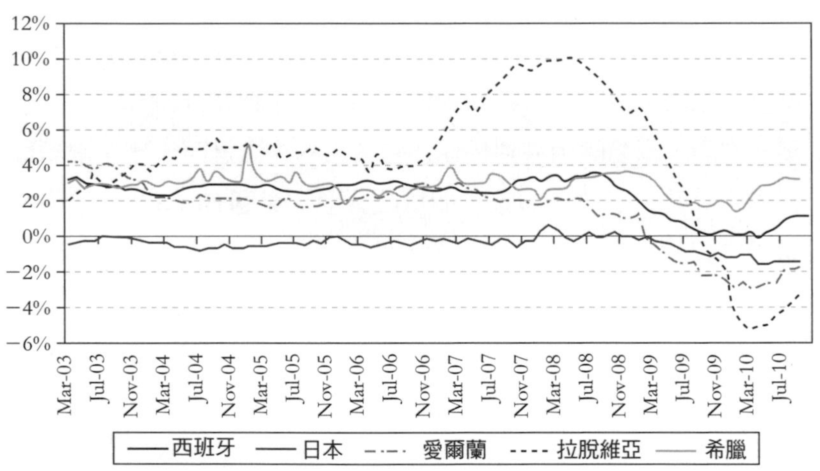


**圖10.13　核心CPI：西班牙、愛爾蘭、拉脫維亞、日本、希臘**

資料來源：National Statistics, Variant Perception.

的債務問題已經夠大了，很難繼續再增加下去，這樣的環境下希臘解決不了問題。德國希望其他債券持有人一起來承擔重整的痛苦，而不是只靠德國納稅人來救。

葡萄牙的情況也一樣。即使他們不想這麼做，市場力量也會迫使他們。

西班牙呢？也很難看到出路。西班牙人不願經濟蕭條，但即使蕭條也無濟於事。西班牙政府和民間債務實在太多了，都將被折價計算（haircut）。有關西班牙債務問題的細節和其他歐洲周邊國家的問題，可以參考www.johnmauldin.com/PIGS的內容，由Variant Perception的強納森・坦伯（Jonathan Tepper為本書另一位作者）所寫的評論，以及其他資料。（只要輸入Email，密碼是Endgame）

祖國愛爾蘭（至少是墨爾丁的祖國）呢？和希臘正好相反，這個國家已經朝向困難但正確的方向前進。他們的心態是正確的，只不過他們發現洞實在太大。不過不管怎麼樣，問題總會慢慢解決，這種解決問題的模式在愛爾蘭行之有年，我們不想賭它的政府公債，但在當地買套房倒可以試試。

有沒有歐洲國家成功的故事？去有悠久歷史的地中海小國馬爾他（Malta）看看吧！當地的人口還不及一個像樣的城市，人民彼此之間幾乎都認識，但它證明了當各方政客齊心合力時，什麼問題都能解決。

馬爾他並沒有天然資源的優勢，因此商業活動成為主要型態，吸引投資和增加就業是最重要的工作。政客們如同其他國家一樣彼此競爭，但他們似乎知道不論做什麼都是為了經濟成長。真心希望其他國家能從這裡學到教訓。

CHAPTER 11

# 東歐國家的問題

即使會傷害經濟，我們也要準時還債。

——巴托斯（Katalin Botos）

匈牙利財政部長（1990-1993）

東歐存在著嚴重的結構性問題。過去十年來過度舉債，工資和物價高漲，以及巨額的貿易赤字造成嚴重的失衡。更糟的是，大多數波羅的海小國、羅馬尼亞、保加利亞，以及匈牙利的債務都是以外幣計價。

東歐國家和西班牙、愛爾蘭一樣，都將面臨一段時間的通貨緊縮和高失業率。最好的狀況是"L"型的復甦。**圖11.1**是東歐國家的實質有效匯率，很明顯地，相較於歐洲核心國家如德國，東歐的競爭力遠遠不及。（這和葡萄牙、愛爾蘭、希臘、西班牙的問題一樣，只是規模小得多。）

本章以波羅的海國家和匈牙利為代表，說明當過度舉債和房地產泡沫出現時，會發生什麼事。

## 匈牙利：怎麼做都不對

經濟危機的結果之一是，我們都因此變成金融專家了。當經濟新聞突然從最不起眼的角落變成頭版頭條，金融的專有名詞變成了日常生活的詞彙。一堆搞不清楚的名詞像是擔保債務憑證（Collaterized Debt Obligation, CDO）、倫敦同業拆款利率（LIBOR）、證券化商品（securitization）、信用違約交換（credit default swap）變得相當常見。另外一個字眼是所謂

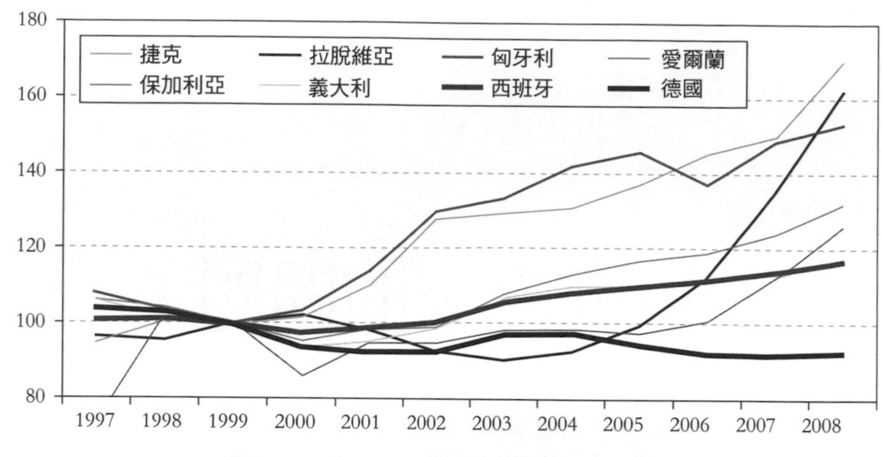


**圖11.1 部分歐洲國家實質有效匯率**

資料來源：Eurostat, Variant Perception.

的套利交易（carry trade），這個字近來通常是指日圓的套利。基本上，投資人利用極低的利率借來日圓，拿去買其他國家像是英國或美國的資產，賺取二國貨幣之間的利差。

比較少談到的是東歐國家的利差交易。在金融危機爆發前，部分東歐國家為了使高漲的物價膨脹降溫，紛紛將利率拉高。例如匈牙利在2004年的通膨超過7%，政府為了對抗物價把利率升到12.5%。

這造成匈牙利的借款成本非常高。鄰近的奧地利銀行當時提供瑞士法郎的放款和抵押貸款，奧地利的利率是2%，比匈牙利還低，但不遠的瑞士利率更低，才0.5%，奧地利人為什麼不用0.5%借瑞士法郎？同樣的情況，匈牙利的利差更大了，於是許多奧地利銀行在匈牙利的分行（其中很多是奧匈帝國時期就存在了）開始做同樣的事，拿瑞士法郎借給匈牙利人。

不意外的，這在匈牙利大受歡迎。匈牙利人突然發現原本根本借不起高利率的匈牙利福林（forints，匈牙利幣單位），現在能用瑞士法郎辦到（也有用歐元，不過多數還是向瑞士借）。房地產開始上漲，經濟開始回暖。沒多久大多數匈牙利的債務都是外幣計價了。**圖11.12**顯示，匈牙利

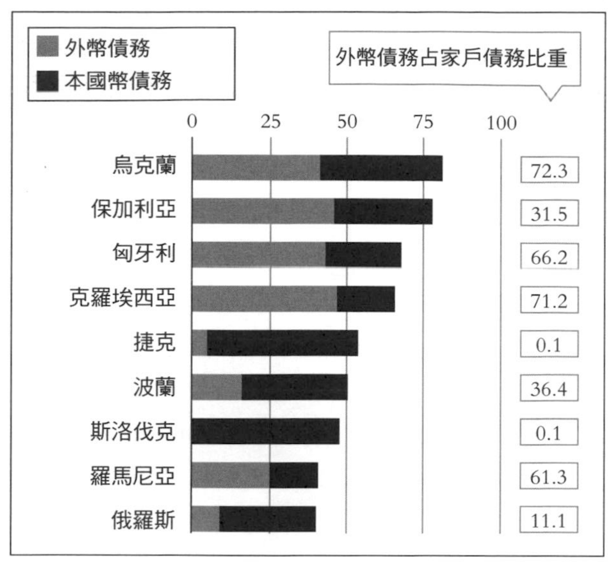


**圖11.2　沉重的負擔——總債務占GDP的比重（包括家戶和企業）**

資料來源：*The Economist*, Austrian Nationalbank.

是外幣債務最嚴重的國家之一，將近三分之二的家庭負債（主要是房地產抵押和消費借款）都是外幣計價。

我們從本書中已經學到，天下沒有白吃的午餐。當然，一開始能夠借到便宜的外幣來省下大筆利息支出，為何不借，但額外的風險在哪兒？當大部分人瞭解的時候往往已經太晚了。

一旦借了外國貨幣，就等於曝露在兩國匯率的風險之中。想像一下一個匈牙利人借了瑞士法郎在家鄉買了房子，當還貸款時，如果匈牙利福林兌瑞士法郎大幅貶值，這個匈牙利人就必須拿更多的福林換成瑞士法郎來還。匯率的變化是很大的，因此借外幣的代價往往很大。只要福林匯率疲軟，匈牙利的淨外債占GDP的比重就會快速增加。事實上，在2008年底，因為福林的劇貶，匈牙利的債務幾乎暴增了1倍，見**圖11.3**。

這類風險不太可能消失，**圖11.4**描繪出瑞士法郎兌匈牙利福林的匯率走勢，匈牙利要還外債會是前所未有的困難。

在金融海嘯期間，匈牙利的財政狀況快速惡化、產出銳減、加上政府

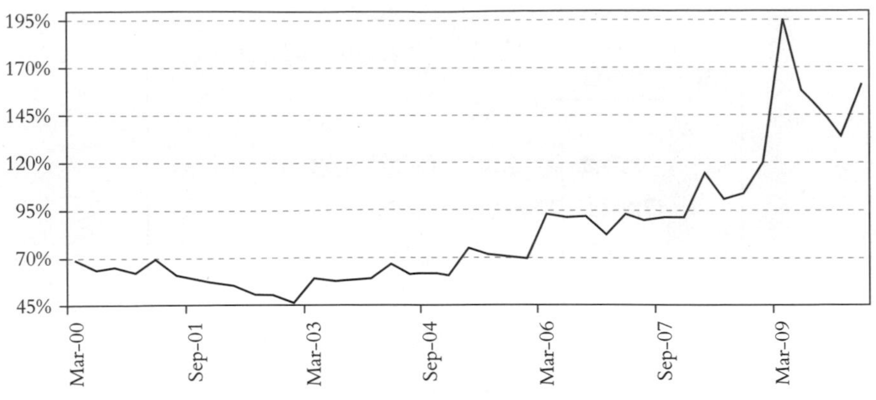


**圖11.3　匈牙利：淨外債占GDP比重**

資料來源：National Statistics, Variant Perception.

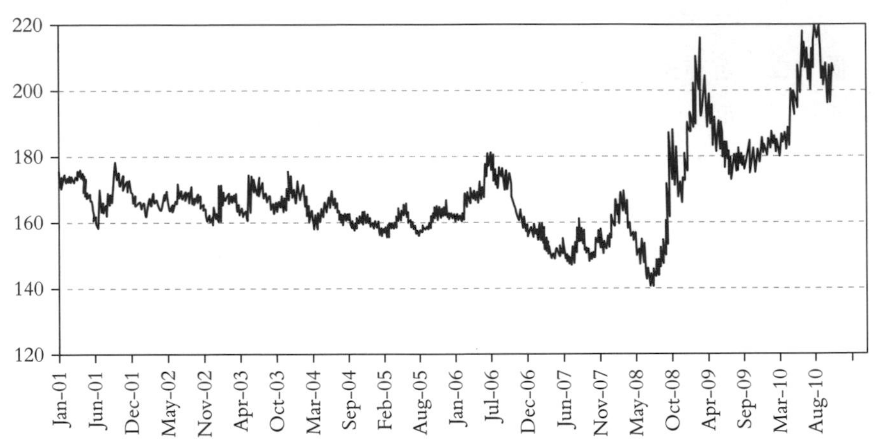


**圖11.4　每1元瑞士法郎兌換的匈牙利福林**

資料來源：Bloomberg, Variant Perception.

和全世界許多國家一樣，大量舉債來因應稅收的缺口。結果呢？儘管預算赤字是全歐洲最低的國家之一，匈牙利仍是歐洲債務占GDP比重最高的國家之一。（見**圖11.5**）

毫無意外，匈牙利和同區域的拉脫維亞，成為金融海嘯後首先要求國際貨幣基金（IMF）紓困的國家，並於2008年11月獲得了150億歐元的貸

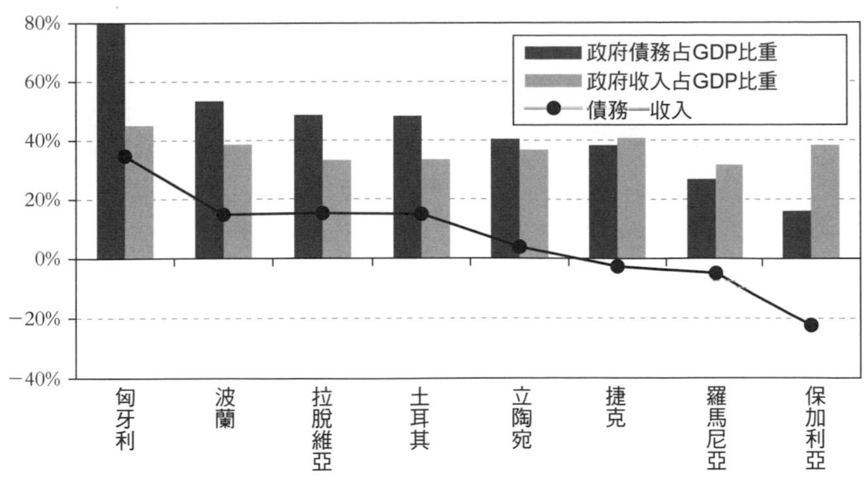


**圖11.5　新興歐洲：政府債務及收入（2009年）**

資料來源：National Statistics, Variant Perception.

款。貸款的條件相當嚴苛，因此匈牙利必須確保財政體質健全，才能避免進一步的紓困。但無疑地這筆貸款幫助匈牙利穩定了金融體系，渡過危機當中最黑暗的時刻，只是後來匈牙利政府和國際貨幣基金之間有了嫌隙。我們認為匈牙利的例子相當重要，值得持續關注。

2006年，早在國際貨幣基金進駐之前，匈牙利就展開一連串減赤措施，政府大力降低高漲的預算赤字以符合歐盟紓困的條件。但如今改革遇到了瓶頸，這是一連串經濟猛藥下經常出現的反應。2010年巴克萊資本（Barclays Capital）發表的一篇報告，報告中曾用了「彈性疲乏」（stabilization fatigue）一詞，說明經過一段時間後嚴苛計畫的正常現象，其結果也難以預測。簡言之，希臘展現面對危機的勇氣就應給予掌聲，但投資人應瞭解主權債務危機（的解決與否）仍是個現實的問題。[1]

雖然這些國家像是希臘可能因此採取了必要措施，解決了他們的問題，使我們能夠高枕無憂，但絕不能說匈牙利沒事，我們就沒事了。我們能夠從匈牙利身上，觀察到其他國家可能會出現的發展。

目前「撙節疲乏」只是匈牙利的問題之一。面對負債累累的私人和公共部門，匈牙利只能寄望出口以挽救經濟和減少外債。這方面有許多問題。首先，匈牙利的出口比重太低，難以拉動整體經濟；其次，匈牙利想要靠增加出口解決問題，這正是全世界所有國家，從中國到西班牙，從英國到希臘都想做的。競爭十分激烈。

然而，匈牙利最直接的問題還是太多的外幣債務。如果匈牙利央行降息，讓福林貶值以增加出口競爭力，私人部門的違約風險就會大增。記得多數的房地產抵押都是瑞士法郎嗎？這些貸款價值有可能突然暴增，以致借款人因還不起而棄械投降。房地產價格會因此崩盤，經濟會陷入衰退。

如此一來，危機就有向外擴散的風險。原本放款出去的奧地利銀行會承受極大的呆帳壓力，造成奧地利和其他國家種種問題，這可一點也不好玩。〔別忘了，1931年奧地利一家名不見經傳的聯合信貸銀行（credit Anstalt）因債務違約造成了全球金融危機。〕

歐洲央行已定調希臘是大到不能倒，必須介入干預。但如果匈牙利和其他東歐國家危機持續擴散，對奧地利政府而言，奧地利銀行業是大到救不了。這和冰島的情況很類似。

奧地利銀行已經貸放出相當於全國GDP 1.4倍的金額給東歐國家，如果真發生危機，奧地利政府是根本救不了的。屆時歐洲央行勢必得介入，親愛的讀者，屆時歐元前景就不太妙了。德國和其他核心國家的選民也會坐立難安。[1]

然而匈牙利央行無法冒著長久高利率的風險，因為這將掐住該國亟需的出口競爭力並恢復經濟活力。匈牙利當局如今陷入了進退維谷的困境，做或不做都會被指責。[2]

在全球邁向債務終局的過程中，匈牙利是很值得關注的。只要該國的外幣債務仍持續攀高，未來它就是整個歐洲的一個未爆彈。匈牙利不需要多久就會引爆一波違約潮，對歐洲銀行來說都是棘手的問題。從這場危

[1] 意指又要進行紓困，我想選民應該會起來抗議吧?!

[2] 這是指匈牙利當局可說是陷入了央行降息或不降息都飽受指責的困境。

機中我們已經學到活生生的教訓，當銀行出現問題，所有人都會被拖下水。

解決匈牙利困境的方式不外乎削減成本和重建財政秩序，匈牙利已執行了四年多，本身即是觀察撙節效果的領先指標。在勒緊褲帶的前一、二年，改革、安定、疲乏是很常見的。我們不該認為希臘和愛爾蘭等國家同意撙節計畫後，事情就會落幕。記住，有時候隧道盡頭的亮光反而是來自另一列火車。[3]

## 波羅的海國家：如何搞垮經濟同時能釘住匯率

波羅的海國家——拉脫維亞、立陶宛、愛沙尼亞——遠在歐洲東部的波羅的海（Baltic）。這些國家的經濟規模都不大，甚至比希臘還小，但和希臘一樣重要。在希臘還沒受到那麼多關注前，波羅的海國家，尤其是拉脫維亞就已經在聚光燈下成為焦點了。事實上，波羅的海國家正是萊茵哈特和羅格夫所著的《這次不一樣》一書中所稱，金融危機後往往伴隨著主權債務危機的典型範例。

金融危機發生之初，往往難以判斷哪一張骨牌會順勢倒下。1929年華爾街崩盤後，到1930年代才由奧地利引爆蔓延各地的金融危機。1997年亞洲金融危機的引爆點很多，因為大部分經濟體都存在著失衡的問題，事後證明是從泰銖的賣壓先開始的。在本書第2章提到的「顫抖的手指」（fingers of instability）比喻中，並不是哪一粒砂子才會引發崩塌，而是整個體系的不穩定程度。在金融崩潰後，整個體系是十分脆弱的，任何一粒砂都可能引起崩塌，但天知道是哪一粒！雷曼倒閉後，許多國家都有可能陷入主權危機。後來，拉脫維亞不幸成為後危機時代第一個向國際貨幣基金求援的國家。（緊接著是波羅的海的鄰國。）

首先我們來看看，為何在金融危機之後，投資人的槍口要朝向波羅的海國家。然後再觀察哪些主權國家有發生意外的可能。

[3] 意指黑暗還沒結束，因為看到的光不是出口，只是反向火車的車燈罷了。

1990年代初期共產主義倒台，波羅的海國家脫離前蘇聯重獲獨立，他們迅速擺脫過去蘇聯的一切，熱情擁抱西方，不久後三小國加入了北大西洋公約組織（NATO）以及歐盟。拉脫維亞、立陶宛，和愛沙尼亞三國下一步就是加入歐元，因此他們把貨幣釘住歐元，這是加入共同貨幣的先決條件。

釘住貨幣（currency peg）就是同意將自己的貨幣和另一個國家綁在一起，匯率是固定的。例如，拉脫維亞最後釘住的匯率是1歐元兌換0.702804拉幣（lati）。如果人們想要抬升拉幣價位，中央銀行就會印鈔買進歐元；如果想要用比較高的價格賣出手中的歐元，中央銀行就會提高利率，收回自家貨幣拉抬匯價。釘住貨幣等於是放棄對自家貨幣供給的控制權，由市場和外國央行決定。然而，在承平時期這樣的政策能提供高度的穩定性。

然而，問題慢慢浮現。因為釘住歐元，消除了匯率風險，外國銀行很輕易能貸款給波羅的海各國。以瑞典的銀行為例，瑞典銀行有大量的頭寸——是保守瑞典人的存款——亟欲貸放出去。瑞典和拉脫維亞（以及其他波羅的海國家）有歷史上的連結，並且也是最大的貿易伙伴之一，因此瑞典銀行在當地有許多分支機構。一旦拉幣釘住歐元，瑞典銀行就開始把歐元快速貸往當地分行，分行用固定的匯率換成拉幣，開始貸款給拉脫維亞當地人，同樣的情況也貸款給立陶宛和愛沙尼亞，結果這些地區的房價高漲，高檔車充斥市面，創造了前所未有的消費熱潮。波羅的海國家溫和的經濟突然間成為能夠創造無限的財富，而且是炫耀式的財富。

結果呢？波羅的海的居民花了他們從未花過的那麼多錢，經常帳赤字達到令人難以想像的高點。見**圖11.6**。

三個國家在2006至2007年間經常帳赤字超過GDP的20%。這使得1990年末期亞洲金融風暴前，部分國家的經常帳赤字成了小巫見大巫。然而，就像本書已介紹過的無數例子，金融市場開始對失衡現象產生不安，並且開始修正。借貸和消費的狂潮無法持續，全世界都會因為擔心金融危機而緊縮流動性。

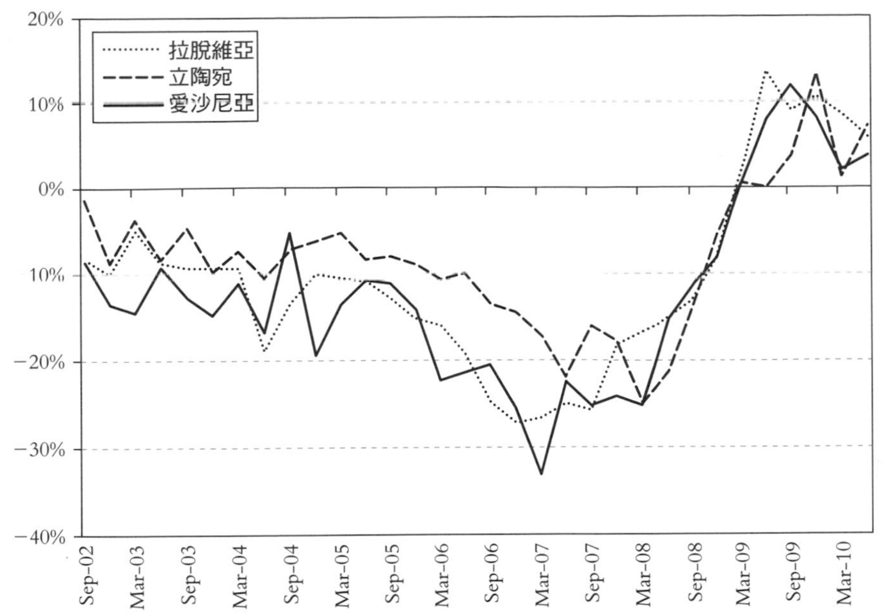


**圖11.6　波羅的海國家：經常帳占GDP比重**

資料來源：National Statistics, Variant Perception.



波羅的海國家的工資隨著信貸推升的榮景而上升，使得這個地區的商品和勞工缺乏競爭力。當全球經濟因為金融海嘯而放緩後，波羅的海國家開始遭受嚴重的打擊。政府赤字飛漲，沒多久拉脫維亞就要求國際貨幣基金提供紓困方案，也成為第一個把金融未爆彈拆卸的國家。其他兩國由於關係緊密，也同時被嚴格控管。這股風暴很快吹向巴爾幹半島國家（羅馬尼亞、保加利亞等）、杜拜，以及歐洲周邊國家（冰島、西班牙、希臘、葡萄牙、愛爾蘭）。還有沒有其他國家？我們引用萊茵哈特和羅格夫教授的看法，認為主權危機往往具有群聚效應，因此我們確定還沒結束。

回到波羅的海。它們的前景如何？拉脫維亞正經歷著我們從未見過的嚴格撙節計畫。教師們的薪餉少了一半、部分公務員的薪水刪了20%、退休人員的退休金縮水70%。相較之下，其他國家的撙節計畫就像是小兒科。

苦難尚未結束，拉脫維亞當局拒絕放棄釘住貨幣的政策，短期內仍

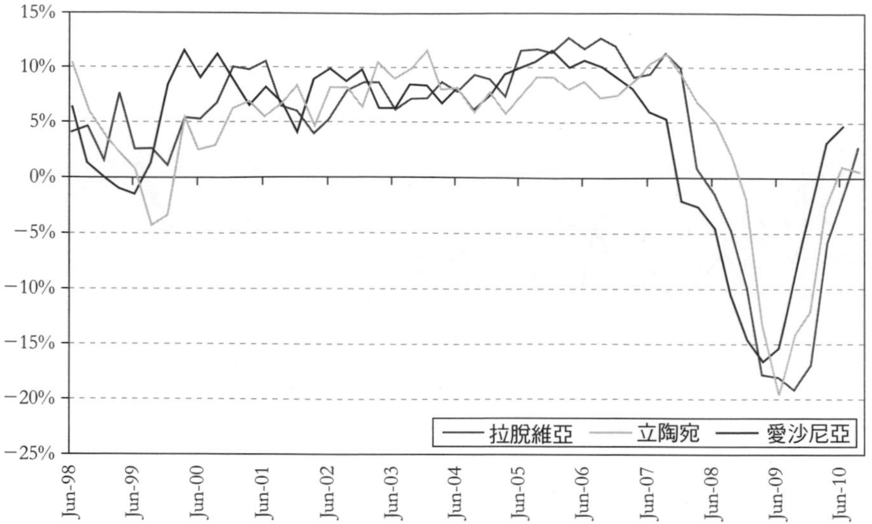


**圖11.7　波羅的海國家：名目GDP**

資料來源：Bloomberg, Variant Perception.

將帶來麻煩，特別是大量借款給三小國的瑞典銀行。如果放棄釘住貨幣將會使政府的撙節計畫出現轉機，因為貨幣快速貶值，商品和服務變得便宜，增加了競爭力，經濟也會快速回升，財政狀況可能因而改善。目前，波羅的海國家的名目GDP雖然已從底部回升，但仍接近零成長（見**圖11.7**）。這意味著稅收仍然短缺，削減預算仍將持續。

首當其衝的是教師、退休人員、公務人員等相對少數族群，但政治人物卻仍然不計代價支持釘住歐元，他們才是加入歐元區的直接受益者，積怨隨時可能爆發。不只如此，人們也開始離開家園追尋更好的生活。根據一項調查，光是2009年就有大約30,000人離開拉脫維亞，2010年還有30,000人要走，這對人口才200多萬的拉脫維亞不啻是個警訊。

讀者們如果能聯想的話，也許可以發現，波羅的海國家的遭遇和第10章的希臘、西班牙，以及愛爾蘭很類似。他們實質上也是釘住貨幣，也就是歐元。和拉脫維亞及其他波羅的海小國很像的是，他們也只有降低工資和成本，而非利用貨幣，以維持競爭力。這是就我們所說的「現代版金本

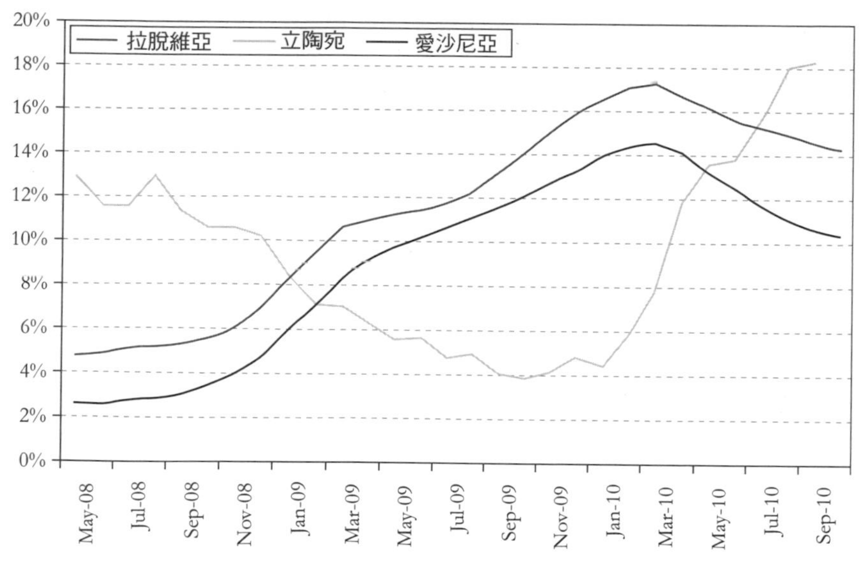


**圖11.8　波羅的海國家：失業率**

資料來源：Bloomberg, Variant Perception.



位制」。不同的是，拉脫維亞和立陶宛能夠輕易地放棄釘住貨幣，轉為使用本國貨幣（愛沙尼亞不大一樣，它在2011年成為歐元區成員）。希臘的德拉馬（drachma）、西班牙的比塞塔（peseta）、愛爾蘭鎊（Irish punt）都早已不復存在。

波羅的海的終局會是什麼？愛沙尼亞在2011年加入歐元區，經濟應會開始好轉，算是三國當中最好的一個，立陶宛和拉脫維亞則會持續停滯。事實上，立陶宛的失業率還在上升，其他兩國則僅有些許下降。（見**圖11.8**）

如果失業率沒有大幅下降，經濟無法成長，拉脫維亞和立陶宛將可能被迫放棄釘住貨幣政策。如此一來會導致一波違約風潮，危機也會擴散到其他國家，包括本章前面的匈牙利，以及巴爾幹半島信用已乾涸的羅馬尼亞和保加利亞。

我們必須多關注波羅的海國家的狀況，雖然他們不大，但卻是金融危機轉變為主權危機的象徵。如果要觀察超額信貸和撙節措施的結果——這對英國、美國、西班牙，以及其他國家至關重要——，則不妨看看拉脫維亞和它的鄰國。波羅的海國家，如同希臘，一樣重要。

CHAPTER 12

# 日本：自尋死路

希臘金融體系的崩潰撼動整個歐洲，這不再是別人家的問題而已。如果日本再不進行財政改革，我們將有一天被國際貨幣基金等機構接管，屆時將會喪失財政管理的主權。

——菅直人（Naoto Kan）

日本前首相（2010年6月17日）

過去二十年，日本都處於近代最大泡沫後的善後期。1990年日本大規模的股票和地產泡沫破滅後，經歷了一段長期、痛苦的通貨緊縮和去槓桿化過程。即使到了現在，這個國家依舊擺脫不了通縮陰影。日本的案例特別重要，因為它代表美國聯準會目前正試圖打擊的通縮象徵。

本章會探討日本，是因為這個國家具備了發生重大危機的所有條件。我們會探討過去二十年為何它的公共債務會暴增，政府收入會急劇萎縮，也會觸及人口快速老化問題，這對美國和西方國家人口老化問題有所啟示。情勢可說是十分嚴峻，但我們也十分接近。

我常常說日本就像是一隻往擋風玻璃飛去的昆蟲。聽起來很刻薄，但當各位看完本章後，也許會認為我已經夠仁慈了。

## 一切泡沫的源頭

在世界歷史上，1980年代日本的泡沫可謂史上最瘋狂的泡沫之一。曾有一度日本皇宮花園的價值超過整個加州的房地產總和。

泡沫形成的原因之一是極度寬鬆的貨幣政策。1985年的廣場協議（Plaza Accord），當時G5國家中的四位財政部長和中央銀行總裁決定對強勢美元採取行動，沒多久日圓開始大幅升值。日圓一旦升值，日本持有的美元資產如美國公債就開始出現匯損，日圓開始回流，帶動日圓繼續升值。日本央行降低利率抵抗強力升值的日圓，以拯救受創的出口產業。光是1987年2月官方的折現率就下調了五次至2.5%，達到二次大戰以來最低點。由於通貨膨脹高於折現率，資金等於是零成本。

極低的利率加上強勢日圓造就了房地產價格和股票大漲。典型的泡沫生成過程下，飛漲的價格只會引誘投資人爭先搶進。日本企業買了大量的夏威夷和加州的地產，包括著名的圓石灘（Pebble Beach）高球俱樂部、洛杉磯的貝爾艾爾酒店（Hotel Bel Air）、威美亞（Grand Wailea）和威斯汀（Westin Maui）酒店等。但最終，泡沫還是破滅了。

泡沫的高點是在1989年12月29日，當天日經指數抵達38,915點的歷史新高。崩盤二年內的日經指數跌幅達60%，20世紀唯一可比擬的例子只有大蕭條期間。

泡沫一旦破滅，災害就已經成形，日本政府和央行採取緊急措施，但為時已晚。1989年，日本央行改採緊縮貨幣政策；1990年股市開始下跌後，調升官方折現利率至6%；同年財政部限制銀行的房地產融資。過度激烈的貨幣和財政緊縮只會讓價格跌得更深。

直到1993年1月，日本首相才正式承認泡沫經濟（バブル経済）崩潰，但已經太晚了，通貨緊縮已開始蔓延。1993年第一季物價下跌了1.1%；當年年中，大宗物價年率下跌了4.2%。崩潰來得超乎預期，1990年日本經濟規模占全球的14%，到了2010年僅剩8%；泡沫破滅前，全球前十大企業有八家是日本公司，2010年僅剩一家。

## 日本政府：花錢就像沒有明天一樣

政府常犯的毛病是：無論什麼時候遇到問題，都會先假設它不存在。日本官僚體系一開始也只是針對崩盤症狀作緊急修補，而非矯正結構性問題。首先，政府下令公營金融機構買進股票護盤，但不管用。銀行體系已受到房地產放款損失的重創，但仍假裝損失並未實現。當時甚至已有企業拿庫存產品充當薪資發放給員工。

為了抵擋經濟衰退的衝擊，日本中央政府瘋狂灑錢在修橋舖路，以及其他公共建設計畫，這些計畫對實質生產力的增長毫無幫助。

日本曾經是個健康、有活力的經濟體。如今，公共債務已接近總GDP的200%，國內儲蓄早已無力支應如此高的債務水平。如果和私部門GDP（private GDP）相較，公共債務已超過它的240%。

今天日本的債務水平在歷史上只在惡性通膨國家看得到，日本只有透過政治改革自我調整，否則只會成為將來惡性通膨的國家。日本已經和其他高負債國家，如辛巴威、黎巴嫩、牙買加、蘇丹和埃及平起平坐，如**圖12.1**。

在**圖12.2**中，政府負債占私部門GDP的比重看起來更糟。畢竟，唯有私部門才能產生稅賦來還公部門的債務。

多數的分析師都自我感覺良好。到目前為止，增加日本政府的債務並沒有使日本長期殖利率上升，原因包括：(1)充足的國內儲蓄；(2)日本投

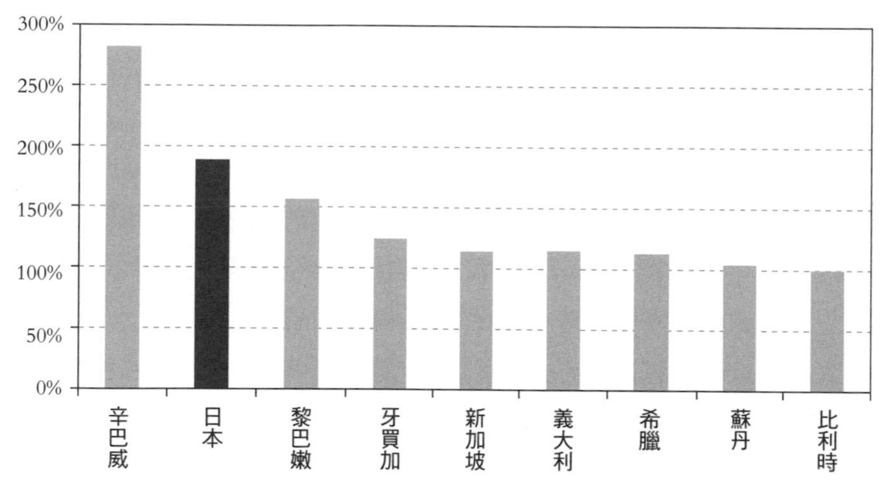


**圖12.1　政府債務占GDP比重超高的國家**

資料來源：*CIA World Factbook*, Variant Perception.

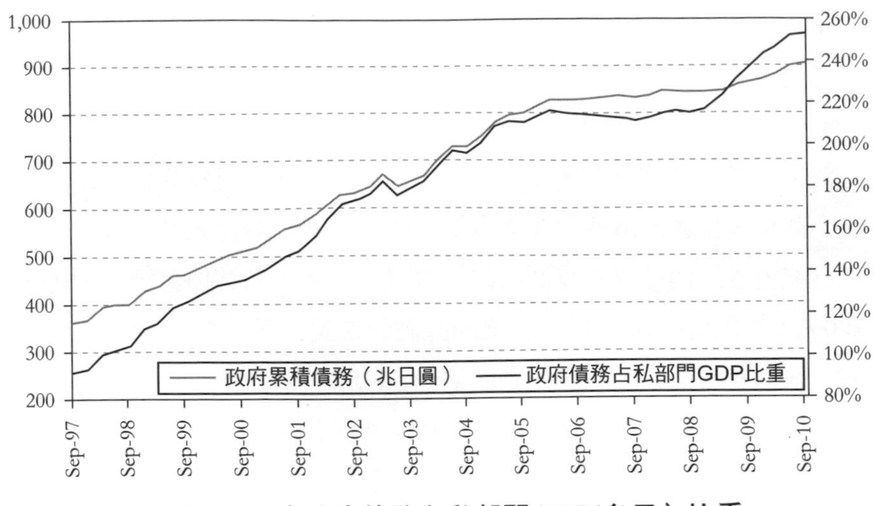


**圖12.2　日本政府債務和私部門GDP(名目）比重**

資料來源：Japan Ministry of Finance, Variant Perception.

資人強烈的本土意識；(3)反應對低通貨膨脹的預期。但這三個因素都有可能產生快速變化。

日本債務超過過去十二年的一般稅收總和，在未來一年內，這個數字有可能攀高到15，這意味著需要半個世代的稅收才還得完。這個比率是史上第二高（二次大戰後的英國）的2倍。日本2010年財政年度預算中，首次出現發債收入高過稅收收入的奇特現象（見**圖12.3**），這是前所未見的。

最誇張的事發生在2009年，當年日本政府支出的一半來自於舉債。如**圖12.4**顯示，稅收收入與稅式支出的比重是史上最低，舉債則是超過了稅收。而這種狀況是不可能持續的，如同著名經濟學家史坦（Herbert Stein）曾說過：「當情勢無法發展下去，就會停止。」

大量發行公債對日本造成難以彌補的傷害，在景氣下滑時財政刺激政策能夠代替私部門的需求，政府債券則幾乎全面占領日本的債券市場。（見**圖12.5**）這極度危險的狀況非常有可能會出現美國和歐洲的結果。

**圖12.6**更顯示，每年的債務支出中有一半用作支付利息，如果殖利率

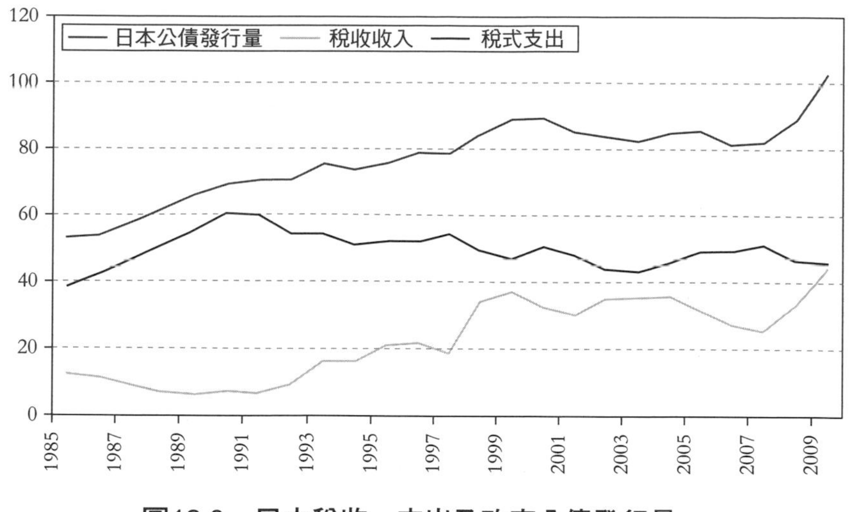


**圖12.3　日本稅收、支出及政府公債發行量**

資料來源：Japan Ministry of Finance, Variant Perception.

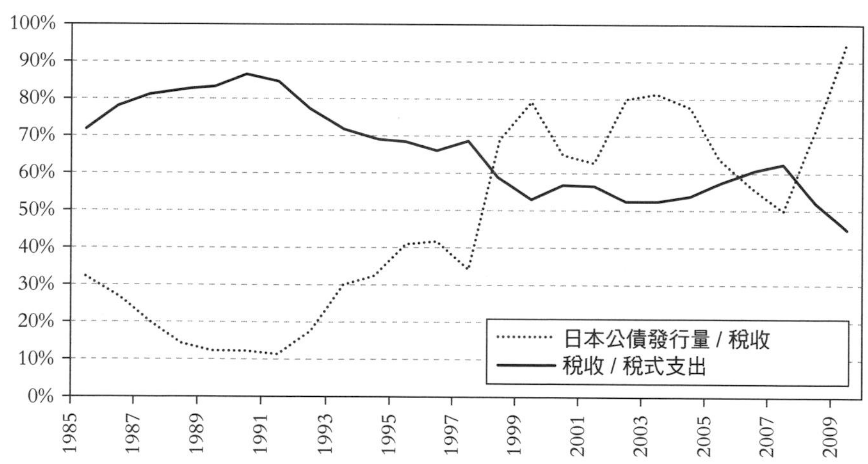


**圖12.4　稅收、支出及政府公債發行量（以比例方式）**

資料來源：Japan Ministry of Finance, Variant Perception.

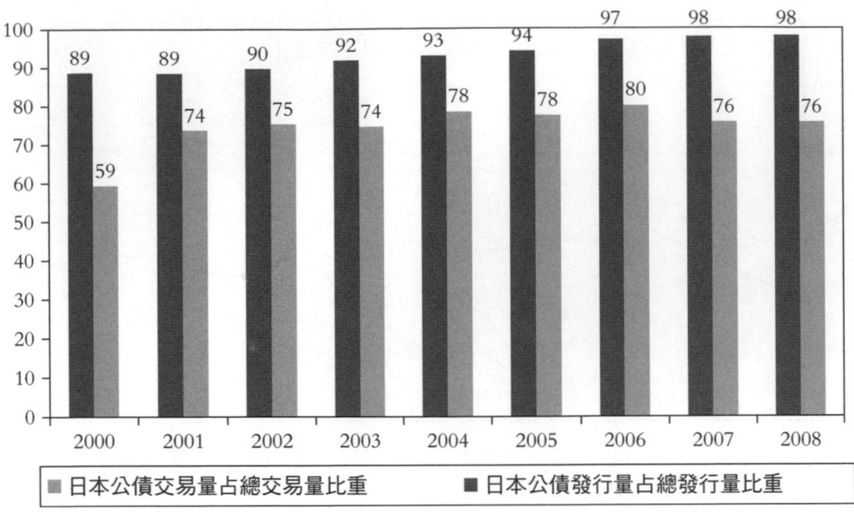


**圖12.5　日本政府公債排擠了市場**

資料來源：Japan Ministry of Finance, Variant Perception.

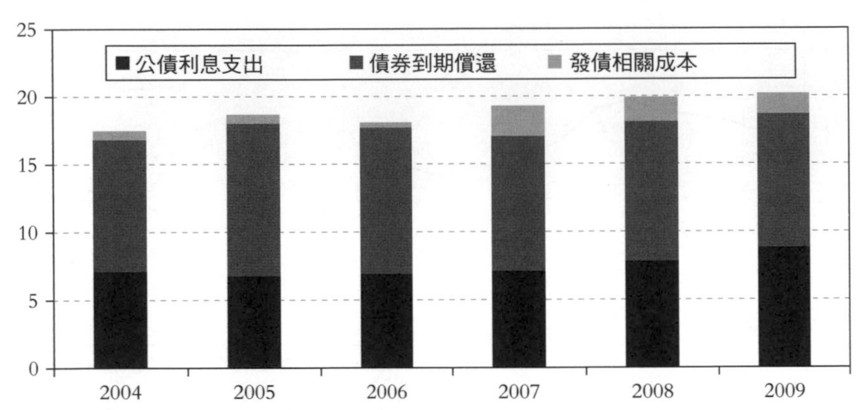


**圖12.6　日本政府債務相關支出（兆日圓）**

資料來源：Japan Ministry of Finance, Variant Perception.

上升100個基點[1]，就會吃掉稅收的10%。從這個角度來看，日債殖利率有任何風吹草動都可能是一場大災難。諷刺的是，這也許是日本政府反而傾

[1] 100個基點= 1%。

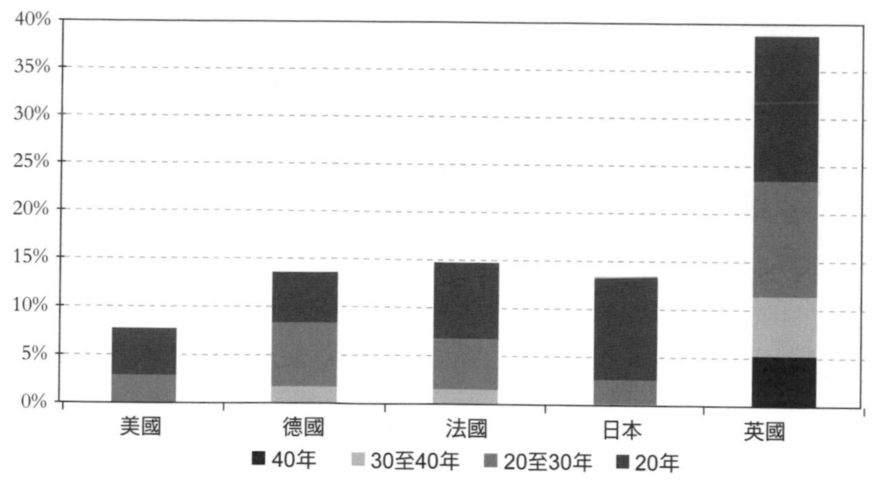


**圖12.7　G5國家長期債券占總債券發行量比重**

資料來源：Japan Ministry of Finance, Variant Perception.

向通貨緊縮的原因，因為只要通膨預期提高都會讓預算爆掉！通縮反而成為一個極大的誘因。精明的避險基金經理人如果放空日圓，可能得等上一段長時間才會獲利。這是個什麼世界？

日本幾乎所有的債務都是短天期的，因此展延（rollover）和高利率水準都是實際會發生的風險。在G5的國家中，僅美國的長期債務比重比日本低。見**圖12.7**。

當融資出現問題時，泡沫就會破滅。日本債市將在不久後面臨到財政危機，不是用增稅減支來因應，就是用債務貨幣化解決；不是造成極端的社會分歧，就是變成另一種債務違約的型式而已。前者的結果是，在目前疲弱的消費力道下經濟再度大幅衰退，後者則隱含著通膨怪獸即將肆虐。前面提到，多數國家所面對的，是糟糕的選項和更糟糕的選項。而日本，只有更糟糕的選項。

目前為止日本仍相安無事，只因為外國人根本不買日本債券。94%的日本公債都是日本人透過存款和保險兩個管道直接或間接持有。

樂觀者點出日本的高額儲蓄，但事實上這些儲蓄早已買了日本公債，因此儲蓄的存量已不是關鍵，而是流量。流量則已經穩定下滑。日本的儲蓄率已接近幾年前美國那麼低，其實不是因為日本人變得像美國人那樣揮霍無度，而是人口結構變化下所產生的必然現象。

日本公債的前三大持有者為日本郵政儲金（Japan Post Bank）、日本郵政壽險（Japan Post Insurance），以及政府退休投資基金（Government Pension Investment Fund, GPIF）。2001年財政投資及放款計畫（Fiscal Investment and Loan Plan, FILP）的改革出現之前，郵政匯金和退休準備被要求必須存放在財政放款基金（Fiscal Loan Fund）。而改革之後存款已不具有強制性，過去所投入的本金和利息也陸續歸還。2001至2009年間，日本郵儲和政府退休金開始用這些本息購買公債，如今多數已到期收回本息。而由於人口結構的老化，準備金水位不斷下降，持有公債的報酬幾乎是零，日本郵政壽險也不太可能繼續成為公債買家。銀行一度能填補這個無底洞，但為了符合巴塞爾資本協定（Basel II）的利率風險規範，它們多餘的資金空間也很有限。[2]

缺乏內部的需求，日本可能被迫首次在國際金融市場上融資。這一點也不好玩，我們懷疑有人會去買十年期，利率僅1%的日本公債。如果要和OECD國家相比，日債的利率恐怕要上升3倍。我想沒人會相信日本的利率會低於德國，只要利率開始上揚，利息支出占稅收的比重就會愈來愈高，盛宴就結束了。（見圖12.8）

儲蓄率幾乎不可能大幅上升。人口老化說明了日本的儲蓄率將走跌，而非走升。日本是一個正在凋零的國家，每年人口都在縮減。經濟學指出儲蓄率的高低和生命周期相符合，年輕時只有消費，成年後儲蓄增加，到了老年則會把一生的儲蓄慢慢花完。日本已是超高齡社會，整體的儲蓄開始下降，儲蓄率朝著負面方向前進。

**圖12.9**顯示，日本的扶養比正朝向100。扶養比是老年人口和勞動人口的比重；不久後，日本的老年人口會超過勞動人口，儲蓄率只會繼續向下降。

---

[2] 原註：此處感謝Hudson顧問公司的Matt Klein提出此觀點。

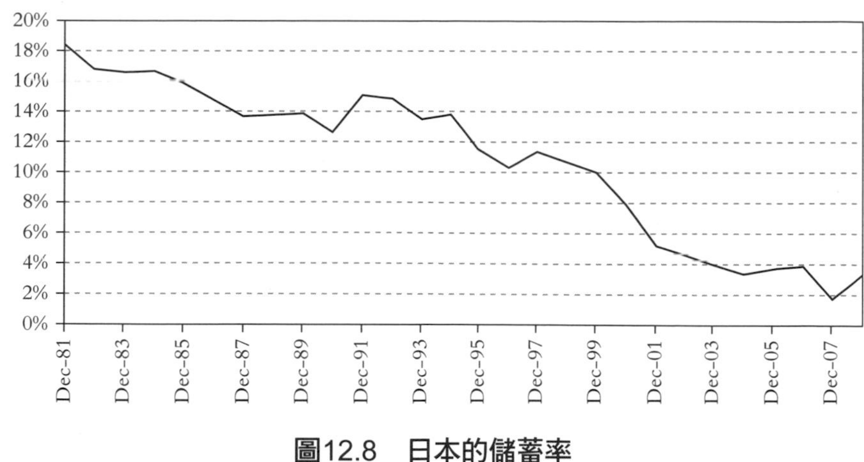


**圖12.8　日本的儲蓄率**

資料來源：Bloomberg, Variant Perception.

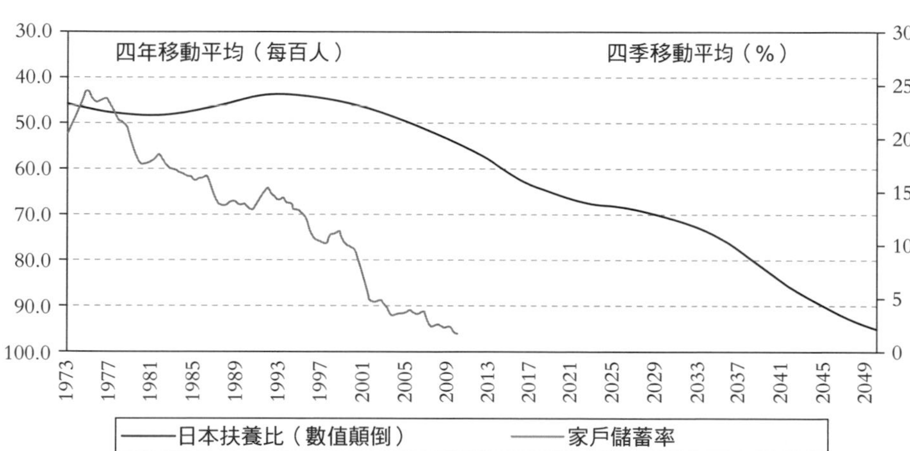


**圖12.9　日本預估的扶養比**

資料來源：George Magnus, "Demographics Are Destiny, Deflation Isn't (or Needn't Be), " UBS Investment Research, *Economic Insights—By George*, July 14, 2010.

日本人口結構的老化仍在持續中，如**圖12.10**，日本人口老化程度確實是已開發國家當中最差的。相比之下美國人口結構好得多，憑藉著移民政策和較高的生育率，美國的扶養比惡化的速度可說是緩慢得多。

日本是一個家中有超過一個六十五歲以上老年人的家庭數量急劇增加

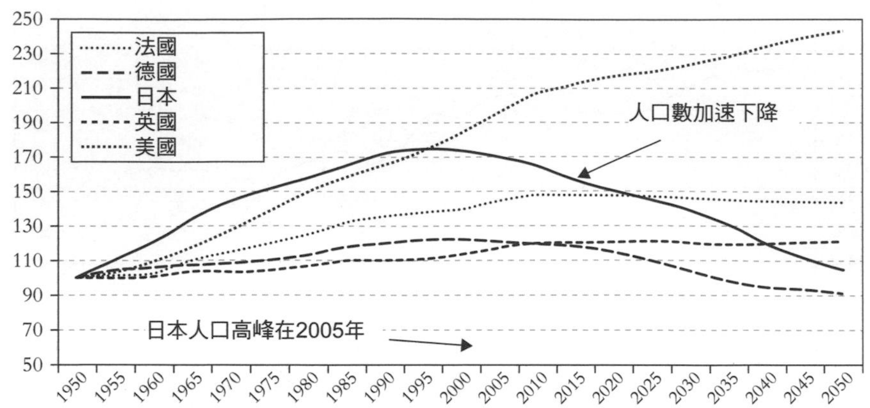


**圖12.10　日本人口從2000年代初期開始下降**

資料來源：Societe Generale, "Popular Delusions: A Global Fiasco Is Brewing in Japan," January 12, 2010, UN.

的國家。2005年只有17%，到了2010年成長到20%。20%聽起來並不高，不過想像一下每五個家庭就一個六十五歲以上的老年人需要照顧，情況可能就不太一樣。不但如此，預估2015年其比重將會上升到23%，2020年將會到達25%。這是日本國立人口及社會安全研究機構（Japanese National Institute of Population and Social Security Research）的資料，可信度很高。全世界沒有第二個國家像這樣。

## 日本的最終回

日本大規模的債務和貨幣危機只是時間早晚問題，不是會不會發生的問題。預測什麼時候發生當然不容易，就像有句老話：「當你放空日本債券虧錢時，才配稱得上真正是總經交易員」。 但當日本債券出現信心危機時，情勢很可能逆轉，那些放空的交易員有可能名留千古。

所幸，危機發生的突然性和無預警性並沒有讓日本政客們忽視。前首相菅直人曾指出：「我們的公共財政是已開發國家中最差的。如同希臘引爆歐元區危機，如果我們仍然放任公共債務增加，債券市場總有一天會對我們失去信任。」[1]

日本有兩條路可以走。選擇極端緊縮政府支出，或是大印鈔票把赤字貨幣化。日本是還不起債了，日本政府是世界上結構型預算赤字最高的國家之一，根據國際貨幣基金的計算，日本在2015年以前每年赤字至少為GDP的7.2%。由此推估，2015年日本債務餘額占GDP比重將高達230%。大量減赤會相當困難，政府通常寧願印鈔也不願讓經濟因為減赤而陷入衰退甚至蕭條。一旦印鈔機啟動，日圓匯率恐怕要大幅下挫，利率飆升，公債賣壓立即湧現。

這樣的變化若出現，一點也不用覺得意外，日本歷史上多次出現過一百八十度的大轉變。1868年明治維新，把日本從一個自掃門前雪的國家轉變為經濟和軍事的強權；1950年代信奉吉田主義[3]，日本便放棄了軍國主義投向和平主義，這兩個例子都對社會產生了巨大轉變。即使到了1990年代泡沫破滅後，日本一夜之間就從高消費、愛炫耀的習性，轉變成節儉、理性的態度。如果日本再次一百八十度轉變，儲蓄者決定放棄日圓和日債時，會發生什麼事？

我們會看到日圓匯價衝上100兌1美元嗎？還是125？150？200？250？300？現在很難想像，但這是有可能的，除非日本願意緊縮財政，接受嚴重的通貨緊縮衰退。

日本就像是一隻飛向檔風玻璃的昆蟲，問題只在於何時撞上去粉身碎骨而已。但這卻對全世界造成影響，日本相當重要，不僅在於其世界第三大經濟體的地位，還有其龐大的出口實力。

一旦日圓貶值的影響為何？當買Honda、Toyota、Lexus比Kia和Hyundai還便宜的時候會發生什麼事？對歐洲車又有什麼關聯？同樣的情

[3] 吉田主義：指前首相吉田茂的一系列政治思想。包括尊崇皇室、推動日本傳統與歷史、宣導國家神道和傳統價值觀的保存和弘揚；反共、反蘇、反對工人運動，建立西方式的民主政治制度；在國內政治生活中推行經濟中心主義國策，在國際政治中奉行商人版的政治理念；軍事外交上採取漸進式的防衛力，反對大規模重整軍備，對美國實行實用主義外交戰略。是主導戰後日本政治發展的主流思想。

形用在與亞洲、美國、歐洲其他產業的競爭上，南韓如何處理競爭力流失的問題？過去它們曾經將匯率貶值，但這次它們能跟得上惡性通膨下的日本嗎？亞洲鄰國可以用貶值因應，其他出口國家如德國和新興市場國家就更不用說了。

日本的進口成本（像是鋼鐵）當然會上升，但已經存在的勞工、機械、基礎建設、工廠卻不會。在剛進入最終回的一段時間內，世界貿易將呈現在一片詭譎的氣氛中。

這時候，如果各位讀者是「渡邊夫人」[4]們，當所有進口產品的價格大漲，但薪水不漲時該怎麼辦？因為存款可不會跟著通膨增加。首先，會減少消費，同時也會瞭解應該把存款移往其他貨幣上。（渡邊太太們可是非常精明，操作貨幣可是一把罩）日本許多外匯交易均來自家庭，只要在電腦前按一按滑鼠就行了。這對日圓匯率而言更是雪上加霜。

日本人累積了大量的外幣，特別是美元。但這卻救不了他們，畢竟在日本消費的是日圓。

一旦日本進入最終回就很難走出來。回到本書第5章：「這次不一樣」，情勢就快「爆」了，而且在日本，這次可能是連環「爆」！

---

[4] 渡邊夫人：泛指一般日本家庭主婦。日本家庭主婦平日在家相夫教子，忙於家務，只有在晚上家人都睡了才有時間盤算開銷。此時正好是歐美匯市交易時間，太太們打開電腦在網路上就可以買賣外匯賺取差價，或將存款移往高利息的貨幣以貼補家用。集合的力量之大往往可以影響他國的匯率。

CHAPTER 13

# 英國：如何用通膨消除債務

如果會擔心拿回來的錢是貶值的，誰還敢借錢出去？

——喬治・伯奈特（Georges Bonnet）

1930年代的法國外交部長

英國是一個研究中央銀行創造房市泡沫、在銀行體系崩潰後支撐經濟，以及藉由無聲無息的通膨，努力消除債務的絕佳案例。在房價不斷升高，一般英國人都認為房地產是最安全的投資時，英國銀行體系在2008年崩潰了。如今的英國努力試圖從泡沫灰燼中站起來，而中央銀行窮盡一切手段拉抬經濟，包括公共債務貨幣化、引導英鎊匯率走貶，以及超寬鬆的貨幣政策。

本章要來看英國。看看危機如何生成、如何發生，以及中央銀行的反應。也會探討央行如何利用通貨膨脹來增加名目GDP，並且降低債務占GDP的負擔。到目前為止，英格蘭銀行（Bank of England，英國的中央銀行）十分成功的製造出通貨膨脹，這也為聯準會提供一個思考方向，用類似的方式造成通膨現象，來抵禦美國可能的通縮威脅。

## 英國經濟：不像房地產那麼安全

和英國相比，美國的信貸危機可能是小巫見大巫了。美國雖然是信貸風暴的核心，但大西洋彼岸的英國在借錢和花錢的氣魄可一點也不輸，以致英國的信貸危機有其獨特性。

高漲的房地產市場，廉價的信貸，貪婪的消費習性感染著每一個人。當時英格蘭銀行行長默文・金（Mervyn King）稱之為「**美好的十年**」（NICE decade）[1]。政策制定者如此有信心彼時和2000年的確不一樣，前首相布朗（Gordon Brown）甚至宣稱，英國景氣不會再有榮枯的循環。就這樣一句話把二百年來的景氣循環理論仍進垃圾桶。

當然，這次不會不一樣。「美好的」變成了「糟糕的」，布朗也只有乖乖的把話吞回去。當2007年美國次貸問題浮上枱面，英國家庭債務就已經超過全國GDP了。英國消費者的負債甚至超過了美國消費者。從家庭債務占**可支配所得**（disposable income）[2]來看，英國的情況更值得擔心，這個數字在英國最高曾突破160%，而美國最高不過130%。

如果拿總負債來看——包括家庭、企業、銀行和政府——英國的負債是世界之冠。總債務占GDP的比重高到令人頭痛的4.7倍，還不包括政府未提撥準備的負債（unfunded liability），否則比重將會高達GDP的6.5倍。以數字表示就是15兆美元的債務，不論男女老少平均每人250,000美元，想到頭就疼。（見**圖13.1**）

為什麼在這裡要看總負債？前面說過，要瞭解並據以猜測事情會怎麼演變下去，研究跨部門的債務就變得重要。記住，一個部門的盈餘必定是另一個部門的赤字，永遠都是。記住**圖13.1**，它是瞭解英國難以走下去的關鍵。

的確，未來數年間英國會面臨到比多數已開發國家更大的困境。這是因為英國先天上的結構缺陷，即使有一天英國經濟回到常態也不會自動改善。

美國的危機始自房地產，並且很快地傳染到金融產業，這對英國的傷害有兩方面，見**圖13.2**。英國的經濟不僅高度依賴房地產業，消費信心與

[1] “NICE (Non-Inflation Consistent Expansion) decade”是指默文・金認為這十年的英國是沒有通脹，經濟持續增長的時期，是增長強勁、價格穩定的樂土。

[2] 可支配所得，是指所得當中實際可運用的部分，通常是所得減去利息支出和所得稅後的餘額。

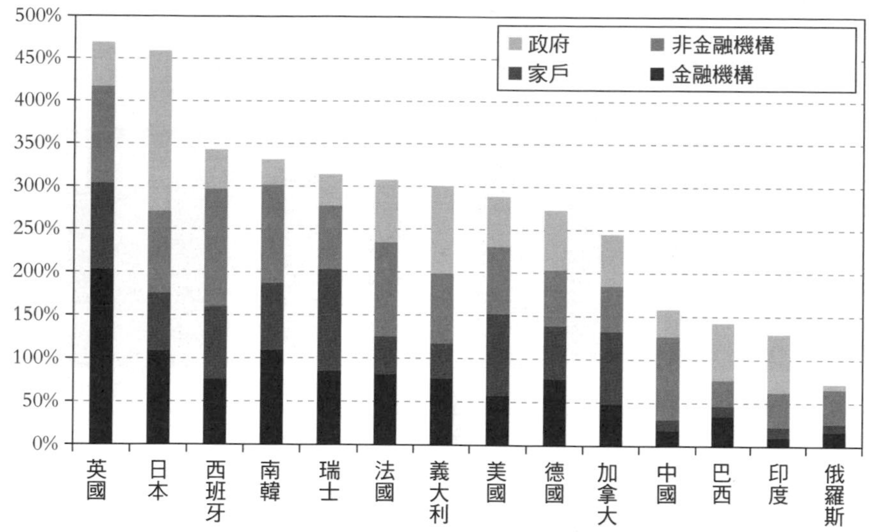


**圖13.1　2008年金融海嘯前各國債務占GDP百分比**

資料來源：Bloomberg, Variant Perception.

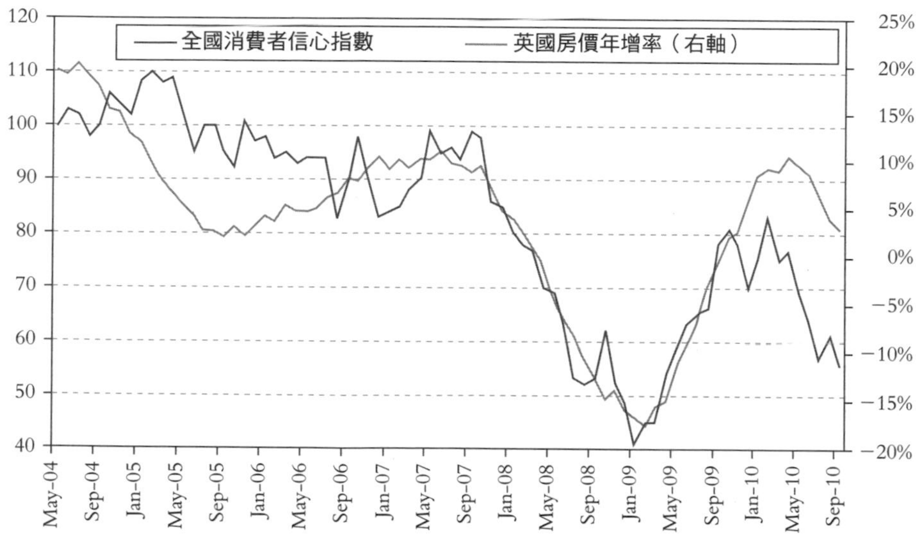


**圖13.2　英國消費者信心與房價**

資料來源：National Statistics, Variant Perception.

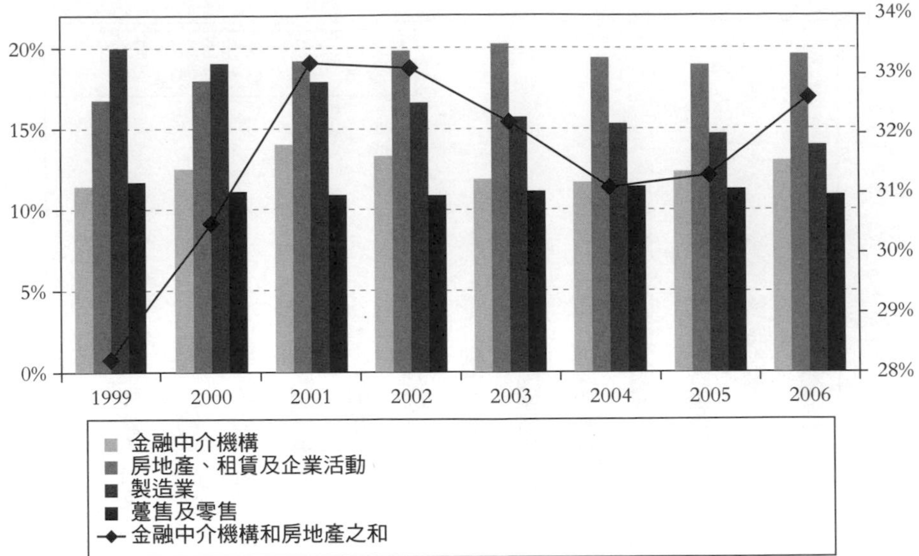


**圖13.3 英國前四大所得稅貢獻的產業（依照各產業稅收占總稅收的比重）**

資料來源：HMRC, Variant Perception.



房價高度相關，而且很大一部分的經濟產出是來自於銀行業。（2007年英國金融業所占的GDP約10%，較美國為高）

可以想像，英國稅收受到了重創（見**圖13.3**）。2007年銀行業貢獻了超過40%的企業稅收，三分之一的所得稅單是來自金融和房地產業。從2008年11月至2009年11月，英國稅收下降了12%，相當於減少370億英鎊（約600億美元）。

因此，英國公共借款占GDP的比重由2008年的5%快速膨脹到2009年的11.5%。這中間包括了全世界最高的預算赤字，突顯出英國在完美風暴核心中，吃力但不討好的尷尬地位。為了填補缺口，英國政府開始借錢，這在承平時期是從未發生過的，使得債務飆升到超過GDP的60%，比1976年英國向國際貨幣基金借款23億英鎊（約37億美元，依物價計算相當於今日的210億美元）時的債務水準還高。英國當局不僅努力填補這個稅收缺口（以及支付更高的失業給付），而且還得想辦法紓困銀行業。當問題在西方金融業發酵，苦於流動性乾涸和資產價格直線滑落的英國銀行業就經不起打擊了。

## 北岩銀行：現代版擠兌

北岩銀行（Northern Rock）是英國的一家小型銀行，它是信用危機的第一個受害者。它的客戶存款寥寥無幾，貸款來源高度依賴其他銀行借款。當銀行對於其他銀行報表中握有的資產和其價值感到愈來愈懷疑時，彼此間就開始收縮銀根。北岩銀行眼看著資本一夕之間蒸發，也沒有人願意再借錢，就發生了英國百年來首見的銀行擠兌。政府害怕恐慌一旦蔓延，擠兌會從一家銀行擴散到全英國，立刻介入把北岩銀行收歸國有。

但最壞的情況還沒到。2008年雷曼兄弟倒閉，英國許多比北岩大很多的銀行——就像是大到不能倒——看樣子也難以存活。此時政府再度介入，將蘇格蘭銀行（Royal Bank of Scotland, RBS）、哈利法克斯蘇格蘭銀行（Halifax Bank of Scotland, HBOS）、萊斯銀行（Lloyds-TSB）部分國有化，仿效美國的花旗和美國銀行（Bank of America）這二家極為脆弱的大銀行。現在，英國已和全球幾家最大的銀行綁在一起（單單RBS一家的資產負債表就超過英國的GDP）。英國的銀行業是全球最大之一，全部銀行業資產總和超過全國GDP的5倍。在美國，比重大約是1倍。此外，許多英國銀行持有的債務是外幣債（約為GDP的100%）。問題來了，如果再發生金融危機，英國政府還挺得住銀行業嗎？我們認為這是英國的結構性問題：太過依賴和曝露在金融產業之中。（看起來像是冰島的翻版？）

在這裡我們暫停一下，回頭看看英國的大環境。英國已享有多年的低利率環境和經濟擴張，房地產價格似乎只漲不跌，人們也願意借更多的錢，消費支出達到巔峰。然後，危機來臨，英國奇蹟式的瞬間露出了真面目：建立在低利率和寬鬆信用的海市蜃樓。英國高度依賴房地產及金融產業的特性，使其在信用危機的餘波中受創最深。

因此，英國政府被迫快速增加借貸，成為了全世界預算赤字最高的國家之一。高額的負債，超大規模的銀行，以及受制於金融機構國有化政策下的納稅人，英國的財政情況無疑——並且持續——相當危險。

英格蘭銀行也成為支持英國政府的一員，在這一波自二次世界大戰之後，最大規模的瘋狂借錢的同時，推出也是最大規模之一的量化寬鬆（QE）計畫。（量化寬鬆是一個技術性名詞，是中央銀行或貨幣當局創造貨幣——也就是印鈔——去買進資產以支撐價格的方式。）

英國的量化寬鬆計畫中，英格蘭銀行買進了2,000億英鎊（約3,200億美元）的英國主權債，購買金額可能會繼續增加[3]。英格蘭銀行手中已握有的公債占總發行量將近三分之一。如**圖13.4**顯示，這讓美國和日本的量化寬鬆計畫相形見絀。（譯者按：英格蘭銀行持有債券的比例遠高於美國聯準會和日本央行）

英格蘭銀行的邏輯是：QE幫助經濟達到、而不是降低通膨預期。並且只要保持公債利率在低檔，就能促使投資人買進其他包括高殖利率的資

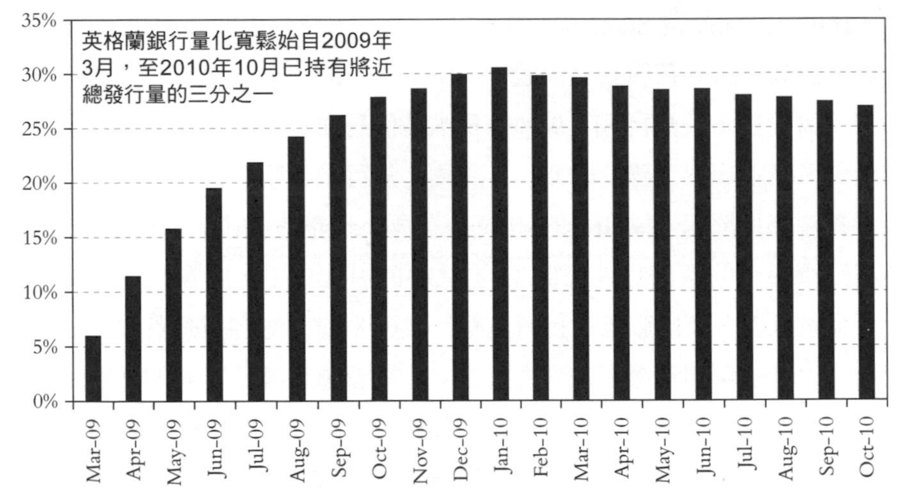


**圖13.4　英格蘭銀行持有公債占總公債發行量的百分比**

資料來源：Bank of England, Variant Perception.

[3] 英國的量化寬鬆政策，2010年2月首次計畫購買2,000億英鎊公債，接著在2012年2月提高購買上限至3,250億英鎊，2013年2月時行長金恩表態支持，規模更進一步提高到4,000億英鎊。

產（像是公司債、股票、甚至抵押債）。如果你認為這就是明顯的操縱利率，鼓勵存款者用存款投入風險性資產以套利，你對QE 的瞭解大概就夠了。

量化寬鬆無疑讓英國公債市場經過了一段長時間的穩定，接下來就是如何退場的問題。英格蘭銀行宣稱最終目標是當經濟好轉，將會在市場出售手中的公債，收回當初購買債券所創造出來的鈔票。然而，撇開量化寬鬆的絕對數字不談，每個人心中的疑問都是：英格蘭銀行如何能平穩實現這個目標？它可能是設想不久後的將來，有一天經濟成長回到軌道、失業率下降、房地產價格健全回穩、金融機構也已清理自身的資產負債表，它就能有秩序地將公債回流到市場中。

但記不記得前面提到債務占GDP比重達4.7倍？這將是未來任何復甦的主要障礙，利息支出會浸蝕所得，另外本金還得償還。在這些拖累下根本難以達到正常的支出成長和經濟復甦。因此，很難判斷什麼時候英格蘭銀行開始賣掉手中的公債，除非讓利率狂升。

如果這樣還不夠麻煩，英國政府還得傷腦筋的是外國人持有公債的問題。在本書第12章我們提到，94%的日本公債是由日本人持有，這使得日本利率能夠維持低檔。然而，英國公債僅70%由國內持有。（見**圖**13.5 ）

一旦外國投資人開始擔心英國債務問題而出售手中的債券，他們的持有量足以讓殖利率大幅飆高，可以想見對經濟的影響勢必不那麼愉快。

而且，英格蘭銀行主導的量化寬鬆使英國成為可能爆發惡性通膨的國家之一。歷史上所有的惡性通膨都含有巨額的預算赤字，政府到最後也只能用印鈔票去填補財政窟窿。雖然英國並不是唯一一個實行量化寬鬆的國家，但卻是唯一用如此巨量，而且只購買政府公債的國家（在美國，聯準會買了比較多的抵押債券）。2009年，英國實際上已將預算赤字貨幣化了，也就是說，那一年英格蘭銀行多印了鈔票支付政府收入的缺口。如果各位讀者和我們一樣尊重歷史規律，應該會賭英國在未來幾年內可能會陷入高通膨的危機中。

然而，即使前面所談的情況全部成立，我們也不認為英國會到惡性通

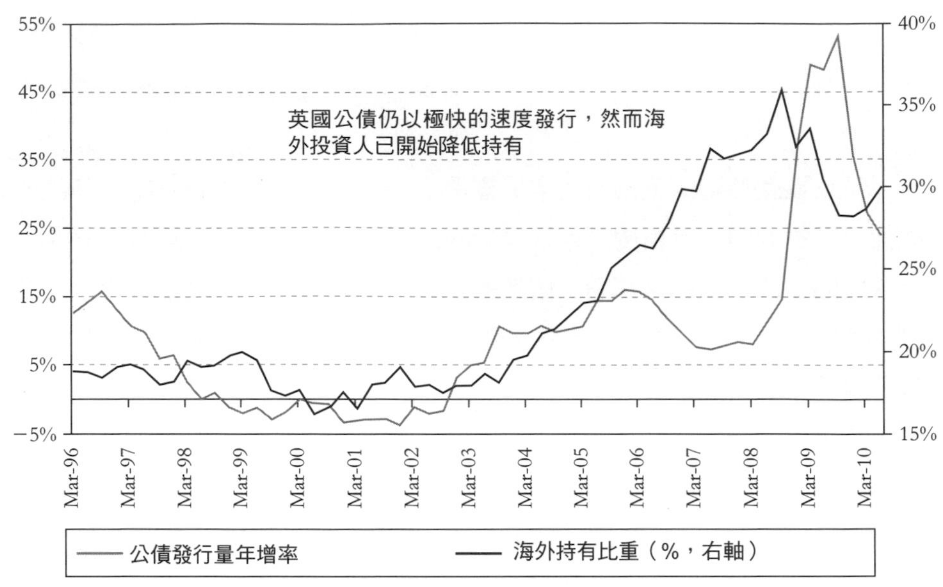


**圖13.5　英國公債發行量和外國人持有比重**

資料來源：Bloomberg, Variant Perception.

膨的地步。領導人知道這是一條完全毀滅的路，因此在某個時點應該會懸崖勒馬。

有足夠的理由相信英國當局會比美國、日本，或多數歐洲國家更容易接受一個合理的通膨數字，通膨夠高有助於削減債務的價值。如果我借出1,000元，為期五年，但很好心不收取任何利息的話，五年後就會收到還來的1,000元。但這期間的通貨膨脹會削弱這1,000元的價值：也就是這1,000元能買的東西會比五年前少。借款者很高興（如果他是個商人的話），因為他只要還1,000元，而這1,000元比五年前更容易賺到，因為價值變低了。

政府也可以如法泡製削減掉應該要還的債。然而政府得十分小心，因為如果政府再要借錢，債主可能會要求補償更高的通膨而抬高利率。因此，如果多數債務在短時間內就要到期，拉高通膨無異是搬石頭砸自己的腳。

然而，英國是全世界發行公債的國家中，平均到期日（average maturity）最長的國家，見**圖13.6**。

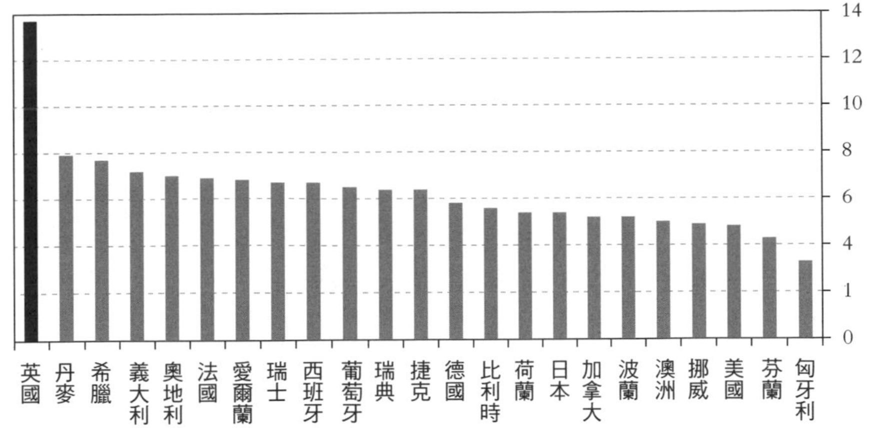


**圖13.6　主要國家主權債平均到期年限**

資料來源：Variant Perception.

如果通膨持續上升，英國在這方面會比其他國家占些便宜。即使加入了通膨聯結型債券（inflation-linked bonds）[4]也是如此。大多數已開發國家都面臨著通縮、甚至已經進入通縮期，英國仍然有著很高的通貨膨脹壓力。英格蘭銀行則拒絕承認這些問題：一方面，當英國政府轉而縮減公共支出時，英格蘭銀行對於是否調高利率顯得猶豫不決——因為升息加上財政緊縮幾乎確定會讓英國進入另一次衰退；另一方面，英格蘭銀行始終認為通膨現象是暫時性的，很快就會回到正軌。有可能會，但只要英格蘭銀行維持低利率和寬鬆貨幣的時間愈長，通膨的機率也就愈高。事實上，英格蘭銀行對通膨的忍受程度和英國債券的長天期並不相稱，就投資上來看，寬鬆貨幣政策和緊縮財政政策對英鎊不利，但對英國大型股卻有利。

## 英國的終局：高通膨就在不遠

英國的終局為何？現在看到的可能只是起頭，2010年選出的新政府要求積極削減預算赤字，從目前GDP的10%到2016年目標的1%。為了達到

[4] 此類通膨聯結型債券的價值會隨著通膨增加而增加，政府並無法藉由通膨削弱其債券價值。

這個目標，2010年10月英國政府宣布了自1920年以來最大規模的撙節方案，有些部門的預算甚至被刪減了三分之一以上，這可不是說說而已。

英國議會制度讓這次削減方案有可能繼續下去。在美國，還沒有那麼激烈，2010年期中選舉結果，民主黨失去眾議院的多數席次，只保有參議院[5]，這樣的結果充滿了政治妥協。但英國的減支計畫會是三分鐘熱度嗎？從某種程度來看，在此次危機中，英國就像是「煤礦坑裡的金絲雀」（the canary in the coal mine）[6]，採取了比其他已開發國家更為嚴苛的撙節方案。如果減支過頭造成民間私部門未能如期復甦，不但會引起另一波衰退，還會考驗著力主預算減支政策的官員們的決心。英國可否免於希臘式的罷工和暴動？每個人的忍耐都有極限，即使情感壓抑的英國人恐怕也不會例外。

英國的問題其實根深蒂固——太多結構性的問題——前景不容樂觀。如同先前所提到，英國是全世界負債最高的國家之一，壓抑了經濟的持續復甦，影響層面廣泛且不容低估。高債務負擔讓債務大量貨幣化，但這樣的政策很難平穩地恢復財政秩序。雙位數的通膨風險仍然很高，英國有可能會成為已開發國家當中通膨最高的國家。無論最後結局是什麼，英國的終局恐怕都不會太好看。

這對全世界而言也不是好事。英國對全球具有影響力，也是美國堅定的盟友。不過英國在軍事上也削減許多預算，未來可能被迫還得刪減更多。（譯者按：意味對美國的全球布局也會有影響。）

英鎊會貶值，英國消費支出也會下降，國內工業生產持平，但因匯率貶值，出口可能會攀升。如果英鎊持續貶值，這種情況還會繼續下去。

---

[5] 2012年美國總統大選同時國會也改選，其結果與2010年期中選舉相同，民主黨掌參議院，共和黨掌眾議院。

[6] 金絲雀對瓦斯氣味十分敏感，有些許味道就會發出叫聲。因此許多煤礦坑內都養著金絲雀，用以提醒萬一礦坑出現瓦斯外洩。因此，「煤礦坑裡的金絲雀」一詞被用來比喻：對事件的發生提前做出反應。

CHAPTER 14

# 澳洲：步入冰島的後塵？

目前為止我們談到的國家都經歷著房地產的泡沫和銀行問題，未來一旦危機來臨，都會造成房地產泡沫破滅和銀行體系崩潰。有沒有尚未破滅的房市泡沫？有，澳洲就是世界上少數在金融海嘯後房屋價格還能創下新高的國家，而且房市令人血脈賁張。

本章談一下澳洲的房市泡沫，看看它和美國、英國、愛爾蘭、西班牙等國的房市泡沫有什麼異同。表面上，澳洲的公共債務不高，整個國家運作得不差。愛爾蘭和西班牙的債務占GDP比重也不高。但是，只要房市泡沫失控，政府不得不出面救銀行的話，債務就會急劇上升。

以下讓我們進入澳洲的盛宴！

## 幸運的國家

金融海嘯肆虐期間，全世界各地接二連三出事，從拉脫維亞到西班牙、從杜拜到匈牙利。多數國家在本書已討論過，不止如此，2008至2009年，幾乎所有國家都經歷了殘酷的成長萎縮——大多數是嚴重衰退，但有一個國家例外，就是澳洲。澳洲的GDP年增率從未出現負數，就算是從季來看也只有一季出現過負成長，隨後即出現強勁的復甦。

多數國家都遭受某種程度的衝擊，像是美國在房屋市場崩盤後出現的危機，或是英國房價崩跌後，還有銀行國有化的問題。前面已經談過這些事件發生的經過，也對未來可能的發展提出了我們的看法。

澳洲情況則有些不同。我們不會談到發生了什麼事，事實上什麼事都沒發生。不過我們倒可以談談哪些事情可能將會發生，一旦發生了可不好玩。簡單來說，澳洲可能會爆發有史以來最嚴重的泡沫破滅危機。所以請找個舒服的位子坐下來，也可以為自己倒杯威士忌，因為接下來要談的恐怕會令大家坐立難安。

澳洲經濟在金融海嘯中存活下來，而且幾乎毫髮無傷，其中大部分的原因是和中國的貿易關係。過去日本曾經是澳洲的最大貿易伙伴，但2009年中國取而代之，中國從澳洲進口大量的原物料，主要是鐵礦砂和煤，創造了中國的經濟奇蹟。

這種經濟的擴張意義非凡。企業信心高漲，失業率在G10國家當中最低，並且仍持續下降中；消費者從金融危機中重拾信心，這和其他國家消費的急凍大不相同。消費者偏多心態的原因只有一個：澳洲房地產市場。也就是當今尚未破滅的最大泡沫之一。

無論從哪個角度來看，澳洲房價都太高了，不管從房價—所得比，還是租金報酬率都一樣。「經濟學人房價指數」（The Economist House Price Index）指出，澳洲房價高估了63%（見圖14.1）。 價格明顯過高，程度超過其他任何一個房地產危機國家在爆發前的水準。

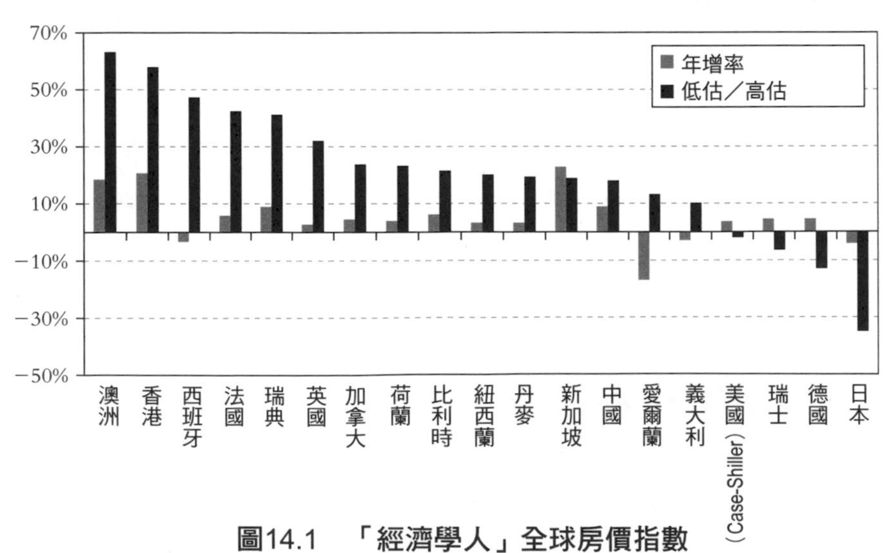


**圖14.1 「經濟學人」全球房價指數**

資料來源：*The Economist.*

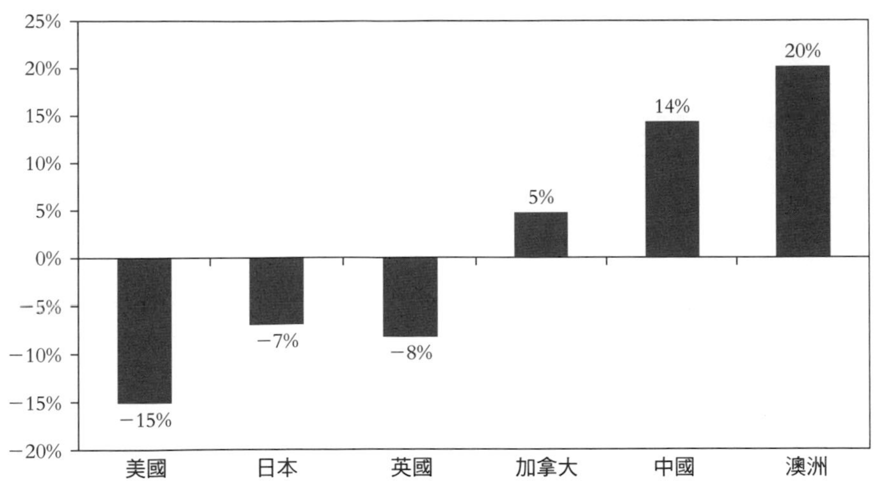


**圖14.2　全球房屋價格：與五年平均價格的差距（2010年）**

資料來源：Bloomberg, Variant Perception.

澳洲是過去幾年唯獨房價尚未下跌的兩個國家中的一個（另一個是加拿大）。澳洲的房價被高估，超出五年平均值的20%，因此被列入房市泡沫的行列中。（見**圖14.2**）

**圖14.3**顯示，即使美國和英國房價已大幅滑落，澳洲房價還在上升。

高達一半的澳洲房屋投資人僅付抵押房貸利息[1]，自有房屋比達30%，如果加計簡易房貸（low doc home loan）[2]和不符合一般條件的貸款（nonconforming loan）[3]，這個數字還要再高。澳洲並不像美國有大量

[1] 指不還本金僅支付房貸利息，因為預期房價還會上漲，屆時出售可獲利。

[2] 簡易房貸是一種適合自雇者（self-employed）、自由工作者等沒有穩定收入來源的借款人所設計的貸款。這種貸款的優點是不必提供稅務或財務紀錄，提供部分簡易資料後即能快速得到貸款。缺點是可能要支付較高的利率和其他費用。

[3] 指的是在房屋抵押貸款市場中，針對每位申請人需要經過詳細的信用查核，像是債務收入比（不得超過所得一定比例，美國為36%），每月支出和所得（例如本金、利息、稅收、危害保險、私人貸款保險還有房管協會費不得超過所得一定比例，美國為28%），最後予以評分。未達最低標準分數的人所申請的貸款稱之為不符合一般條件的房貸，這些人申請條件更為嚴格，利率也較高。美國聯邦住宅管理局（FHA）要求的最低信用分數為580分。

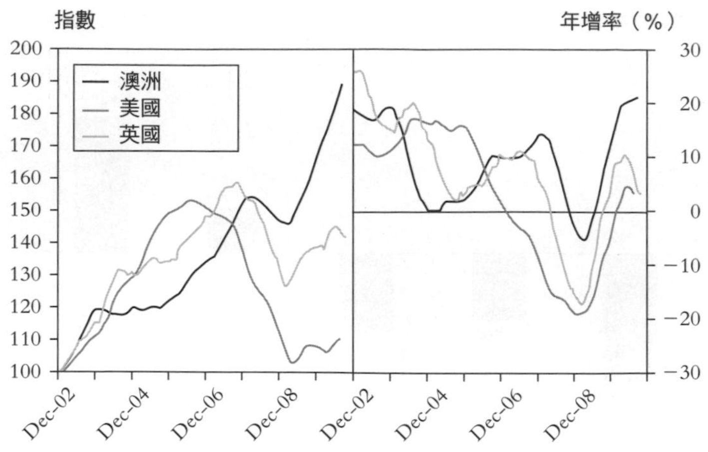


**圖14.3　全球房屋價格比較（2010年）**

資料來源：Westpac.

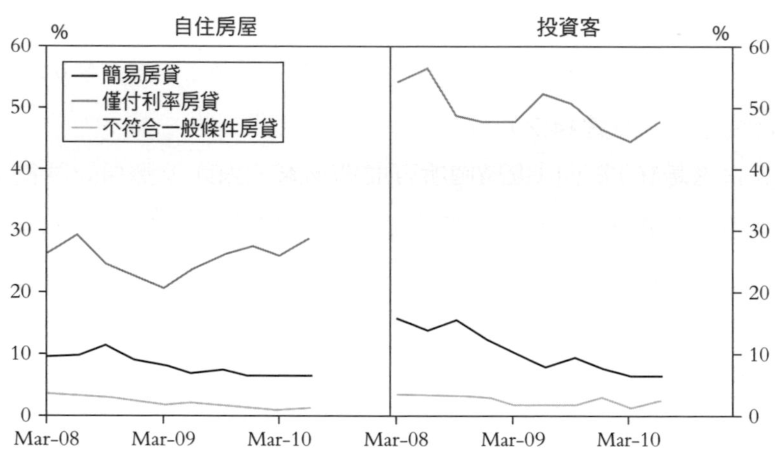


**圖14.4　銀行房貸（2010年）**

資料來源：Westpac.

的證券化市場，且房市的基本面更糟。（見**圖14.4**）

澳洲經濟的弱點在於銀行業，這也會使得房地產市場一旦有任何風吹草動，隨即予以擴大；換句話說，銀行也是澳洲房地產泡沫的推進器。房

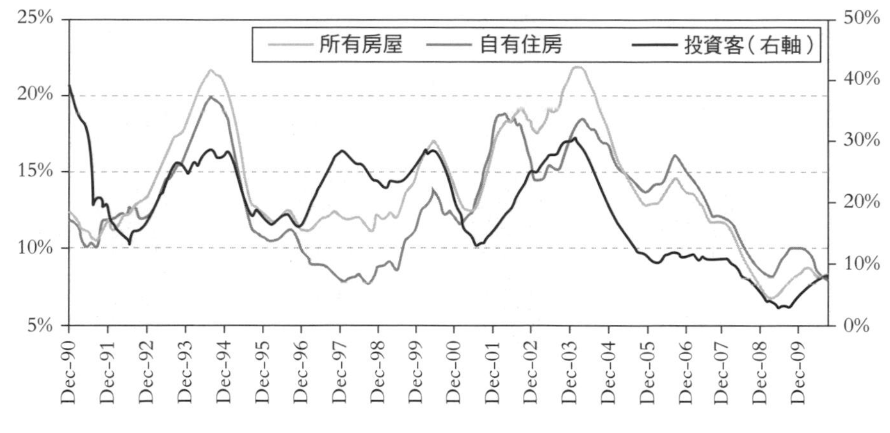


**圖14.5　澳洲房屋貸款年成長率**

資料來源：Bloomberg, Variant Perception.

屋貸款在2000年初期達到高峰——年成長超過20%——過去二十年從未出現負成長，一直到2010年仍保持7%的年成長。（見**圖14.5**）

澳洲銀行業的存放比（loan-to-deposit ratio）❹也是G20國家當中最高的，每100元澳幣的存款貸放出180元。澳洲前四大銀行的存放比略低一些，大約是160%，但也高過所有亞洲國家。因此，澳洲高度依賴其他銀行或金融機構的大額借款（wholesale funding）。主要銀行超過40%的資金來自國外，其中約有一半是短期借款。（見**圖14.6**）。短期借款的意思是必須經常展延，因此出借人收傘的機會也就愈高。長期放款在此處比較受到青睞，原因是需要展延的次數較少，對借款人而言風險較小。（見**圖14.7**）

大比例的大額借款，特別是短期借款，曾經導致了至少一家銀行倒閉，就是本書第13章提到的英國北岩銀行，而且多家銀行也因此瀕臨破

❹ 指銀行放款相對存款的比例，為衡量銀行風險的指標之一。如果比例低於100%表示銀行存款足以應付貸款，超過100%表示銀行必須向其他銀行或金融機構取得資金才能應付貸款，無形中銀行的風險就提高了。此處提到澳洲銀行業平均存放比為180%（180÷100）。不過存放比也不宜過低，因為這表示銀行資金運用無效率，存款過高加重銀行利息支出成本。

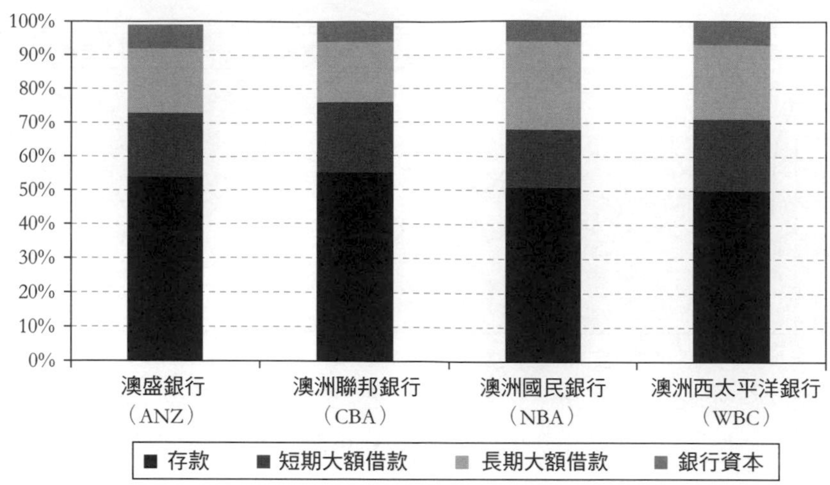


**圖14.6　澳洲銀行業的資金結構**

資料來源：Morgan Stanley, RBA.

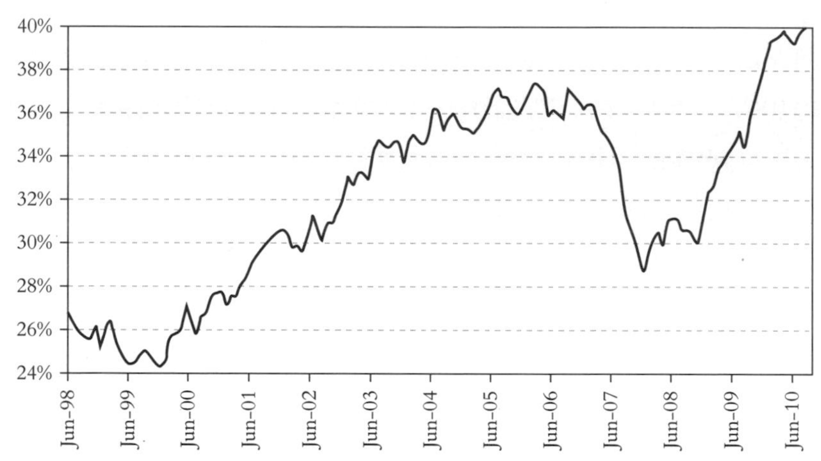


**圖14.7　澳洲銀行海外債務占總債務比重**

資料來源：Morgan Stanley, RBA.

產。大額借款的問題在於，只要一點點微小的問題就會快速收傘，而存款對銀行而言是比較可靠且穩定的資金來源。北岩銀行的存款比率太低，當次貸危機爆發時，資金幾乎在一夕之間消失。

澳洲銀行躲過了金融海嘯一劫是因為它們不像美國、英國和歐洲銀行般擁有許多的次級貸款。但澳洲銀行和國內經濟有高度關聯，房地產市場有任何問題都會造成銀行業的災難。當銀行為搶救資產負債表而凍結放款，將會造成加乘效果，進一步傷害經濟，導致另一波資產縮水，到時就極為嚴重了。

## 紙糊的華廈

澳洲像一棟紙糊的華廈，我們相信泡沫有一天會破，而且會十分震撼，但我們無法得知引爆點為何。這又讓我們回想起第2章提到的顫抖手指：我們知道會有一粒沙子引發崩潰，只是不知道是哪一粒沙。澳洲可能發生的原因很多，而且都有可能破壞現有的均衡，只是不確定是哪一個。但是它們仍然值得觀察。

最明顯的徵兆是中國減速。在經歷過去十年雙位數的年成長後，中國有可能會讓成長放緩。在本書寫作之時就已經出現部分現象。我們認為這會影響澳洲，當中國減少對煤礦和鐵礦砂的進口時，澳洲貿易盈餘會明顯減少。（見**圖14.8**）

強勢澳幣也會開始影響澳洲出口。G10國家競相量化寬鬆是始作俑

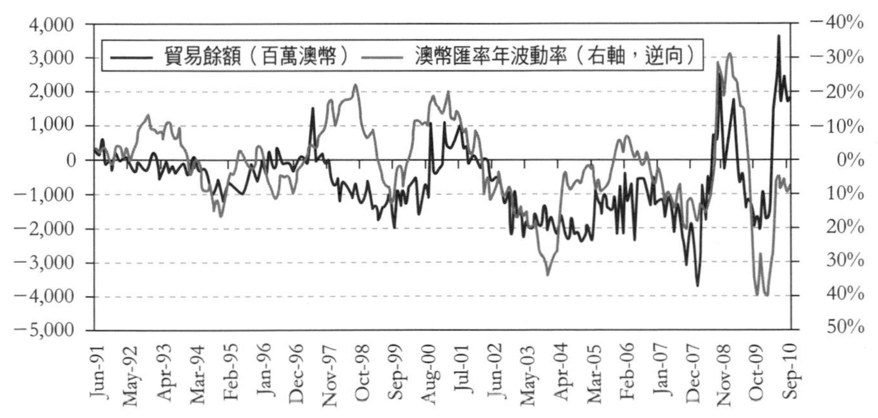


**圖14.8　澳洲的貿易餘額**

資料來源：Bloomberg, Variant Perception.

者。前面分析過，量化寬鬆創造了多餘的流動性，對經濟產出而言超過所需的貨幣就是多餘的，而多餘的流動性會流向最沒有阻力的地方。在經濟體中通常是指資本市場，像是股市、債市、商品市場，以及房地產市場。對澳洲來說，美國印愈多鈔票就愈會推升商品價格和提高通貨膨脹，可能會導致澳洲儲備銀行，也就是澳洲央行（Reserve Bank of Australia, RBA）被迫升息。升息緊縮貨幣將造成澳洲家庭抵押利息升高，付貸款的難度增加。澳洲的抵押貸款中超過90%為浮動利率貸款，升息將直接影響抵押借款者。

升息同時也會推升澳幣匯率，這對澳洲出口而言是另一打擊。2010年用貿易加權基礎（trade-weighted basis）計算的澳幣匯價已創下了二十五年來的新高，而且還有可能持續上升。

量化寬鬆對中國不利，同時也會連帶影響澳洲的貿易。過多的流動性湧向商品市場，推高了食物和能源的價格，中國對這些進口價格相當敏感，也有可能因此升息。如果情勢來得太急太快，經濟可能會受影響。中國身為澳洲第一大貿易伙伴，澳洲自是首當其衝。

澳洲的信貸盛宴可能已經出現第一個結束的徵兆（見**圖14.9**），經過

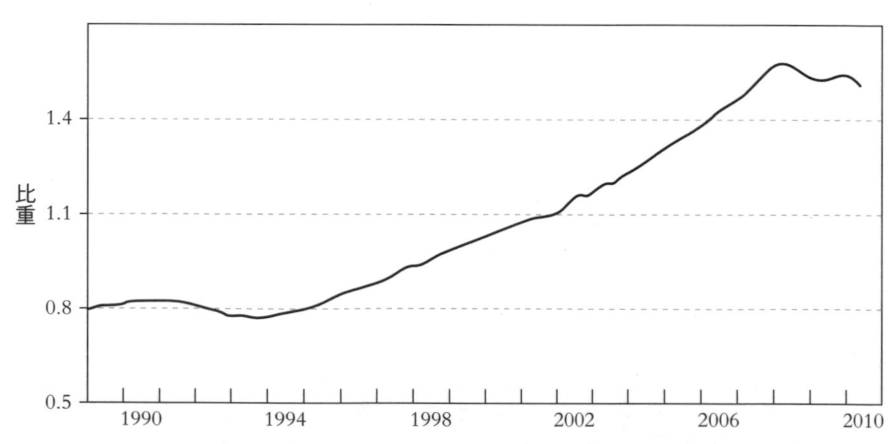


**圖14.9　澳洲信貸占名目GDP的比重**

註：未經調整之數字。
資料來源：ABS, RBA.

二十年來驚人的信貸擴張，澳洲信貸占GDP的比重出現了1990年代中期以來第一次的明顯下降。

全球金融海嘯後，多數國家至少因此有機會釋放過去數十年來經濟失衡的壓力（儘管許多國家的政策又再度加重其失衡）。但澳洲從未經歷過經濟減速，因此一旦澳洲出現危機，其結果可能最為驚心動魄。

CHAPTER 15

# 意外的發展：寬鬆的貨幣政策及新興市場前景

到目前為止本書一直著墨在美國及其他負債累累的已開發國家。隨著日本、美國、英國、瑞士等國將利率降到接近零的水準，此舉似乎能夠有效刺激經濟。然而，部分仍釘住匯率或以美元為師的新興國家卻已開始反省這種極度寬鬆的貨幣政策。

許多新興國家過去幾年的外匯存底快速增加。新興亞洲國家約占了全世界外匯存底總量的50%，2009年起這些亞洲國家外匯存底劇增，主要原因是複製已開發國家的寬鬆貨幣政策，維持自家貨幣的競爭力（譯者按：指維持匯率趨貶以增加出口競爭力）。中國是其中外匯存底增加最多的國家，這與人民幣緊釘美元，必須消化來自出口賺到的大量外匯有直接關係。

亞洲新興國家複製已開發國家的超寬鬆貨幣政策的結果之一，就是國內的利率同樣探低，通貨膨脹率卻快速升高。這些國家陷入了三難（trilemma）的局面[1]，而一個國家最多能夠控制固定匯率、自由的資本流動、獨立的貨幣政策三項當中的二項，無法三者兼得。其最終結果很可能是利率上升、匯率升值。（見**圖15.1**）

[1] 即著名經濟學家、1999年諾貝爾經濟學獎得主孟岱爾（Robert Alexander Mundell, 1932- ）所提出的孟岱爾的三元悖論（Mundellian Trilemma）。

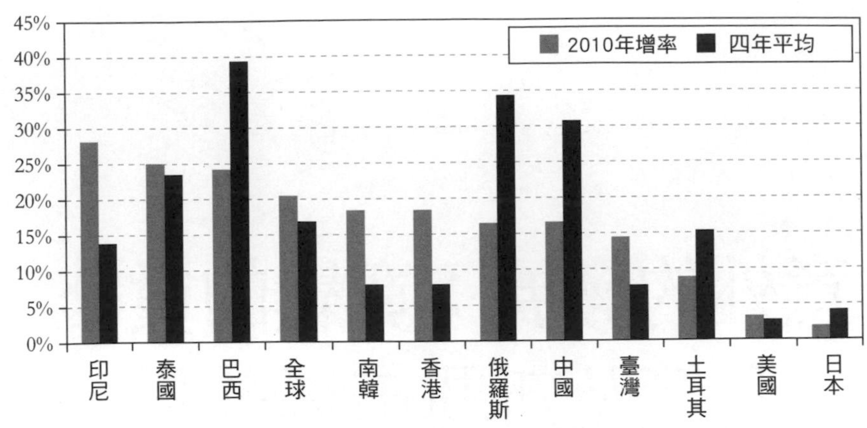


**圖15.1　全球外匯存底成長**

資料來源：Variant Perception.

## 新興市場泡沫

許多新興國家的資本市場規模在未來數年間有可能會增長2倍甚至3倍之多。這些國家的資本市值占全球的比重不高，因此當投資人將部分資金從已開發國家中分散出來時，就會像拿消防水柱接上吸管一樣，大量的流動性會把新興國家資本市場淹沒。

投資人部分的錢會轉往具成長性的地方，部分則是因為全球量化寬鬆的緣故，特別是美國。這也是為何一些新興國家如巴西開始針對外國資本流入開始課稅，以避免自家經濟出現泡沫。（見**圖15.2**）

美國和英國等已開發國家占有高比重其來有自。部分原因是在美、英二地公司掛牌的比例較高，其他國家有比較多的私有和家族企業，或是國營公司。

以個別國家來看，幾乎大部分的新興國家占全球資本市場的比重都低於0.5%。如**圖15.3**。

進一步強調新興股市規模較小的現況，**圖15.4**是我們比較部分新興國

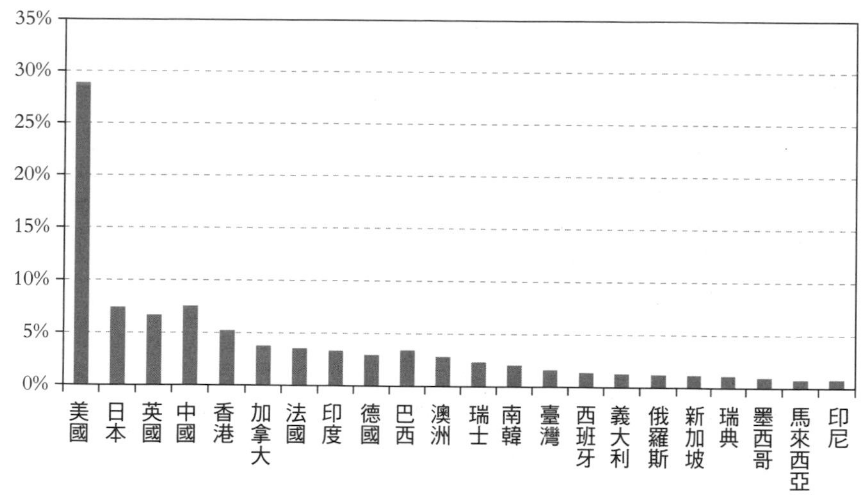


**圖15.2　各國股市市值占總資本比重**

資料來源：Variant Perception.

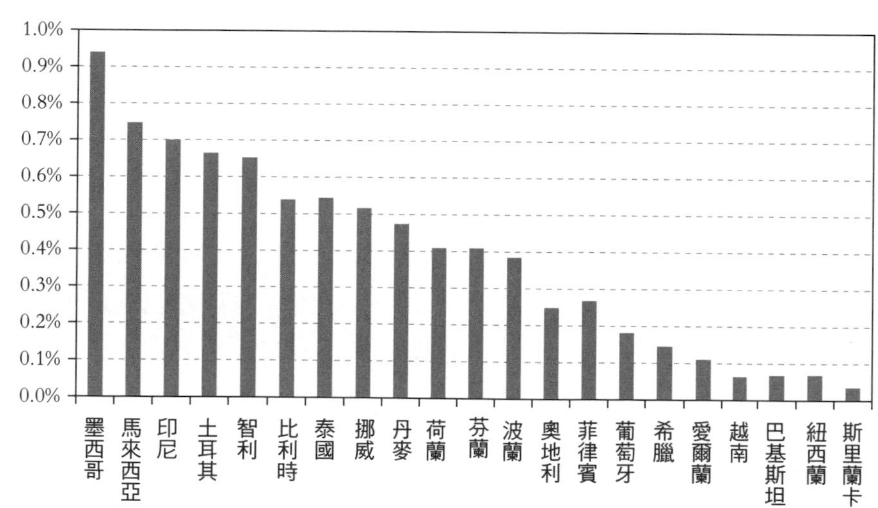


**圖15.3　各國股市市值占全球股市市值比重**

資料來源：Variant Perception.

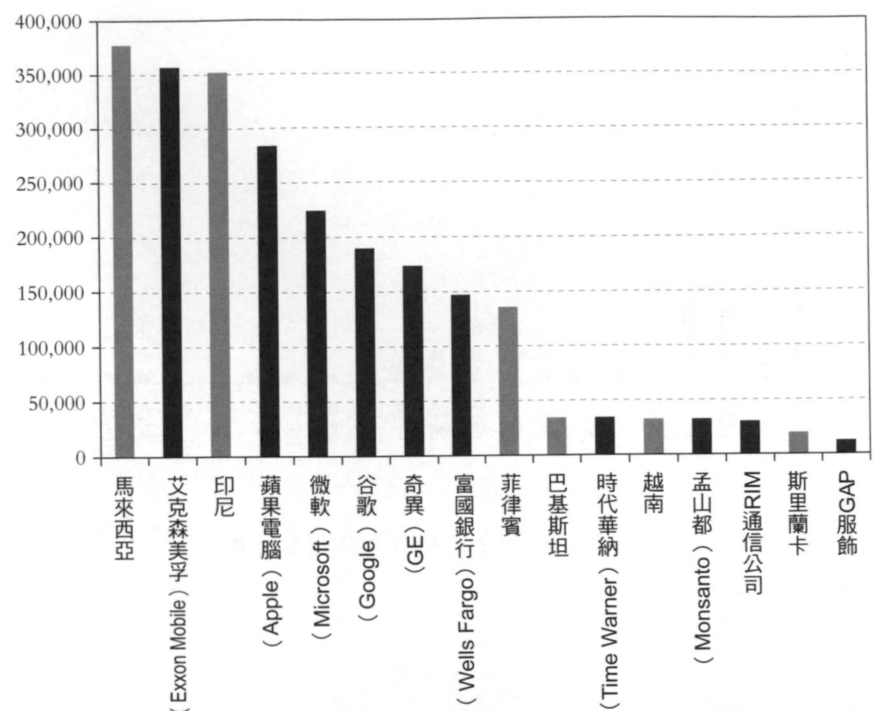


**圖15.4　部分新興股市市值和大型藍籌股市值比較（百萬美元）**

資料來源：Variant Perception.

家股票市場總市值和一些知名的大型藍籌股市值。（以百萬美元計）[2]

想想以下的例子：微軟市值超過了印尼，奇異公司和富國銀行市值幾乎是菲律賓的2倍，孟山都和時代華納市值超過了越南和巴基斯坦的總和，GAP服飾市值將近是斯里蘭卡的2倍。

在推升資產價格和通膨的交易過程中，新興市場股市表現較佳，具有以下幾種特色：

1.大量流動性，貨幣快速擴張。

2.正面的人口結構發展。

[2] **圖15.4**的資料數據為作者引用2010年底資料，現今數字或有不同，但不影響文意表達。

3.實質利率下滑。

4.消費者低負債。

5.銀行業放款占GDP比重低。

符合這些條件的新興國家包括了：土耳其、馬來西亞、印度、印尼，以及巴西。

部分新興國家本身的條件成了國外大量流動性進入後的助燃器。像是印尼、巴西，和土耳其的經濟狀況良好，生產力增加，通膨壓力減輕，正朝向低利率國家轉型。這通常會讓投資人從低報酬的現金和債券部位出撤出，轉而流向高收益率的股市。

同時，人口眾多和人均GDP偏低的國家，像是中國、印度、印尼、斯里蘭卡等則具備了更大的成長空間，只要其他較開發國家，如臺灣、捷克等能保持經濟繁榮，這些國家就有機會。

在這樣的情境下，流動性仍可維持一段時間的高水位，即使中國也和其他新興國家差不多：

> 小規模市場＋充足的流動性＋投資人風險偏好＋歷史低檔的利率
> ＝形成泡沫的條件

中國的股市、房市，以及其他資產都會受惠。

中國和其他多數新興市場不同點在於對海外投資資本流動的管制。然而一旦將管制鬆綁，允許資金自由進出，對中國市場的衝擊會相當巨大，就如同1980年代的日本開放資本帳，允許日圓自由流通一樣。事實上，自從17世紀荷蘭鬱金香狂熱開始，許多泡沫的產生都和金融自由化與金融創新的開始有關。

世界上總會有地方是多頭市場。如果回頭看看1970年代也是寬鬆貨幣政策和過度的政府債務環境，我們能預期未來十年美國和歐洲會重演股市低迷嗎（譯者按：因為1970年後期歐美飽受石油危機帶來的高通膨低成長影響）？可能會，但對於全球投資人而言應該沒那麼重要。再重複一次，只要有地方是多頭市場就行。

**圖15.5　新興股市在1970年代的表現**

資料來源：Bloomberg, Variant Perception.

**圖15.5**顯示，如果在1970年投資美國股市1元，到了1985年可以變成2元；如果同一時間投資日本股市，十五年後就會有6元；如果投資在香港，你可以拿回超過8元。

新興市場會是全球寬鬆貨幣政策下的大贏家。此次美國聯準會因為網路泡沫化之後創造房市泡沫而大肆寬鬆貨幣政策，這些多印出來的鈔票將會讓新興市場成長茁壯。

只要美國消費者不借錢也不消費，這多餘的流動性是不會造成通貨膨脹。但這些錢總得要找地方消化，而新興市場是最有可能的去向。新興市場和商品市場在信用擴張期間已大漲過一回，因為它們被視為全球經濟成長的見證。

歷史證明，過去多頭市場的贏家和領先者往往不會在下一個多頭市場中再出現，看起來這次新興市場應該是全球的新贏家。根據國際貨幣基金統計，新興經濟體已占有全球產出的43.7%，隨著持續成長有機會達到70%。但僅占全球股票市值的10.9%而已。中國一個國家就占有全球經濟的15%，但股市規模僅占2%，美國占有全球產出的21%、股市卻占了43.4%。

多數投資人把美國和歐洲的市場看得太重，其中一大部分原因是自家人投資的偏差（home bias in investing），但這就像是酒鬼還是會在路燈下找自家鑰匙（a drunk searching for his keys under the lamppost）一樣；究其原因，酒鬼會在路燈下的原因不是因為那兒能找到鑰匙，而只因為那兒是亮的而已。也就是說，多數的新興市場投資人並沒有得到正確的訊息，他們只是靠著感覺積極搶進或退場觀望，他們在新興市場的投資都缺乏系統性。

多數投資人買賣新興市場股票通常想的都在不想承擔風險的思考下進行決定。**圖15.6**顯示，VIX指數（表示全球股票市場波動性）和美元兌

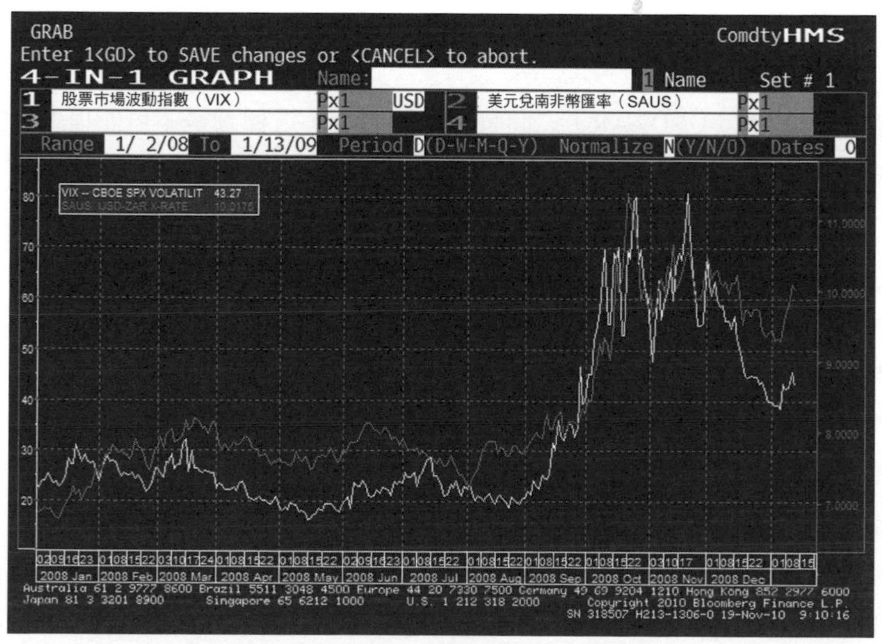


**圖15.6　南非幣（蘭德）和VIX指數**

資料來源：Bloomberg, Variant Perception.

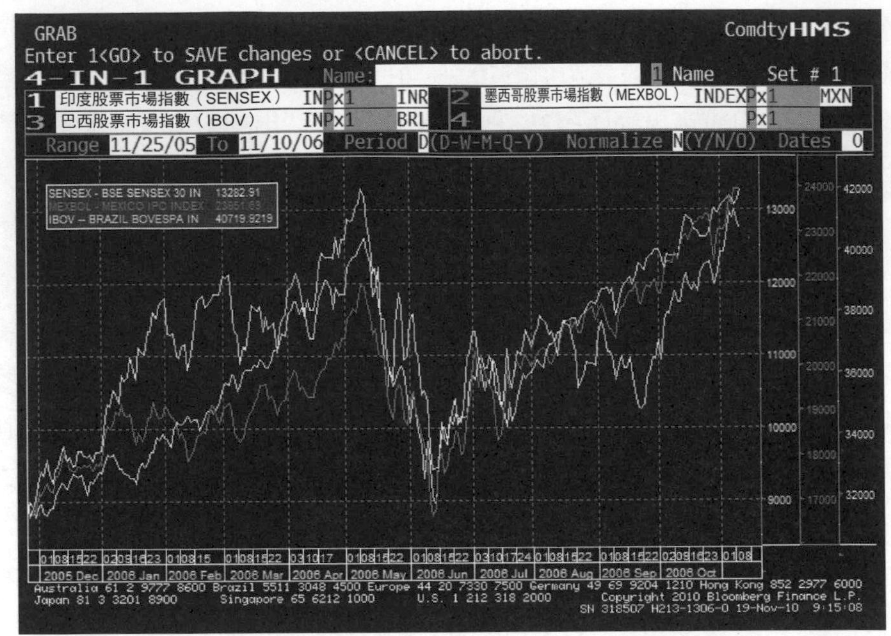


**圖15.7　新興市場股市在2006至2007年間的表現**

資料來源：Bloomberg, Variant Perception.

南非幣匯率（USDZAR）之間有高度相關性。這種圖是不可能捏造出來的。

在2006至2007年間新興市場強力反彈中，幾乎所有市場都同步大漲。**圖15.7**顯示2006年間，印度股價指數（Sensex）和墨西哥股價指數（Mexican Bolsa Index）之間的相關性高達96%，儘管這兩個國家的經濟狀況有著天壤之別。

新興市場可能會成為下一個泡沫。不過，或許等不到下一個泡沫投資人就要落袋為安了。1992年和2003年美國與歐洲擺脫衰退時，中央銀行還在釋放流動性，這造成了新興市場無厘頭的大漲。

釋放流動性和低估新興國家貨幣將大量累積外匯存底並放寬信用市場管制。相較於負債高且貨幣周轉速度慢的已開發國家，負債低且貨幣周轉較快的新興國家將受惠於貨幣政策的胃納量。只是外匯存底的持續累積會導致通膨壓力高漲、過度投資、貨幣政策管理複雜化、銀行放款的不當配置與資產泡沫。

## 困難的抉擇

本書已經提過，已開發國家因為高負債將會面臨困難的抉擇，新興國家反過來同樣也有類似的問題。大多數新興國家負債較低且貨幣周轉慢，但是它們已經開始吸納美國和歐洲釋放出來的寬鬆貨幣了。

新興國家應如何減少熱錢流入，並防止泡沫發生？有一些政策工具可提供當局官員因應全球過高的流動性和資本流入。國際貨幣基金曾指出，新興國家可採用更具彈性的匯率政策，例如交互應用沖銷式干預（sterilized intervention）及非沖銷式干預（non-sterilized intervention）[3]來累積外匯存底；當通膨壓力沒那麼大時，可以考慮調降利息；當整體經濟政策過於寬鬆時，則可以考慮收縮政府財政支出。只是這些政策的利弊得失都很難在事前看得清楚。

最終各國政府必須警覺，並小心處理全球過度流動性的問題。

從投資人的觀點來看，當然應該搭著新興市場的順風車，但也必須體認到新興市場相對於美國經濟和股市是屬於高風險的（high beta）。當美國再次進入衰退時，新興市場將受創更深。因此，新興市場最好是賺買賣價差（trade），而不是長期投資的標的。

換個角度看，當下次美國經濟跌到谷底時，我們認為新興國家終將擺脫（decouple）美國的牽絆，到那時也許就會進入另一個全新的貿易時代。建議投資人好好利用這個時代的變遷，挑選適當的股票，而不只是選擇個別國家ETF而已，或者也可以找適當的人幫你賺錢。總之，**財富只會跟著認真作功課的人**。

[3] 沖銷式干預為中央銀行吸收外匯存底時同時不影響國內貨幣供給的方式。當央行一方面吸收外幣釋放本國貨幣時，同時在國內市場透過公開市場操作收回等量本國貨幣，故實際貨幣數量並未改變。

# 結論：
# Endgame的投資獲利指南

最能追根究底的人終將獲得最後勝利，而這正是我的人生哲學。

——彼得・林區（Peter Lynch）

本書已針對當前全球經濟的困境及可能的結果作了一番巡禮。然而，理解經濟全貌是一回事，賺不賺錢就另當別論了。各位可能會想：「對啦！這些聽起來都很有道理，但對我要保護資產和投資有什麼幫助？」

本章將依據書中設定的不同情境，提供投資上的實務建議。在前面談到這些情境和挑戰時，幾乎都沒有提到什麼實務上的投資建議，本章希望能有些幫助。

在開始之前，先講一段題外話。我們大可依照相關法律免責，聲明我們並非理財顧問，也不知道個人的財務狀況，投資建議也並非適用於所有人。但我們希望聰明如各位是因為對總體經濟和金融市場產生好奇拿起本書，其實不大需要這些免責聲明。你應該進一步去詢問專屬的財務規劃人員、稅務規劃人員等，並且在買賣進出前認真做研究。我們能提供的是一些深入的看法，但瞭解需求和決定投資的還是各位自己。

## 你該怎麼投資？

在本書第15章我們討論了新興市場，以及已開發國家泛濫的流動性如何導致全球資產價格猛漲和巨大泡沫。這將是未來十年的巨大投資機會之一，只是身在其中未必看得清楚。

未來世界許多地方——像是美國、英國、歐洲，以及日本——的結局只有兩種可能。不是去槓桿化導致長期、破壞性的通貨緊縮；就是政策導致貨幣貶值和通貨膨脹。過高的債務水平會讓人減少消費、增加儲蓄，並且伺機還債，例如日本就這樣造就了過去二十年的通貨緊縮；或者採取量化寬鬆，大肆印鈔、財政擴張的試驗成功得過了頭。我們不確定哪一種方式造成的傷害會少一點。

如果相信通貨緊縮會出現，就應該尋找那些資本回收（return of capital），而非資本回報（return on capital）高的投資機會。投資人應該把錢放在低殖利率但有把握回收本金的投資上。在通縮的假設下，美國國庫券（U.S. Treasury）會是好標的。堅定支持通縮的人像是羅森伯格（David Rosenberg）和亨特（Lacy Hunt），他們把大量的資金投入在債券基金上。

如果相信通縮將勝出，下面列出部分最棒的投資機會：

1.買進國庫券。
2.買進配息證券。
3.買進美元：在通縮環境下現金為王。
4.賣出股權商品。
5.賣出房地產及相關股票。
6.賣出高單價消費品股票：節儉只會讓人減少消費。
7.賣出銀行股：在通縮環境中，放款需求降低，利率下降。銀行獲利空間遭到壓縮。
8.賣出消費貸款股。
9.賣出垃圾債券。

10.賣出多數商品原物料。

如果相信通膨出現，則應該找那些政府無法隨意印製或創造出來的東西。黃金就是明顯的例子，像1970年代其他商品原物料也表現不差。實體商品甚至房地產往往是抗通膨的良好標的。

如果相信通膨將勝出，下面列出部分最棒的投資機會：

1.貴金屬：像是黃金、白銀、白金、鈀金。歷史上當實質利率為負，貴金屬總扮演著抗通膨的角色。

2.陡斜的殖利率曲線：如果是債券投資者，在通膨環境下，應會預期長期利率上升速度會比短期利率快，投資人也會將長期高通膨的預期反應在價格上。

3.抗通膨債券（TIPS），或是實質報酬債券（real return bond）：只要確定收到的利息是實質的利息而非名目即可，因為高通膨對債券報酬是一種傷害。

4.短天期（short-duration）公司債：擁有定價權的公司寧可將價格轉嫁給投資人，也不會壓縮自己的利潤。

5.商品貨幣：像是加拿大幣（loonie）、紐西蘭幣（kiwi）、澳幣（Aussie，雖然我們對澳洲房地產不太樂觀）、巴西黑奧（real）、挪威克朗（krone）等。

6.原物料及能源股，以及必須消費（consumer staples）股。

若問我們認為未來是會通縮還是通膨？我們認為二者兼有。先會出現通縮，然後則是通膨。初期可能會出現進一步借款和放款市場的崩跌，政府因而採取更極端的政策回應。我們不認為聯準會和其他中央銀行有能力在不讓通膨失控或重大信用危機的情況下，帶領大家走出通縮難關，只能希望它們在對的時間裡做出對的事。

以上列出的投資選項只是部分，不過點出了這些選項的本質。**在波動劇烈的時代中，時間點（timing）往往更加重要。不管我們列出多麼特定的投資標的，當各位讀到這裡時都有可能已經過時。**

為此，我們為本書讀者設立了線上論壇。網址是www.johnmauldin.com/endgame。如果有任何評論或疑問，只要經過簡單的登錄即可，我們會定期看看大家的意見並回答問題。我們無法針對個人需求提供投資建議，但能對本書提到的議題做更廣泛並深入的討論。

讀者在登入後可以取得墨爾丁的免費週報，有關本書的議題和其他內容都可以在週報中見到。

# 尾聲：最後一些看法

我們並不看好某些國家的將來，然而其他國家，特別是新興市場的未來，也許會震盪，但更令人期待。

在各地演講時，我們經常會碰到各式各樣的問題，「你認為一般人（特別是美國、歐洲和日本）的生活水準會下降嗎？」這樣的問題背後是假設世界將維持現狀，任何改變都無法帶來更好的生活。

當然，從相對性來看，中國、巴西等新興國家一般人民會感受到生活水準的提高，但是這種感受早就有了，而多數新興國家還是有很大的改善空間，這意味著他們的貨幣購買力會下降。（譯者按：意思是物價也會上揚。）

我們骨子裡先天就是個樂觀主義者，也認為未來的世界充滿了樂趣和機會。到了2021年或2031年時，沒有人會想要回到2011年的「那段美好的時光」。科技的進步會讓我們不斷對未來生活發出驚嘆。

改變不是一對一的因果關係，改變是瞬間的。未來科技的改變不會像過去是一波接著一波，從蒸汽火車到電力、從鐵路到個人電腦，未來將會同時出現好幾波改變的巨浪，彼此依賴共生。這就是墨爾丁所說的「千禧年浪潮」（Millennium Wave）。快速改變的步調將席捲我們的生活，儘管那在孩子們的眼中再正常不過。我們的子孫從小就生活在有iPad的環境，相較之下我們父母所生長的世界看起來會是多麼古早。

離我們最近的一波改變是生技產業。未來無害（且更便宜）的癌症治療很有可能出現；病毒（所有病毒，不止是一般感冒病毒）控制將獲得重大進展；阿茲海默症會被治癒。生物時代（Biotime）公司的韋斯特（Mike West，為該公司執行長）將會讓幹細胞生成心血管進入人體試驗，解決致命的心臟病問題。還有更多的科學家日以繼夜研究抗老化甚至返老還童！（如果成真，未來十年保險業的業務會大增，年金業務則會衰退！）未來十年的醫學進步會讓目前的技術像是石器時代。

電信通訊則是另一個主要的改變。科技競爭的結果會讓無線寬頻變得便宜又無所不在，開發中國家將會從目前龜速單調的連線一躍變成現在難以想像的超高速寬頻。只要回想十年前的連線速度，天曉得十年後會變成什麼樣！人們連結世界的方式現在根本無法想像。譬如商業模式的改變，如果認為網路已經改變經營和溝通的方式，等到2022年再回頭看看吧！

這種改變對於開發中國家的孩子特別有利，他們能夠免費接受各種各樣的高等教育。想像一下那些藏在世界各地陰暗角落的天才們能夠為我們的未來帶來多少創新和突破，只是目前他們仍在為生存和學習奮鬥。

這正是這波千禧年浪潮發生的主要原因之一。在17世紀中葉，真正懂得蒸汽機的科學家和工程師恐怕不過數十個，如今我們卻對一些瑣事（和蒸汽機的意義相比）投入數百名研究人員。企業競爭帶來了創新，不努力進行研究並提高生產力，很快就會成為熊彼得（Joseph Alois Schumpeter）「創造性破壞」壓力下的犧牲者[1]。愈多的科學家和工程師努力解決問題，改變就會愈早到來。

當我們能和世界上另外30億人連上線（不是現在能用手機電腦上線的30億人），也許當中有3萬人（即十萬分之一）具有諾貝爾獎的天賦。當我們所有人受惠於他們的努力時，改變會快到我們來不及細想。

[1] 熊彼得（1883-1950），奧地利政治經濟學家，其景氣循環和創造性破壞理論深深影響20世紀的經濟學發展。

當我們開始接受這些改變時，另一股奈米科技發明又將襲來。它將改變我們生產商品的方式，也會拉近製造和目標市場之間的距離。（譯者按：意指產品更貼近消費者的需要）

我們也別忽略新能源（或更便宜的能源）的出現：電池能蓄存更多電力，電動汽車不再是昂貴的玩意兒，一個全新的產業正在成形。還有未來會出現的機器人，這裡談的是「真」的機器人，而不是掃地機（譯者按：指iRobot）。人工智慧已被人遺忘多時，我們相信在不久的將來會以另一種形態出現，如何應用這些創新將是一件極為美妙的事。我們不禁要問：全世界的企業家和科學家的頭腦裡，到底還在想哪些新的產品和服務？

因此，已開發國家將會面臨重整，失業率會比我們預期的還高，時間也會拖得更長。退休金計畫會受到衝擊，情勢也不容樂觀。但未來其實仍是光明的，只要你找到方向並努力前進。機會看似渺茫，但從不消失。我們衷心建議，擁抱這些改變，而不是抗拒它。

只是，這會是另一本書的主題。

# 註釋

## Introduction: Endgame

1. In addition to Zimbardo's numerous books, there is a particularly well-done illustrated 10-minute lecture at www.wimp.com/secretpowers/. Readers are encouraged to check it out.
2. "Popular Delusions," June 30, 2010, by Dylan Grice, who is based in London, www.sgresearch.com/publication/en/91FAF3E698AE56F0C12577520027262D.pub?puid=.

## Part One: The End of the Debt Supercycle

1. Bank Credit Analyst, "The Debt Supercycle," November 19, 2007, www.beearly.com/pdfFiles/BCAsep07_05sr.pdf.

## Chapter 1: The Beginning of the End

1. Gary Shilling, *Insight,* November 2010.
2. Board of Governors of the Federal Reserve, www.federalreserve.gov/pubs/fdp/2002/729/default.htm.
3. Paul A. McCulley, "After the Crisis: Planning a New Financial Structure Learning from the Bank of Dad, Based on Comments before the 19th Annual Hyman Minsky Conference on the State of the U.S. and World Economies, April 15, 2010, www.pimco.com/LeftNav/Featured+Market+Commentary/FF/2010/Global+Central+Bank+Focus+May+2010+After+the+Crisis+Planning+a+New+Financial+Structure.htm.

4. Barry Eichengreen, "Competitive Devalution to the Rescue, *The Guardian*, March 18, 2009, www.guardian.co.uk/commentisfree/2009/mar/17/g20-globalrecession.

## Chapter 2: Why Greece Matters

1. John Mauldin, "What Does Greece Mean to Me, Dad?" March 26, 2010, www.johnmauldin.com/newsletters2.html. Note: The remainder of this chapter was originally published in my newsletter.
2. Mark Buchanan, *Ubiquity: Why Catastrophes Happen* (New York: Broadway Books, 2002).
3. Mark Buchanan, *Ubiquity: Why Catastrophes Happen* (New York: Broadway Books, 2002).
4. Mark Buchanan, *Ubiquity: Why Catastrophes Happen* (New York: Broadway Books, 2002).
5. Mark Buchanan, *Ubiquity: Why Catastrophes Happen* (New York: Broadway Books, 2002).
6. Mark Buchanan. *Ubiquity: Why Catastrophes Happen* (New York: Broadway Books, 2002).
7. Didier Sornette, *Why Stock Markets Crash: Critical Events in Complex Financial Systems* (Princeton, NJ: Princeton University Press, 2002), Chapter 1.

## Chapter 3: Let's Look at the Rules

1. Kauffman Foundation Research Series, July 2010, www.kauffman.org/uploadedFiles/firm_formation_importance_of_startups.pdf. Note: Vivek Wadhwa is an entrepreneur turned academic. He is a visiting scholar at the School of Information at the University of California, Berkeley, a senior research associate at Harvard Law School, and director of research at the Center for Entrepreneurship and Research Commercialization at Duke University.
2. John C. Haltiwanger, Ron S. Jarmin, and Javier Miranda, "Who Creates Jobs? Small vs. Large vs. Young?" Working Paper 16300, www.nber.org/papers/w16300.
3. If you have not read Woody Brock's paper, or would like to read it again, it is at www.investorsinsight.com/blogs/john_mauldins_outside_the_box/archive/2009/05/18/the-end-game-draws-nigh-the-future-evolution-of-the-debt-to-gdp-ratio.aspx.
4. Carmen M. Reinhart and Kenneth Rogoff, *This Time Is Different: Eight Centuries of Financial Folly* (Princeton, NJ: Princeton University Press, 2009).
5. GaveKal Research: http://gavekal.com/.

6. From a paper done by Rob Parenteau, editor of *The Richebacher Letter,* Agora Financial. You can read it in two parts at www.nakedcapitalism.com (www.nakedcapitalism.com/2010/03/parenteau-on-fiscal-correctness-and-animal-sacrifices-leading-the-piigs-to-slaughter-part-1.html?utm_source=feedburner&utm_medium=feed&utm_campaign=Feed%3A+NakedCapitalism+%28naked+capitalism%29).
7. Martin Wolf, FT.com, "UK Economy Must Perform a Rebalancing Act," April 13, 2010.

## Chapter 4: The Burden of Lower Growth and More Frequent Recessions

1. Gerard Baker, "Welcome to 'the Great Moderation': Historians Will Marvel at the Stability of Our Era," *London Times,* January 19, 2007, www.timesonline.co.uk/tol/comment/columnists/article1294376.ece.
2. ECRI Institute, www.businesscycle.com/news/press/1870/.
3. Committee on the Fiscal Future of the United States; National Research Council, and National Academy of Public Administration, *Choosing the Nation's Fiscal Future,* www.nap.edu/catalog/12808.html.

## Chapter 5: This Time Is Different

1. All quoted material from this chapter, unless otherwise noted, has been taken from Carmen M. Reinhart and Kenneth Rogoff, *This Time Is Different: Eight Centuries of Financial Folly*. (Princeton, NJ: Princeton University Press, 2009).
2. You can read the whole report at the McKinsey web site. The 10-page summary is also there: www.mckinsey.com/mgi/publications/debt_and_deleveraging/index.asp.
3. FT, Lex, "Deleveraging," January 14, 2010.
4. Andrew Smithers, *Wall Street Revalued: Imperfect Markets and Inept Central Bankers* (Hoboken, NJ: John Wiley & Sons, 2009).

## Chapter 6: The Future of Public Debt: An Unsustainable Path

1. All quoted material from this chapter, unless otherwise noted, has been taken from Stephen G. Cecchetti, M. S. Mohanty, and Fabrizio Zampolli, "The Future of Public Debt: Prospects and Implications." BIS Working Papers #300, Bank for International Settlements, March 2010. The full paper is available here: www.bis.org/publ/work300.pdf?noframes=1. We highly recommend reading it.
2. Jean-Claude Trichet, President of the ECB, and Lucas Papademos, Vice President of the ECB, Lisbon, May 6, 2010.

3. Carmen M. Reinhart and Kenneth Rogoff. *This Time Is Different: Eight Centuries of Financial Folly* (Princeton, NJ: Princeton University Press, 2009).
4. John Hussman's Newletter, www.hussmanfunds.com/weeklyMarketComment.html.
5. Morgan Stanley Research, Arnaud Marès, "Sovereign Subjects: Ask Not Whether Governments Will Default, but How," August 25, 2010.
6. Morgan Stanley Research, Arnaud Marès, "Sovereign Subjects: Ask Not Whether Governments Will Default, but How," August 25, 2010.

### Chapter 7: The Elements of Deflation

1. R. A. Radford, "The Economic Organisation of a P.O.W. Camp." *Economica* 12, no. 48, November 1945.
2. You can read the speech at: www.federalreserve.gov/BoardDocs/speeches/2002/20021121/default.htm.

### Chapter 8: Inflation and Hyperinflation

1. Translation by Peter Bernholz in *Inflation and Monetary Regimes: History, Economic and Political Relationships* (Northampton, MA: Edward Elgar, 2006), 98.
2. Athanasios Orphanides and Simon van Norden, "The Reliability of Output Gap Estimates in Real Time," 1999, www.neumann.hec.ca/pages/simon.van-norden/wps/realgap.pdf.
3. Charles I. Plosser, "Output Gaps and Robust Policy Rules," 2010 European Banking & Financial Forum, Czech National Bank, Prague, March 23, 2010, www.philadelphiafed.org/publications/speeches/plosser/2010/03-23-10_european-banking-forum.cfm.
4. Ricardo Caballero, "A Helicopter Drop for the Treasury," August 30, 2010, www.voxeu.org/index.php?q=node/5449.
5. Peter Bernholz, *Monetary Regimes and Inflation: History, Economic and Political Relationships* (Northampton, MA: Edward Elgar, 2006).
6. "Values of the most important German Banknotes of the Inflation Period from 1920–1923," www.sammler.com/coins/inflation.htm.
7. Max Shapiro, *The Penniless Billionaires.* (New York: New York Times Book Co., 1980), 203.
8. Peter Bernholz, *Monetary Regimes and Inflation: History, Economic and Political Relationships* (Northampton, MA: Edward Elgar, 2006), 23.
9. Peter Bernholz, *Monetary Regimes and Inflation: History, Economic and Political Relationships* (Northampton, MA: Edward Elgar, 2006).

10. See Congressional Budget Office, The Budget and Economic Outlook: Fiscal Years 2010 to 2020, Appendix C.
11. Peter Bernholz, "How Likely Is Hyperinflation?" *The American,* December 15, 2009, www.american.com/archive/2009/december-2009/how-likely-is-hyperinflation/.

**Part Two: A World Tour: Who Will Face the Endgame First?**

1. Frederic Mishkin and Tryggvi Thor Herbertsson, "Financial Stability in Iceland," May 2006.
2. Michael Lewis, "Wall Street on the Tundra," *Vanity Fair.*
3. Michael Pettis, "Do Sovereign Debt Ratios Matter?" *China Financial Markets,* July 20, 2010, http://mpettis.com/2010/07/do-sovereign-debt-ratios-matter/. We also highly recommend reading *The Volatility Machine* by Michael Pettis. You will be a much wiser reader if you read his book.

**Chapter 9: The United States: The Mess We Find Ourselves In**

1. Pew Center for People and the Press, "Gloomy Americans Bash Congress, Are Divided on Obama," March 18, 2010, http://people-press.org/report/598/healthcare-reform.
2. Chairman Ben S. Bernanke, "Current Economic and Financial Conditions and the Federal Budget," before the Committee on the Budget, U.S. House of Representatives, Washington, DC, June 3, 2009, www.federalreserve.gov/newsevents/testimony/bernanke20090603a.htm.
3. International Monetary Fund United States, Staff Report for the 2010 Article IV Consultation, prepared by the Western Hemisphere Department (in consultation with other departments). Approved by Nicolás Eyzaguirre and Tamim Bayoumi. July 2, 2010, www.imf.org/external/pubs/ft/scr/2010/cr10249.pdf.
4. Committee on the Fiscal Future of the United States, National Research Council, and National Academy of Public Administration, *Choosing the Nation's Fiscal Future,* www.nap.edu/catalog/12808.html.
5. Jon Hilsenrath. "Quarterbacks Get Out 'Hail Mary' Economy Passes," *Wall Street Journal,* http://online.wsj.com/article/SB10001424052748703988304575413320663573414.html.
6. Congressional Budget Office, "Federal Debt and the Risk of a Fiscal Crisis," July 27, 2010, www.cbo.gov/ftpdocs/116xx/doc11659/07-27_Debt_FiscalCrisis_Brief.pdf.
7. Niall Ferguson, "Empires on the Edge of Chaos," *Foreign Affairs,* February 26, 2010, www.foreignaffairs.com/articles/65987/niall-ferguson/complexity-and-collapse.

8. Dennis Cauchon, "Federal Workers Earning Double Their Private Counterparts," *USA Today,* August 13, 2010, www.usatoday.com/money/economy/income/2010-08-10-1Afedpay10_ST_N.htm.
9. Elizabeth McNichol, Phil Oliff, and Nicholas Johnson, "Recession Continues to Batter State Budgets; State Responses Could Slow Recovery," Center on Budget and Policy Priorities, www.cbpp.org/cms/index.cfm?fa=view&id=711.
10. David Wilson, "Soaring Federal Aid Bails Out U.S. States, Cities: Chart of Day," August 11, 2010. Quoted at www.ritholtz.com/blog/2010/08/bailout-nation-states-municipalities/.
11. Mary Williams Walsh, "State Debt Woes Grow Too Big to Camouflage," *New York Times,* March 29, 2010, www.nytimes.com/2010/03/30/business/economy/30states.html?_r=1&pagewanted=1.
12. Laurence Kotlikoff, "The US Is Bankrupt and We Don't Even Know It," *Bloomberg News,* August 11, 2010, www.bloomberg.com/news/2010-08-11/u-s-is-bankrupt-and-we-don-t-even-know-commentary-by-laurence-kotlikoff.html.
13. Martin Feldstein, "The 'Tax Expenditure' Solution for Our National Debt," *Wall Street Journal,* July 20, 2010, http://online.wsj.com/article/SB10001424052748704518904575365450087744876.html.
14. Edmund Conway, "Geithner Insists Chinese Dollar Assets Are Safe," *The Telegraph,* June 1, 2009, www.telegraph.co.uk/finance/financetopics/financialcrisis/5423650/Geithner-insists-Chinese-dollar-assets-are-safe.html.
15. David Stockman, "'Game Over' for the 30-Year Fiscal Wars," *Politico,* February 24, 2010, www.politico.com/news/stories/0210/33412.html.
16. www.dagongcredit.com/dagongweb/uf/Sovereign%20Credit%20Rating%20Report%20of%2050%20Countries%20in%202010.

## Chapter 10: The European Periphery: A Modern-Day Gold Standard

1. Barry Eichengreen, "The Euro: Love It or Leave It?" May 4, 2010, http://Voxeu.Org/Index.Php?Q=Node/729.
2. Michael Lewis, "Beware of Greeks Bearing Bonds," *Vanity Fair,* October 1, 2010, www.vanityfair.com/business/features/2010/10/greeks-bearing-bonds-201010.
3. We highly recommend reading the following piece by Robert Parenteau, a research associate with the Levy Economics Institute: www.creditwritedowns.com/2010/03/leading-piigs-to-slaughter.html. The article is on the longer side, but it captures very clearly the debt deflationary dynamic in the Eurozone area.

### Chapter 11: Eastern European Problems

1. Barclay Capital, *The Emerging Market Weekly,* www.scribd.com/doc/34764289/BarCap-The-EM-Weekly.

### Chapter 12: Japan: A Bug in Search of a Windshield

1. Justin McCurry, "Japan Prime Minister Naoto Kan Warns of Greek-Style Public Debt Problems," *Guardian,* June 11, 2010, www.Guardian.co.uk/Business/2010/Jun/11/Japan-Naoto-Kan-Debt-Warning.

Money Tank 系列

# Endgame 終結大債時代

Endgame: The End of the Debt Supercycle and How It Changes Everything

著　　者／John Mauldin and Jonathan Tepper
譯　　者／唐傑克（Jack）
出 版 者／生智文化事業有限公司
發 行 人／葉忠賢
總 編 輯／馬琦涵
主　　編／范湘渝
地　　址／22204 新北市深坑區北深路三段 260 號 8 樓
電　　話／(02)8662-6826　(02)8662-6810
傳　　真／(02)2664-7633
網　　址／http://www.ycrc.com.tw
E-mail ／service@ycrc.com.tw
印　　刷／鼎易印刷事業股份有限公司
I S B N ／978-986-5960-06-3
初版一刷／2013 年 12 月
定　　價／新臺幣 350 元

國家圖書館出版品預行編目資料

Endgame 終結大債時代／John Mauldin, Jonathan Tepper 著；唐傑克譯. -- 初版. -- 新北市：生智, 2013.12

面；　公分. – (Money Tank 系列)

譯自：Endgame: the end of the debt supercycle and how it changes everything

ISBN　978-986-5960-06-3 (平裝)

1. 公債　2. 財務金融　3. 國際經濟

564.5　　　　102023747